国家社科基金重大委托项目
中国社会科学院创新工程学术出版资助项目

中国民族地区经济社会调查报告

总顾问　陈奎元
总主编　王伟光

拉萨市卷

本卷主编　王延中

中国社会科学出版社

图书在版编目(CIP)数据

中国民族地区经济社会调查报告·拉萨市卷／王延中主编．—北京：中国社会科学出版社，2021.12

ISBN 978-7-5203-6198-9

Ⅰ.①中… Ⅱ.①王… Ⅲ.①民族地区经济—经济发展—调查报告—拉萨②民族地区—社会发展—调查报告—拉萨 Ⅳ.①F127.8

中国版本图书馆 CIP 数据核字(2020)第 056247 号

出 版 人 赵剑英
责任编辑 宫京蕾
责任校对 王佳玉
责任印制 李寡寡

出　　版 中国社会科学出版社
社　　址 北京鼓楼西大街甲 158 号
邮　　编 100720
网　　址 http://www.csspw.cn
发 行 部 010-84083685
门 市 部 010-84029450
经　　销 新华书店及其他书店

印刷装订 北京君升印刷有限公司
版　　次 2021 年 12 月第 1 版
印　　次 2021 年 12 月第 1 次印刷

开　　本 710×1000 1/16
印　　张 14.25
插　　页 2
字　　数 241 千字
定　　价 78.00 元

《21世纪初中国少数民族地区经济社会发展综合调查》

项目委员会

《中国民族地区经济社会调查报告》
编辑委员会

总　序

实践的观点是马克思主义哲学最基本的观点，实事求是是马克思主义活的灵魂。坚持一切从实际出发、理论联系实际、实事求是的思想路线，是中国共产党把马克思主义基本原理与中国实际相结合，领导中国人民进行社会主义革命和社会主义建设不断取得胜利的基本经验。改革开放以来，在实事求是、与时俱进思想路线的指导下，中国特色社会主义伟大事业取得了举世瞩目的伟大成就，中国道路、中国经验在世界上赢得了广泛赞誉。丰富多彩的成功实践推进了中国化马克思主义的理论创新，也为哲学社会科学各学科的繁荣发展提供了坚实的沃土。时代呼唤理论创新，实践需要哲学社会科学为中国特色社会主义理论体系的创新发展做出更大的贡献。在中国这样一个统一的多民族的社会主义国家，中国特色的民族理论、民族政策、民族工作，构成了中国特色社会主义的重要组成部分。经济快速发展和社会剧烈转型，民族地区全面建成小康社会，进而实现中华民族的伟大复兴，迫切需要中国特色民族理论和民族工作的创新，而扎扎实实地开展调查研究则是推进民族研究事业适应时代要求、实现理论创新、服务发展需要的基本途径。

早在20世纪50年代，应民族地区的民主改革和民族识别之需，我国进行了全国规模的少数民族社会历史与语言调查，今称“民族大调查”。这次大调查收集获取了大量有关民族地区社会历史的丰富资料，形成300多个调查报告。在这次调查的基础上，整理出版了400余种、6000多万字的民族社会历史建设的巨大系统工程——“民族问题五种丛书”，为党和政府制定民族政策和民族工作方针、在民族地区开展民主改革和推动少数民族经济社会的全面发展提供了重要的依据，也为中华人民共和国民族研究事业的发展奠定了坚实的基础。

半个多世纪过去了，如今我国边疆民族地区发生了巨大而深刻的变化，各民族逐渐摆脱了贫困落后的生产生活状态，正在向文明富裕的现代化社会迈进。但同时我们也要看到，由于历史和现实的原因，各民族之间以及不同民族地区之间经济社会的发展依然存在较大的差距，民族地区经济发展不平衡问题，以及各种社会问题、民族问题、宗教问题、生态问题，日益成为推动民族地区经济社会发展必须着力解决的紧迫问题。深入民族地区开展长期、广泛而深入的调查研究，全面了解各民族地区经济社会发展面临的新情况、新问题，科学把握各民族地区经济社会发展趋势，是时代赋予民族学工作者的使命。

半个多世纪以来，中国社会科学院民族学与人类学研究所一直把调查研究作为立所之本。1956 年成立的少数民族语言研究所和 1958 年成立的民族研究所（1962 年两所合并，以下简称“民族所”），从某种意义上讲，就是第一次民族大调查催生的结果。作为我国多学科、综合性、国家级的民族问题专业研究机构，民族所非常重视田野调查，几代学者已在中国各民族地区近 1000 个地点进行过田野调研。20 世纪 90 年代，民族所进行了第二次民族地区典型调查，积数年之功完成了 20 余部调研专著。进入新的历史时期，为了更好地贯彻党中央对我院“三个定位”的要求，进一步明确今后一个时期的发展目标和主攻方向，民族所集思广益，经过反复酝酿、周密论证，组织实施了“21 世纪初中国少数民族地区经济社会发展综合调查”。这是我国民族学研究事业发展的迫切需要，也是做好新时期民族工作的前提和基础。

在充分利用自 20 世纪 50 年代以来开展的少数民族社会历史与语言调查相关研究成果的基础上，本次民族大调查将选择 60—70 个民族区域自治地方（包括市、县/旗或民族乡）作为调查点，围绕民族地区政治、经济、社会、文化、生态五大文明建设而展开，计划用 4—5 年的时间，形成 60—70 个田野调查报告，出版 50 部左右的田野民族志专著。民族调查是一种专业性、学科性的调查，但在学科分化与整合均非常明显的当代学术背景下，要通过调查研究获得开拓性的成果，除了运用民族学、人类学的田野调查方法外，还需结合社会学问卷调查方式和国情调研、社会调查方式，把静态与动态、微观与宏观、定量分析与定性分析、典型与一般有机结合起来，突出调查研究的时代性、民族性和区域性。这是新时期开展民族大调查的新要求。

立足当代、立足中国的“民族国情”，妥善处理民族问题，促进各民族平等团结，促进各民族地区繁荣发展，是中国特色社会主义的重要任务。“21 世纪初中国少数民族地区经济社会发展综合调查”作为国家社科基金特别委托项目和中国社会科学院创新工程重大项目，希望立足改革开放以来少数民族地区的发展变化，围绕少数民族地区经济社会发展，有针对性地开展如下调查研究：①民族地区经济发展现状与存在的问题调查研究；②民族地区社会转型、进步与发展调查研究；③西部大开发战略与民族问题调查研究；④坚持和完善民族区域自治制度调查研究；⑤民族地区宗教问题调查研究；⑥民族地区教育与科技调查研究；⑦少数民族传统文化与现代化调查研究。

调查研究是加强学科建设、队伍建设和切实发挥智库作用的重要保障。基础研究与应用对策研究是现代社会科学不可分割的有机统一整体。通过全面、深入、系统的调查研究，我们希望努力达成以下几个目标。一是全面考察中国特色民族理论、民族政策的探索和实践过程，凝练和总结中国解决民族地区发展问题、确立和谐民族关系、促进各民族共同繁荣发展的经验，把握民族工作的一般规律，为未来的民族工作提供坚实的理论支撑，为丰富和发展中国特色社会主义理论体系做出贡献。二是全面展示改革开放特别是自 21 世纪以来民族地区经济社会发展的辉煌成就，展示以“平等、团结、互助、和谐”为核心内容的新型民族关系在当代的发展状况，反映各族人民社会生活的深刻变化，增强各民族的自豪感、自信心，建设中华民族共同体，增强中华民族凝聚力。三是深入调查探寻边疆民族地区经济社会发展中存在的问题，准确把握未来发展面临的困难与挑战，为党和国家全面了解各民族发展现状、把握发展趋势、制订未来发展规划提供可靠依据。四是通过深入民族地区进行扎实、系统的调研，收集丰富翔实的第一手资料，构筑我国民族地区社会发展的基础信息平台，夯实民族研究的基础，训练培养一支新时期民族问题研究骨干队伍，为民族学研究和民族地区未来发展奠定坚实的人才基础。

我们深信，参与调查研究的每一位专家和项目组成员，秉承民族学、人类学学界前辈学人脚踏实地、不怕吃苦、勤于田野、精于思考的学风，真正深入民族地区、深入田野，广泛汇集干部、群众的意见，倾听干部、群众的呼声，运用多种方式方法取得丰富的数据资料，通过科学严谨的数据分析和系统深入的理论研究，一定会取得丰硕的成果。这不仅会成为

21 世纪我国民族学与人类学学科建设的一座重要里程碑，也一定会为党和政府提供重要决策参考，为促进我国民族理论和民族工作的新发展，为在民族地区全面建成小康社会，为实现中华民族的伟大复兴做出应有的贡献。

王伟光

目　　录

第一章

现代经济的发展

拉萨是中国西藏自治区的首府，位于西藏高原的中部、喜马拉雅山脉北侧，海拔 3650 米，地处雅鲁藏布江支流拉萨河中游河谷平原，拉萨河流经此，在南郊注入雅鲁藏布江。全年日照时间在 3000 小时以上，素有“日光城”的美誉。作为西藏政治、经济、文化和宗教中心和藏传佛教圣地，拉萨以风光秀丽、历史悠久、风俗民情独特、宗教色彩浓厚而闻名于世，是首批 24 座中国历史文化名城之一，也是西藏打造世界旅游目的地的中心区域，对西藏全境、中国涉藏地区和整个喜马拉雅区域都有重要影响。

一　拉萨市的历史发展

拉萨的建城史可以追溯到公元七世纪初。633 年，吐蕃帝国的重要奠定着松赞干布决定将都城从山南迁移到拉萨，在拉萨河谷相对平坦的地带造宫堡，建寺院，修河道，奠定了拉萨城市雏形。后经多个王朝前余年的发展，拉萨建设面积不断扩大，人口日益聚集。清仁宗嘉庆（1796—1821）年间，大昭寺为中心向四面延伸辐射的拉萨旧城区格局基本形成，居民已有 5000 余户，人口 3 万之多。但是，伴随清中后期国力衰弱，英国等外国势力不断侵入西藏，西藏和拉萨的发展长期停滞。“民主改革前（拉萨）城区只有 2 万多人，城周围住在破烂帐篷里的贫民和乞丐就近千户，囚犯沿街乞讨，无家可归者冻饿倒毙街头的凄惨情景处处可见。”①

1951 年西藏和平解放前后，拉萨市开始进入现代化建设的新时期。1960 年设拉萨市，管辖范围除市区城关区之外，还包括当雄、尼木、曲

① 王晨主编：《中国政府西藏白皮书汇编》，人民出版社 2010 年版，第 227 页。

水、堆龙德庆、达孜、林周、墨竹工卡等 7 县。林芝及所辖 4 县还在一个时期纳入到拉萨市管辖范围。2015 年国务院批复同意撤销原拉萨市堆龙德庆县，设立拉萨市堆龙德庆区，成为拉萨市城关区之外管辖的第二个城区。根据 2015 年的统计，拉萨市管辖 5 县（当雄县、曲水县、墨竹工卡县、尼木县、林周县、达孜县）2 区（城关区、堆龙德庆区），共 64 个乡（镇、办事处），269 个村委会（社区居委会）。全市行政区域东西跨距 277 公里、南北跨距 202 公里，总面积 29518 平方公里，总人口超过 50 多万（2013 年统计为 55.94 万）。各区县行政区划及人口情况见表 1-1。

表 1-1　拉萨市行政区划及人口

区县	面积（平方千米）	人口（人）	街道	镇	乡
城关区	523	279074	7	/	4
堆龙德庆区	2679	52249	/	2	5
林周县	4512	50246	/	1	9
当雄县	12000	46463	/	2	6
尼木县	3275	28149	/	1	7
曲水县	1680	31860	/	1	5
达孜县	1373	26708	/	1	5
墨竹工卡县	5620	44674	/	1	7

资料来源：360 百科“拉萨市”，https：//baike. so. com/doc/309644-327855. html，2020 年 12 月 30 日查询。

2017 年，国务院同意撤销西藏自治区达孜县，设立拉萨市达孜区，这是拉萨市管辖的第三个城区，反映了拉萨市城镇化不断的发展。截止 2019 年末，拉萨市除管辖 5 县 3 区之外，还设立了 5 个经济功能区（经济技术开发区、柳梧新区、慈觉林文化旅游创意区、老城区、空港新区），共有 37 个乡，12 个镇、16 个街道办，50 个居民委员会，227 个村民委员会。年末户籍人口为 55.89 万人。[①] 截止 2020 年末，全市共有 37 个乡，12 个镇、16 个街道办；60 个居民委员会、221 个村民委员会。年

① 拉萨市统计局：《拉萨市 2019 年国民经济和社会发展统计公报》，2020 年 4 月 13 日，https：//www. lasa. gov. cn/lasa/tjfx1/202004/5818339edb774c9893c405ccfcf6a33c. shtml.

末户籍人口为57.11万人，比2019年末增加1.23万人。[①] 作为首府城市，伴随城市化的快速发展，拉萨市的常住人口增长更快。根据近期公布的七普人口数据，截止到2020年11月1日，拉萨市常住人口为867891人（比2010年第六次全国人口普查的559423人相比增加308468人），约占全区全区常住人口为3648100人（比2010年第六次全国人口普查的3002166人增加645934人）23.79%。2010年到2020年间，拉萨市新增人口约占全区新增加人口总数的47.76%。由此可见，拉萨市成为西藏人口增长最快和人口最集中的区域。

拉萨市作为拥有3区5县和5个经济功能区的省会城市，对于我们实施“21世纪初民族地区经济社会发展综合调查”定点调查是一个挑战。根据最初的设想，我们的调查以县域为基本单元，拉萨市不论是城市级别还是管辖面积，显然明显超出了县域调查的范畴，尽管其管辖范围的总人口与很多内地县份相比并不多，但在西藏却是人口密度最大、经济社会发展水平最高的区域。为了更好体现县域调查的要求，我们把研究重点放在拉萨市老市区即城关区，有时为了体现拉萨市的管辖范围及整体发展的需要，又把城关区与拉萨市统计资料结合起来使用。

城关区是拉萨市的中心区域，总面积554平方千米，下辖12个街道办事处、50个村（居）委会。2018年总人口为164136人（其中农业人口11941人、城镇人口152195人），约占当年全市55.44万人口的29.61%。2018年城关区实现地区生产总值273.15亿元，约占拉萨全市地区生产总值（GDP）540.78亿元的50.51%。[②] 由此可见，城关区是拉萨乃至整个西藏自治区人口最集中、人口密度最大、城镇化水平最高的县域，也是经济体量最大、经济活动最集中、产业发展水平最高的区域。下面我们将以城关区的经济社会发展为核心区域，对21世纪以来尤其是十八大以来拉萨市经济社会发展的总体状况，进行简要的回顾与分析。

① 拉萨市统计局：《拉萨市2019年国民经济和社会发展统计公报》（2021年4月12日），拉萨日报/2021年/4月/15日。

② 相关数据均来之公开统计资料。拉萨市2018年数据见拉萨市统计局：《拉萨市2018年国民经济和社会发展统计公报》（2019年4月17日），http：//www.tjcn.org/tjgb/26xz/36061.html；城关区数据来之拉萨市城关区地方志办公室编：《拉萨城关年鉴（2019）》，方志出版社2019年版。

二 拉萨市的经济增长

拉萨市作为西藏自治区的首府城市和经济中心，经济发展情况决定着西藏自治区的发展格局。但是，拉萨传统上主要是政治、文化、宗教中心，经济基础十分薄弱，经济起点还是非常低的，而且在相当长的时间内经济规模都很小。这是由于拉萨所在的西藏自治区本身经济基础薄弱导致的。西藏是“一个自然经济广覆、社会层次极不发育的边疆少数民族地区，经济多年发展仍然还是很不发达，是一个非典型二元经济结构特征十分突出的区域。西藏又是一个人口稀少、农牧区人口占很大比较重，环境承载力本身就脆弱的高原区域。西藏也是一个商品经济极不发达，安于自给但长期不能自足，在实行改革开放以后迅速发展的地区。西藏还是一个地处祖国边陲，长期面临境内外敌对势力、分裂主义分子的渗透破坏，固边稳边、反分裂斗争任务十分繁重的地区。”① 这些特征说明，拉萨经济发展所依托的腹地虽大，但总体上却是十分薄弱的。1952 年，西藏粮食亩产只有 80 公斤，人均只有 125 公斤；牧业也基本上靠天吃饭，全区牲畜总头数只有 974 万头（只）。1959 年，全区生产总值只有 1.94 亿元，人均 GDP 只有 142 元。②

1959 年，十四世达赖叛逃，西藏进行了民主改革。1965 年，西藏建立自治区人民政府，成为中国第 5 个省级自治区。西藏民主改革，百万农奴在党的领导下不仅是实现了翻身解放，由农奴变主人，而且激发了发展生产力的热情，开启了现代化的进程。

根据相关资料，从 1959 年到 2021 年的 60 多年间，西藏和拉萨的经济发展大致可以划分为三个阶段：1959 年至 1980 年是第一阶段。在 1965 年西藏自治区人民成立为标志又可分为前后两个时期。1980 年至 2012 年为第二阶段，2012 年党的十八大以来为第三阶段。

第一阶段是西藏和拉萨开始进入现代经济增长的奠基或起步阶段。经过民主改革，西藏和拉萨的经济获得了发展的动力。在薄弱的经济基础上，西藏地区经济总量达到 3.27 亿元，年均增长 11.1%。在农牧业为主的西藏自治区，拉萨市的经济规模还是比较少的。由于加强了城市管理，城市街道等基础设施建设有所推进，为后来的发展奠定了初步的基础。

---

① 孙勇：《西藏：思考的维度》（下卷），西藏藏文古籍出版社 2012 年版，第 27 页。

② 王晨主编：《中国政府西藏白皮书汇编》，人民出版社 2010 年版，第 367 页。

1965 年西藏自治区人民政府正式成立，开启了西藏和拉萨现代化建设第一阶段的第二个时期。西藏总体看是一个经济基础薄弱的地区，但自成立自治区之后，伴随国家支持力度的增强，西藏经济社会发展在自身之外获得了来自外部的直接帮助，开始步入现代经济增长的轨道，也就是地方经济与人民生活进入了持续发展、不断提高的进程之中。这一时期西藏经济增速保持 7.82%，拉萨市的发展更快一些，因为很多基础设施建设项目主要分布在拉萨市区及附近区域，从四川、青海等地进藏道路的目的地也是拉萨，拉萨日益成为西藏现代经济增长的中心区域。

1978 年党的十一届三中全会开启了中国以经济建设为中心、实施改革开放政策的新时期。西藏和拉萨也从 20 世纪 80 年代开始进入了现代化建设的第二阶段。尽管不同的论者对西藏和拉萨进入这一阶段的起点有一些不同认识，但笼统地把这一阶段的起点定位 80 年代是没有问题的。① 这个阶段不仅中央进一步加大了对西藏和拉萨发展的优惠扶持政策，进一步增强了西藏经济社会发展的动力机制，而且西藏通过实施改革开放政策，不断增强加快发展的内部动力机制，促使西藏和拉萨进入了经济持续增长、经济总量不断跃上新台阶的快速发展时期。1980 年西藏自治区经济总量达到 8.67 亿元，1988 年跃上 20 亿元的规模。3 年之后的 1991 年超过 30 亿元。之后每年都有接近 10 亿元的增长幅度，1999 年为 105.98 亿元，历史上第一次达到并超过了百亿元大关。进入 21 世纪以来，西藏经济总量的增长每 5 年又提高一个数量级。2000—2005 年，西藏经济总量每年增长 20 多亿元，2006—2010 年，西藏经济总量每年增长 50 多亿元。到 2010 年底，全区经济总量达到 507.46 亿元，跃上了 500 亿元大关。2011 年进一步提高到 605.83 亿元，一年增长就接近 100 亿元的规模，约等于 1999 年全区经济的总量。按照可比价格计算，1979—2011 年西藏自治区地区生产总值年均增速为 10.4%②，与同一时期全国经济平

① 根据国务院新闻办公室发表的“白皮书”的意见，西藏正式宣布实施对内、对外开放政策是在 1984 年中央召开第二次西藏工作座谈会确定的，1984 年是西藏实施改革开放政策的起始年份。另据卢怀科在《西藏和平解放 70 年的历史性巨变》一文的意见，1980 年 3 月中央召开了第一次西藏工作座谈会，并以此为起点先后 7 次召开西藏工作座谈会，不断完善支持西藏地区发展的特殊优惠扶持政策，为西藏发展注入了系统化的外部动力机制，也是西藏进入现代发展阶段的主要标志。

② 西藏自治区统计局：《西藏统计年鉴（2012）》，中国统计出版社 2012 年版，第 13 页、第 21 页。

均增速基本一致。改革开放以来，西藏经济实现了年均2位数的增速，并且达到了全国经济增长的平均速度。这在历史上是不敢想象的。

拉萨市在改革开放以来的发展不仅是整个西藏经济社会大幅度跃进的缩影，而且发挥了中心城市的带动作用。1978年，拉萨市地区生产总值只有2.32亿元。伴随改革开放的进程，拉萨市经济也进入了一个相对较快的发展阶段。1992年拉萨市地区生产总值增加到10.04亿元，年均增长7.8%。1992年至2002年，拉萨市地区生产总值的年均增速达到了16.4%，到2006年突破了100亿元大关。到党的十八大召开之前的2011年底，拉萨市地区生产总值达到222.09亿元，是改革开放初期的96倍。1978年拉萨市地区生产总值占全区经济总量的35%，到2011年为37%，占比一直比较稳定，而且稳中有升。这说明拉萨市经济发展不仅自身保持了较高的速度，而且对自治区经济的发展起到了举足轻重的作用。一方面是大规模的固定资产投资，另一方面则是第二、第三产业的加速发展，带动了西藏自治区经济结构和产业结构的调整升级。1997年西藏第三产业比重超过第一产业，说明西藏逐步改变着主要依赖农牧业为主的传统经济主导地位。2003年，西藏第二产业产值第一次超过第一产业。“西藏第一产业的主导地位逐步被第二第三产业取代，不仅完成了国民经济的‘三二一’型结构转型，而且始终保持着建卡稳定的良性发展态势。”① 拉萨市的经济结构转型时间更早，二三产业产值占比上升幅度更大。2011年拉萨市第一产业产值为9.69亿元，第二产业产值为69.44亿元，第三产业产值142.96亿元，分别占4.4%、31.3%和64.3%。② 城关区辖区面积不大，2016年为554平方千米，虽然不到拉萨市域3万多平方千米总面积的2%，但是人口最为集中，固定资产投资最密集、经济集中度最高，是拉萨市经济社会发展的核心区，对拉萨市乃至整个西藏的发展稳定发挥着至关重要的枢纽作用。

2012年中国共产党召开第十八次全国代表大会，中国特色社会主义现代化建设进入新时代。西藏和拉萨的经济发展与现代化建设正式进入第三个阶段。在以习近平总书记为核心的党中央的正确领导下，西藏和拉萨的发展进入了速度与质量并重、并且逐步向高质量发展转型的新阶段。

---

① 西藏自治区统计局编：《西藏统计调查课题研究报告（2010）》，第95页。

② 中共西藏自治区委员会办公厅、中国藏学研究中心当代研究所：《西藏区情》（2012），第195页。

2021 年 8 月 17 日，西藏自治区新闻办召开发布会，对十八大以来西藏自治区抓好稳定、发展、生态、强边四件大事，推动西藏经济社会和民生事业发生的历史性变革和历史性成就进行了较为全面的介绍。从 2012 年到 2020 年，西藏和经济建设规模日益扩大，经济总量快速提高。西藏自治区地区生产总值由 2011 年的 606 亿元增长到 1903 亿元，8 年增长了 2.14 倍。按可比价格计算，2012 至 2020 年，西藏自治区地区生产总值增长了 111.9%，年均增长 9.8%，比全国平均水平高 3.4 个百分点，在全国 31 个省（区、市）中居首位。同期人均地区生产总值由 22762 元提升为 52345 元，由相当于全国人均国内生产总值的 57.2%上升到 72.7%，提高了 15.5 个百分点。在全国 31 个省（区、市）中的排位由 2012 年的第 29 位，提升至 2020 年的第 22 位，上升了 7 位。西藏城镇居民人均可支配收入由 18363 元增加至 41156 元，累计增加 22793 元，年均增长 10.6%，高于全国 2.9 个百分点。2015 至 2020 年，西藏城镇居民收入增速连续 6 年居全国第 1 位。西藏农村居民人均可支配收入由 5698 元增加至 14598 元，累计增加 8900 元，年均增长 12.5%，高于全国 3.1 个百分点。2015 至 2020 年，西藏农村居民收入增速连续 6 年居全国第 1 位。在三次产业中，农林牧渔业总产值由 118.33 亿元增加到 233.53 亿元，增长 55.0%，年均增长 5.6%；工业总产值由 105.91 亿元增加到 344.09 亿元，增长 1.5 倍，年均增长 12.0%。

随着投资力度的不断加大，基础设施日趋完备。公路通车里程从 6.52 万公里增加到 11.88 万公里；铁路营业里程从 531 公里增加到 786 公里；实现主电网全区覆盖；行政村光纤通达率 99.2%，4G 通达率 98.8%，5G 信号已覆盖 7 市（地）所在地，100 兆以上固定宽带接入用户占比达到 88.6%。“水电路讯网”等基础设施条件极大改善，边境一、二线行政村公路通达通畅，主电网延伸到全部边境乡（镇）。西藏通硬化路、通动力电的行政村比重分别达到 87.5%和 87.8%；通信信号、广播电视信号、集中供水基本实现行政村全覆盖，比重均在 99%以上。同期，财政保障能力持续提高，一般公共预算收入从 86.58 亿元增加到 220.99 亿元，增长 1.6 倍，年均增长 12.4%；一般公共预算支出从 905.34 亿元增加到 2210.92 亿元，增长 1.4 倍，年均增长 11.8%。国家财政补贴力度不断加大，2012 年—2020 年累计为 1.26 万亿元，是 1952—2011 年累计补贴的 3.4 倍。现代公共服务体系不断发展，教育体系逐步完善，有小学的乡镇比重达到96.1%，所有的县均有初中。有公共图书馆的县比重81.1%，有图书室或文化站的行政村比重99.1%。医疗服务体系逐步健全，建档立卡贫困人口所在辖区县、乡、村三级医疗卫生服务体系健全，常见病、慢性病等大部分疾病都能在县域内获得及时诊治。①

汪洋主席在庆祝西藏和平解放70周年庆祝大会上的讲话中指出，党的十八大以来，西藏经济年均增速位居全国三甲，农村居民人均可支配收入增速连续多年位居全国第一，城镇化率上升13个百分点。经过坚持不懈的努力，62.8万贫困人口全部脱贫，26.6万人从山高地远的苦寒之地搬迁到河谷城镇安居乐业，西藏与全国一道如期全面建成小康社会，成为“发展最好、变化最大、群众得实惠最多”② 的一个时期。

拉萨市在十八大以来的发展成就也是举世瞩目的。这一时期最明显的变化，是通过加强综合性的社会治理，实现了持续稳定。同时，经济社会发展速度与质量超过以往任何一个时期，尤其是在“十三五”（2016—2020年）时期更为显著。从经济总量上看，2015年拉萨市地区生产总值达到395.28亿元，大约是2011年的1.78倍。到2020年底，拉萨市地区生产总值达到678.19亿元，分别是2011年和2015年的3.1倍和1.72倍。根据拉萨市统计局公布的统计数据，“十三五”时期拉萨市地区生产总值年均增长9%，略低于同期全区经济增幅，说明西藏各地在中央支持、各地援助和大规模固定资产投资带动下，都进入了经济起飞的阶段（类似于西藏改革开放时期），西藏经济发展的腹地进一步拓宽。但是，2020年拉萨市人均生产总值接近9万元，是全区最高的，说明作为首府城市的拉萨市的发展水平仍然是最高的。拉萨对西藏经济社会发展的引领辐射带动作用是持续提升的。这一点可以从拉萨的经济增长数据体现出来。同期拉萨市全社会固定资产投资年均增长4.9%，经济增长年均9%。这与前一时期投资增幅略高于或者等于经济增幅的状况相比发生了重大改变，说明同样的投资带来了更大的经济增长，投资效率上升，经济增长质量明显提高。从产出效益指标看，拉萨市“十三五”时期社会消费品零售总额达到369.35亿元，年均增长12.2%。一般公共预算收入从60.42

① 贾华加、赵耀：《数读十八大以来西藏发展成就》，中国西藏网，2021年8月18日。详见 http://tibet.cn/cn/index/syyc/202108/t20210818_ 7046789.html.

② 汪洋：《汪洋主席在庆祝西藏和平解放70周年庆祝大会上的讲话（2021年8月19日）》，《西藏日报》2021年8月20日。

亿元增长到 107.26 亿元，年均增长 12.1%。[①] 从这些数字可以看出，伴随经济产出的扩大，拉萨市的市场规模和消费能力不断增强，当地政府自身财政能力已经具有一定的规模。

十八大以来，拉萨市城关区大力实施“六大”（党建统市、环境立市、文化兴市、产业强市、民生安市、依法治市）战略，在保证首府城市稳定的同时，取得的发展成效也十分显著。“十二五”时期（2010—2015 年），城关区地区生产总值由的 37.60 亿元提高到 91.27 亿元，年均增长 19.41%；工业增加值由 0.38 亿元增加到 3.13 亿元，年均增长 52.46%；旅游业收入由 6.53 亿元增长到 20.02 亿元，年均增长 2512%；固定资产投资由 23.60 亿元增长到 105.92 亿元，年均增长 35.02%；区属社会消费凭零售总额由 30.20 亿元增长到 69.35 亿元，年均增长 18.09%；本级财政收入由 2.54 亿元增长到 8.10 亿元，年均增长 26.1%；城镇居民人均可支配收入由 14866 元增长到 20109.80 元，年均增长 11.92%；农村居民人均可支配收入由 6791.65 元增长到 13784.88 元，年均增长 15.21%。[②] 以上指标均以年均两位数甚至超过 50% 的速度增长，可以看出城关区与整个拉萨市和西藏自治区一样，十八大以来进入了高速发展的时期。值得欣慰的是，城关区在“十三五”时期依然保持了上述发展势头，经济规模进一步扩大，发展质量不断提高。截止到 2018 年末，城关区地区生产总值为 273.15 亿元（3 年增加 3 倍），其中一二三产业增加值分别为 1.29 亿元、78.93 亿元和 192.92 亿元，三次产业结构比例分别为 0.47、28.90、70.63，[③] 二三产业不仅规模持续扩大，而且第二产业产值规模和比重不断上升。根据对拉萨市城关区第十二届人民代表大会的相关报道，2020 年拉萨市城关区预计实现地区生产总值 371.2 亿元，比 2019 年同比增长 6%；城镇居民人均可支配收入达到 46248.4 元，同比增长 10%；农牧民人均可支配收入达到 24290 元，同比增长 13%；建档立卡户

① 拉萨市统计局：《拉萨市 2020 年国民经济和社会发展统计公报》，拉萨日报，2021 年 4 月 15 日。

② 果果：《干在实处创新业，走在前列谋新篇，凝心聚力抓发展，团结奋斗奔小康——在中国共产党拉萨市城关区第九次代表大会上的报告》（2016 年 9 月 19 日），见拉萨市城关区地方志办公室编：《拉萨城关年鉴》2017 年（总第 6 卷），方志出版社 2017 年版，第 1—4 页。

③ 拉萨市城关区统计局：《城关区 2018 年国民经济和社会发展统计公报》，萨市城关区地方志办公室编：《拉萨城关年鉴》2019 年（总第 8 卷），方志出版社 2019 年版，第 343 页。

人均可支配收入达到20985元，同比增长5%。[①] 尽管2020年受到疫情影响，旅游业大幅度萎缩，但是城关区的经济增幅明显高于全国，城乡居民人居收入仍然保持了两位数以上的增幅，这是十分难能可贵的。

三 拉萨市的发展成就

在中国共产党的坚强领导下，西藏和拉萨实现了由封建农奴制度向社会主义制度的历史性飞跃。伴随着国家改革开放进程不断深入，西藏和拉萨发展进入了快车道。进入21世纪以来，西藏经济增速持续稳居各省市前列，社会各项事业发展迅速，西藏各族人民不断享有日益丰富的现代文明成果。

（一）基础设施发生翻天覆地的变化

西藏和平解放前，没有现代意义的一条正规公路，没有一辆民用汽车，经济往来全靠人背畜驮，社会发展极为缓慢。经过改革开放几十年艰苦奋斗，西藏已基本形成了以公路、铁路、航空为主体的综合立体交通网络。区内主电网、小水电、光伏局域网、户用光伏系统等方式初步实现了用电人口全覆盖。[②] 早在2016年，印度亚洲新闻社（IANS）出版主编什毕·昌迪在4天的西藏之行后，发出感叹“在西藏感触最深的是基础设施建设取得很大的成绩。中国制造世界闻名，西藏的成绩恰恰展示了中国制造。”[③] 拉萨市的基础设施建设投资和成效十分显著。拉萨开辟航线109条，成为重要的旅游目的地城市。2020年全市建设农村公路221公里，农村公路（不含国道、省道）通车总里程达到5460公里。乡村行政村通畅率、乡镇客车覆盖率均达到100%。建成了六横十五纵城市道路骨架网络，城区面积达到95平方公里，是和平解放初期的几十倍。公交运营线路总长度1000.2公里，公交年客运量为6682万人次。市区供水管网总长度为1034.31公里，全年自来水总供水量13568万立方米。在雪域高原上实现上述成就是十分不容易的。

---

① 刘亮：《拉萨市城关区人民政府工作报告》，原载《西藏商报》2020年12月17日，见http://www.xizang.gov.cn/xwzx_406/dsdt/202012/t20201217_184638.html.

② 中华人民共和国国务院新闻办公室：《伟大的跨越：西藏民主改革60年》，http://www.scio.gov.cn/zfbps/32832/Document/1650692/1650692.htm.

③ 陈韬彬、吕谋：《印度访藏记者感慨西藏基础设施建设成就巨大》，http://www.cankaoxiaoxi.com/china/20160513/1159078.shtml.

（二）经济持续发展能力极大增强

西藏农牧业彻底走出了靠天吃饭、靠天养畜的困局，现代化程度不断提高。现代工业从无到有，不断发展壮大。西藏已建立起包括能源、建材、机械、采矿、轻工、食品加工、民族手工业、藏医药等 20 多个门类的现代工业体系，并告别传统的生产模式，逐步达到现代化水平。商贸物流、金融保险、电子商务、物流配送等新业态发展迅速，正成长为新的经济增长点。

拉萨市 2020 年末地区生产总值是 1951 年的 2712 倍，财政预算是 1959 年的 4563 倍。全市工业企业 1094 家，其中规模以上工业企业 85 家，规模以上工业总产值 163.10 亿元，规模以上工业增加值比 2019 年增长 11.3%。完成建筑业增加值 216.71 亿元，比 2019 年增长 18.8%。2020 年接待国内外游客 2008 万人次。从产业结构上看，到 2020 年底，拉萨市三次产业比重依次为 3.3∶42.8∶53.9，与 2019 年相比，第一产业比重保持不变，第二产业比重提高 4.6 个百分点，第三产业比重下降 4.6 个百分点。与内地一样，改革开放以来的拉萨市乃至整个西藏自治区，经济增长已经进入以第二、第三产业为主导产业的现代经济增长模式上来。

（三）各族人民受教育水平显著提升

在 1951 年和平解放前，西藏没有一所现代意义的学校，适龄儿童入学率不到 2%，文盲率高达 95%。而在和平解放后特别是改革开放以来，中央和西藏各级财政不断加大教育投入，形成了涵盖学前教育、义务教育、中等教育、高等教育、职业教育、继续教育、特殊教育的现代教育体系，全面保障了各族民众平等接受教育的权利。2010 年西藏自治区下辖所有区县普及了九年义务教育。2018 年西藏自治区小学净入学率为 99.5%，初级中学毛入学率为 99.51%，高级中学毛入学率达到 82.25%，高等教育毛入学率达到 39.18%。到 2020 年底，拉萨市拥有市属高等院校 1 所，中等职业学校 2 所，普通中学 23 所，小学 73 所，幼儿园 273 所，特殊学校 1 所。全市小学学龄儿童纯入学率达 99.96%，毛入学率达 106.56%，义务教育巩固率保持在 99.03%。在普及 9 年义务教育的基础上，拉萨与西藏在十八大以来率先实现了 15 年义务教育。

（四）基本消除绝对贫困

中国一直以来采取救助式扶贫、开发式扶贫等方式解决西藏的贫困问题。2013年以来，中国全面实施精准扶贫，加大对西藏等深度贫困地区的扶贫力度。截至2019年底，西藏全区62.8万建档立卡贫困人口已全部脱贫，74个贫困县区全部摘帽。2019年12月23日，西藏正式宣布“西藏已基本消除绝对贫困，全域实现整体脱贫。”2018年西藏全区生产总值按可比价格计算，比1959年增长了约191倍。农牧民年人均可支配收入已超过万元。建档立卡户的人口纯收入从2015年的2982元提高到2020年的13741.44元，远远超过全国平均水平。这一成就，被国内外媒体评价为全球反贫困事业中的历史奇迹。“民主改革使西藏社会制度一步跨千年，脱贫攻坚让西藏人民生活方式一步跨千年。”①

（五）各族人民生活水平大幅提高

民主改革前，广大农奴食不果腹，衣不蔽体。民主改革后，人民群众生活水平不断提高。2018年，西藏自治区城镇居民人均可支配收入33797元，农村居民人均可支配收入11450元。通过实施安居工程，全区城乡群众普遍住上安全适用房屋，越来越多的人过上了暖冬。全区乡乡通光缆、乡乡通宽带，行政村通宽带率达到85%，行政村移动信号实现全覆盖。冰箱、彩电、洗衣机、电脑、移动电话、家用汽车等消费品逐渐进入普通百姓家庭。2020年，拉萨市城镇居民人均可支配收入43640元，比上年增长10.0%，农村居民人均可支配收入18268元，比上年增长12.7%，收入水平在西藏名列前茅，增幅在全国省会城市中也是最高的。农村居民人均可支配收入超过全国平均水平，各族人民生活迈进全面小康。在国家统计局和中央电视台等联合举办的“CCTV经济生活大调查”中，拉萨市连续多年被评为“中国幸福指数最高的城市”。

（六）医疗卫生事业不断发展

西藏彻底摆脱了医疗卫生落后的局面，基本实现了与全国同步发展，各族人民健康权得到有效保障。医疗服务、妇幼保健、藏医藏药、疾病防控等服务体系不断完善。2020年，拉萨市共有卫生机构476个，其中，医院27家。基层卫生医疗机构434家，其中，社区卫生服务中心（站）12家，卫生院53家，村卫生室190家，门诊部8家，诊所、卫生所、医务室171家，成为西藏提供医疗卫生服务的中心。与拉萨市一样，西藏其他地方的医疗服务能力逐步提升，覆盖城乡的自治区、市（地）、

① 王聪：《西藏和平解放70年历程带给我们哪些启示？》

县、乡四级医疗服务体系初步形成。经过 60 年的发展，西藏人口由 1959 年 122.8 万人，增长到 2019 年底的 351 万人（2020 年常住人口达到 386 万人），每万人拥有卫生技术人员数量由 2004 年的 33 人增加到 2019 年的 60 人（不含全国各地援藏的卫生技术人员）。西藏人均预期寿命从 1959 年前 35.5 岁，提高到 2020 的 71.1 岁。全区孕产妇死亡率由解放初期的 5000/10 万下降到 2017 年的 102/10 万，婴儿死亡率由 430‰下降到 10.38‰。

（七）社会保障水平大幅提升

西藏自治区不断增强各族群众的发展参与感和获得感，真正实现发展成果由全民共享。基本实现了幼有所育、学有所教、劳有所得、病有所医、老有所养、住有所居、弱有所扶。西藏以养老、医疗、失业、工伤和生育五大保险为主体的覆盖城乡全体居民的社会保障体系全面建立，各项社会保险参保数达 370.7 万人次。截止到 2020 年末，拉萨市属参加城乡居民基本养老保险人数 20.4 万人，参加企业职工基本养老保险人数 9.1 万人，参加城乡居民基本医疗保险人数 40.7 万人，参加城镇职工基本医疗保险 12.6 万人，参加失业保险人数 8.9 万人，参加工伤保险人数 12.4 万人，参加生育保险人数 10.5 万人。农牧民医疗参保、大病保险覆盖率达到 100%。社会保险作为保障城镇职工和城乡居民社会保障的主体，为保障职工和居民的生老病死等各项社会风险发挥着主渠道作用。全市城镇居民最低生活保障人数为 0.7 万人，农村最低生活保障人数为 0.5 万人，特困供养人数为 1298 人，城乡医疗救助人数为 2572 人，为最困难的城乡居民提供了兜底保障作用。国家统计局专项调查结果显示，西藏各族群众对生活现状的满意度超过 97%，对全面建成小康社会的信心达 97.3%。①

（八）环境治理与生态保护持续加强

拉萨所在的青藏高原平均海拔 4000 米，是世界海拔最高、面积广大的高原地带，也是世界人类居住区中开发程度低、生态环境总体保持优良的广大区域。青藏高原的生态安全不仅关系西藏自身，而且关系国家生态安慰，对全球气候变化也将带来深远影响。中国各级政府高度重视青藏高原的生态环境保护问题。习近平总书记强调，生态是宝贵资源和财富，绿

① 中华人民共和国国务院新闻办公室：《伟大的跨越：西藏民主改革 60 年》，http://www.scio.gov.cn/zfbps/32832/Document/1650692/1650692.htm.

水青山就是金山银山。保护好青藏高原这个地球第三极的生态环境，是“国之大者”。各级党委政府、广大人民群众及社会各界，为青藏高原环境保护和环境治理积极行动，为守护好这片净土付出了巨大努力，取得了积极成效。在中央的亲切关怀下，青藏高原生态环境保护是全国各部门、各地区的重大任务。中国积极参与并认真履行联合国可持续发展《二十一世纪议程》各项内容。2012 年党的十八大把生态文明建设作为五大文明建设的国家战略，坚持绿色发展理念，把节约资源和保护环境作为可持续发展的基本国策。

西藏各地特别是拉萨市遵照中央指示和国家战略，把保护环境作为底线、红线、高压线，把生态保护作为重点工作，切实保护好雪域高原的一草一木、山山水水。首先，遵照国家和有关地方政府逐步探索形成了青藏高原环境保护的科学规划，拉萨市初步建立起湿地公园、风景名胜区等自然保护地体系，生态建设稳步推进。全面推进河湖长制，实现河湖“清四乱”常态化制度化。扎实推进国土绿化。“十三五”期间，拉萨市完成人工造林 28 万亩，全面消除“无树村”“无树户”，“绿色围城”生态格局逐步成型；着力构建城市绿地公园体系，市民公园达到 119 个。加强生态文明制度体系建设，实施最严格的生态环保措施，编制《拉萨市环境保护总体规划》《拉萨市生态文明建设规划》等地方性规划，强化入河排污、重金属污染、废气污染等监管，大力推进生态示范创建工作，自治区级生态乡镇、村创建率分别达到 97% 和 92.9%。统筹推进堤防建设、河道整治、全面截污、中水回用、生态修复等重大工程，扎实抓好城市水系综合治理。作为工业污染得到严格控制的高原城市，拉萨市空气质量优良率保持在 98% 以上，主要江河湖泊、饮用水水源地水质达标率 100%，森林覆盖率达到 19.5%，城市绿化覆盖率达到 37.88%。①

四　拉萨市的发展前景

2021 年 8 月 19 日，中央政治局常委、全国政协主席汪洋在《在庆祝西藏和平解放 70 周年大会上的讲话》中，用“西藏社会制度实现历史性跨越、西藏经济发展取得历史性成就、西藏人民生活发生历史性变化、西藏民族团结呈现历史性进步”，概括了西藏和平解放 70 年的辉煌成就，

① 中共拉萨市委政研室：《坚持新时代党的治藏方略，推动拉萨长治久安和高质量发展》，《新西藏》2021 年第 8 期。

"创造了改天换地的人间奇迹"。他用三句话分析了西藏取得上述成就的根本原因，那就"是党中央坚强领导的结果，是西藏各族干部群众顽强拼搏的结果，也是全国人民大力支持的结果。"同时，他用5个"要"对西藏未来发展提出了明确要求：一要始终坚持党的领导，坚定不移走中国特色社会主义道路。二要巩固发展西藏和谐稳定的良好局面，确保国家安全和边疆稳固。三要以铸牢中华民族共同体意识为主线，推进民族团结进步事业。四要坚持以人民为中心的发展思想，推动经济社会高质量发展。五要牢固树立绿水青山就是金山银山、冰天雪地也是金山银山的理念，建设生态文明高地。汪洋主席在讲话中特别承诺。"党中央对西藏发展的投入和支持只会增加、不会减少。只要把中央关怀、全国支持同自力更生、艰苦奋斗有机结合起来，西藏与全国共同迈向全面现代化必定能够实现！"①

应该说，汪洋主席的讲话既是对西藏和平解放70周年取得辉煌成就的总结，更是对未来发展的希望。这是对西藏自治区讲的，更是对拉萨市与西藏各地区讲的。西藏和拉萨市在完成脱贫攻坚的历史性任务之后，如何加快社会主义现代化建设的新征程，成为保持未来持续稳定发展和高质量发展的关键。

2020年和2021年中央分别召开了第七次西藏工作座谈会和第五次中央民族工作会议，分别提出了新时代治藏方略和加强与改进民族工作的重要思想。西藏和拉萨做好未来工作，首要任务是把贯彻新时代治藏方略和加强与改进民族工作重要思想有机结合起来，也就是"坚持稳中求进工作总基调，立足新发展阶段，完整、准确、全面贯彻新发展理念，服务和融入新发展格局，推动高质量发展，加强边境地区建设，抓好稳定、发展、生态、强边四件大事"，"坚持以维护祖国统一、加强民族团结为着眼点和着力点，多谋长久之策，多行固本之举，不断增强各族群众对伟大祖国、中华民族、中华文化、中国共产党、中国特色社会主义的认同，打牢民族团结的思想基础。"要始终坚持推动青藏高原生态保护和可持续发展战略，坚持所有的发展都要赋予民族团结进步的意义，都要赋予改善民生、凝聚人心的意义，都要有利于提升各族群众的获得感、幸福感、安全

① 汪洋：《在庆祝西藏和平解放70周年大会上的讲话》（2021年8月19日），新华网，https：//baijiahao. baidu. com/；西藏日报，2021年8月20日。

感，始终做好“长治久安和高质量发展”两篇大文章。①

按照中央精神和西藏自治区总体部署，拉萨市召开市委会议加以贯彻落实，并且在2021年10月通过了《中共拉萨市委员会关于贯彻落实中央第七次西藏工作座谈会精神，进一步推进拉萨长治久安和高质量发展的实施意见》，提出了做好拉萨市下一步各项工作的方向和和思路：一是必须在反分裂斗争中展现新作为，二是必须持续巩固民族团结的大好局面，三是必须在推动高质量发展上闯出新路子，四是必须在确保国家安全和生态安全中彰显新担当，五是必须坚持党的领导。②

以中央第七次西藏工作座谈会通过的“新时代治藏方略”为指引，以国家和西藏自治区国民经济和社会发展“十四五”规划和2035年远景目标纲要为依据，2021年1月，拉萨市第十一届人民大表大会第六次会议审议通过了《拉萨市国民经济和社会发展“十四五”规划和2035年远景目标纲要》，在分析拉萨市发展基础、发展环境的基础上，提出了了拉萨市未来发展的指导思想、目标任务和重大举措。

就发展目标而言，西藏自治区“着力打造以拉萨为中心的区内经济圈”，拉萨确定的目标就是“加快打造全区经济‘增长极’”，在确保“十四五”时期拉萨长治久安和高质量发展的基础上，“努力建设团结富裕人民和谐美丽的现代化拉萨”。③ 具体到“十四五”时期，力争到2025年地区生产总值达到1000亿元，常住人口城镇化率达到66%，供给性结构性改革与对外开放取得显著成效，城乡区域协调发展，人民生活水平大幅提升，生态文明高地得到巩固，社会治理能力明显增强，中华民族共同体意识全面铸牢。

围绕上述目标，拉萨市提出了未来发展的指导思想、基本原则和战略举措，即：全面贯彻新时代党的治藏方略，坚持稳中求进总基调，立足维护祖国统一、加强民族团结的着眼点和着力点，坚定不移贯彻新发展理念，以推动高质量发展为主题，以强化与内地联通为方向，以增强内生发展动力为重点，以优化发展格局为切入点，以要素和设施建设为支撑，以

① 人民日报评论员：《奋力谱写雪域高原长治久安和高质量发展新篇章》，人民日报，2021年8月19日。

② 拉萨日报评论员：《奋力开创拉萨长治久安和高质量发展新局面》，拉萨日报，2020年10月/13日。

③ 拉萨市：《拉萨市国民经济和社会发展“十四五”规划和2035年远景目标纲要》（2021年1月13日），拉萨日报，2021年4月24日。

制度机制建设为保障，抓好稳定、发展、生态、强边四件大事，正确处理“十三对”关系，推进治理体系和治理能力现代化，有力提升首府城市首位度，不断增强人民群众的安全感、获得感、幸福感。为此，提出了六大原则：一是坚持统筹城乡区域协调发展，二是坚持改善民生共享发展相统一，三是坚持生态文明绿色发展，四是坚持稳藏强边和依法治市相结合，五是坚持内生动力和开放引领相协调，六是坚持深化改革和制度创新相统筹。

应该说，《拉萨市国民经济和社会发展“十四五”规划和2035年远景目标纲要》的制定与颁布实施，为拉萨市未来5年发展和未来一个时期社会主义现代化建设，提出了目标明确、思路清晰、战略举措得当的行动纲领和实践指南。相信在党的领导下和国家大力支持下，通过西藏和拉萨市各族人民的不懈努力和内地援藏省市的大力支持，拉萨市乃至整个西藏自治区规划的“十四五”时期发展目标是能够实现的。在“十四五”时期进一步发展的基础上，实现2035年远景目标也是值得期待的。

第二章

新型城镇化建设

城镇化是人类社会发展的趋势。不管他生活在哪里，也不管他是什么民族，有什么样的文化背景和宗教信仰，只要想发展，想过上好日子，人类迟早都要走上城镇化的道路。只不过各国城镇化水平不一样，路径选择不一样，面临的问题也不一样。进入21世纪，拉萨城镇化水平加快步伐，取得了令人瞩目的成就。在中国宏观发展环境的推动下，拉萨的城镇化必将达到一个新的高度，同时由于西藏特殊的自然地理环境和特殊的历史文化传统，拉萨城镇化也面临着巨大的挑战。

一　西藏城镇化的发展

从西藏农牧区的长远发展和现实情况来看，要想全面建成小康社会、可持续发展、和谐发展和长治久安，都需要以城镇化建设为依托。从经济功能来看，城镇化创造了以社会化生产为目的的专业化生产，牧区能够以城镇化为纽带进行社会分工和协作。从文化功能来看，牧区城镇是一个区域的政治、经济、文化、教育、科技、信息、交通中心，具有传播各种先进思想和传授现代文明成果的特殊功能。从牧区可持续发展的意义来看，如果要缓解牧区生态链中自然资源供给的有限性和人口及牲畜对自然资源需求的无限性之间的矛盾，只有进行牧区城镇化建设，如此才能逐步优化西藏整体社会经济结构，从而实现草畜平衡，缓解人口增长对自然资源的过度利用而带来的人地关系的紧张。

拉萨城镇化的发展与西藏整体发展规划和发展水平是分不开的。2010年以来，西藏坚持走新型城镇化道路，加快构建以拉萨市为中心，以地区所在地为支点，以县城、边境城镇、特色文化旅游城镇为网络的城镇体系，提高产业和人口集聚能力。

西藏的城镇化成就显著。西藏的城镇化率由解放初期的不足 3%到 2010 年年底的 25%。[①] 2012 年，西藏城镇化率达 22.75%。[②] 2013 年，西藏城镇化率为 23.72%。[③] 2014 年，西藏城镇化率达到 25.75%。城镇人口从 1980 年的 28.7 万人增加到了近 80 万人，初步形成了以拉萨市为中心，以地区所在地为支点，以县城、边境城镇、特色文化旅游城镇为网络的城镇体系。西藏新型城镇化发展目标是力争到 2020 年城镇化率达到 30%以上，城镇常住新增人口 28 万左右，10 万—50 万人的城镇达到 3 个，5 万—10 万人的城镇达到 2 个，非农业从业人员比重达到 70%。

城市数量在增加。2014 年西藏昌都地区和日喀则地区根据国务院批复完成撤地设市工作，西藏地级市加上西藏首府拉萨市达到 3 个，这优化了西藏城镇化发展格局，截至 2015 年年底，西藏共有三市四地，分别为拉萨市、昌都市、日喀则市、阿里地区、山南地区、林芝地区和那曲地区。2015 年西藏自治区党委、政府就西藏自治区新型城镇化工作公布了指导意见，提出将推动西藏林芝、山南、那曲和阿里等地区的地改市工作，力争 2020 年，使西藏常住人口城镇化率达到 30%以上。

西藏下一步将进一步优化城镇化格局，壮大拉萨—泽当城镇圈，大力发展以日喀则市桑珠孜区、林芝八一镇为中心的东西两翼城镇，统筹发展藏东昌都市卡若区、藏北那曲镇和藏西噶尔县狮泉河镇，加快发展边境沿线和交通沿线城镇，基本形成“一圈两翼三点两线”为主体的城镇化格局。

二 拉萨城镇化进程

长期以来，拉萨作为西藏政治经济文化的中心，在整个西藏城镇化进程中具有相当大的引领、垂范和吸纳功能。拉萨属西藏新型城镇化格局中“拉萨—泽当城镇圈”的核心，这一城镇圈以拉萨为中心、泽当镇为重要支撑，以拉萨至墨竹工卡、拉萨至泽当为两轴线。

（一）城镇化空间格局初步形成

拉萨市建制镇从 2000 年到 2014 年没有变化，共有 9 个。经过历届党

① 中国西藏新闻网：《西藏城乡建设呈现四大变化城镇化率 25%》2011 年 8 月 17 日。

② 中华人民共和国国务院新闻办公室：《西藏的发展与进步》白皮书，2013 年 10 月 22 日。

③ 李建平等：《中国省域竞争力蓝皮书：中国省域经济综合竞争力发展报告（2013—2014）》，社会科学文献出版社 2015 年版。

委和政府的规划和建设，拉萨“东延西扩南跨、一城两岸三区”的城市框架初步形成，城市建成区面积达到70.29平方公里。全市现有人口83万人，有藏、汉、回、蒙等38个民族。

2014年，拉萨市重点突出地域、民族、文化、时代特点，统筹利用国家支持、对口支援、地方配套、社会投资，着力推进以人为核心的城镇化。初步已经形成“中心城市辐射、多点联动发展”“城关一马当先、梯次竞相跨越”的新型城镇化发展格局。

2015年拉萨市以规划为引领，编制研究各项规划，严格规划执法，突出保护历史文化名城、历史街区与传统建筑，有机疏散老城区，留住地域文脉与历史记忆。拉萨市新城建设将与老城保护相协调，强化文化底蕴与民族特色，加快棚户区与背街小巷改造，改善老城区的人居环境。

2015年11月28日，堆龙德庆撤县建区，继城关区后成为拉萨市的第二个区。

（二）城镇常住人口不断增长

考察城市人口数量有两个口径，一是大口径的城市人口，即包括所有城市和建制镇的人口；二是小口径的城市人口。这里主要用大口径人口统计城镇常住人口。2001—2012年拉萨城镇常住人口年平均增长速度为5.4%，2006—2012年拉萨城镇常住人口年平均增长速度为6.2%。拉萨市人口城镇化率起点很高，1959年就已经达到31.7%，1980年上升到37.8%，此后一度呈下降趋势，2003年以前，一直在34%—35%之间徘徊，1985年甚至降到32.6%。西部大开发以后，2003年才重新回到1980年水平，此后城镇化率持续增长，2008年开始突破40%，2012年达到46%。总体来看，拉萨的城镇化率和水平远远高于整个西藏的平均水平。

表2-1　1959—2012年拉萨市常住人口总数、城镇常住人口

年份	常住人口总数（万人）	城镇常住人口（万人）	城镇人口占比（%）
1959	24.5	7.8	31.7
1980	38.9	14.7	37.8
1985	38.6	12.6	32.6
1990	35.7	12.2	34.2
2000	40.4	14.1	35.0
2001	40.7	14.5	35.6

续表

年份	常住人口总数（万人）	城镇常住人口（万人）	城镇人口占比（%）
2002	40.9	14.7	35.8
2003	42.1	15.7	37.2
2004	43.8	16.8	38.3
2005	44.93	17.47	38.9
2006	45.2	18.0	39.8
2007	46.5	18.5	39.7
2008	49.8	20.4	40.9
2009	51.5	21.1	41.0
2010	55.9	24.1	43.1
2011	57.61	26.49	46.0
2012	57.92	26.63	46.0

注：2010 年以前是户籍人口口径，以后为常住人口。

资料来源：拉萨市统计局、国家统计局拉萨调查队编：《拉萨市统计年鉴（2013）》，方志出版社 2013 年版。

（三）就业人口的产业结构变化

从业人口的产业比例分布也可以反映城镇化的水平。第一产业是指以利用自然力为主，生产不必经过深度加工就可消费的产品或工业原料的部门，包括种植业、林业、畜牧业、水产养殖业等直接以自然物为对象的生产部门。第二产业是指加工产业，利用基本的生产资料进行加工并出售。第三产业又称服务业，它是指第一、第二产业以外的其他行业。第三产业行业广泛。包括交通运输业、通信业、商业、餐饮业、金融保险业、行政、家庭服务等非物质生产部门。随着经济的发展和城镇化的推进，国民经济各部门的产值和就业人员的比例不断发生变化。其变化趋势是：起初是第一产业的比重不断下降，第二产业的比重不断上升，第三产业的比重也不断上升；随后包括第一、第二产业的物质生产部门的比重都不同程度下降，第三产业的比重持续上升。目前，发达国家第三产业的产值和就业人口的比重一般都在 50%以上，成为规模最大、增长最快的产业。而在发展中国家除新型工业化国家和地区以外，总的说来其产业结构层次都相对落后，转变的进程也不快。但从变化趋势来看，发达国家同发展中国家基本上是一致的。

城镇化是一个复杂的动态结构系统，是从传统农业社会向现代工业和后工业社会转型的空间载体，承载着人口从农村向城镇流动，产业结构从以农业为主导向以工业和服务业为主导转变，生活方式和价值观从传统农牧文化向现代城市文化转变。在城镇化过程中，第三产业的发展在吸纳劳动力就业、增加居民收入、建设新农村、构建完备的城镇体系及和谐城乡关系等方面发挥着不可替代的作用。

从表2-2可以看出，拉萨市第一产业就业人口从20世纪90年代开始逐步下降，90年代基本在50%以上，进入21世纪，呈加速下降趋势，21世纪前10年，基本在40%多，2010年以后，下降到20%多。可见，第一产业对经济的贡献率呈递减趋势。第二产业的就业人口从1995年开始稍有起伏，总体略呈下降趋势，可能跟地方产业政策的导向有关。第三产业则跟第一产业的变化呈正相关关系。第一产业就业人口从90年代开始加速上升，90年代基本在30%以上，进入21世纪，呈加速上升趋势，21世纪前10年，基本在40%以上，2010年以后，上升到60%以上。可见，第三产业的就业人口比例递增，对经济的贡献率呈递增趋势。

表2-2　　1990—2012年拉萨市从业人口产业分布比例　　单位:%

年份	1990年末	1995年末	2000年末	2005年末	2011年末	2012年末
年末从业人员总数（人）	167931	193840	215952	247800	378214	395809
第一产业	58.5	51.4	44.7	45.0	25.6	22.8
第二产业	8.9	11.5	13.0	10.7	10.2	11.6
第三产业	32.6	37.08	42.3	44.3	64.2	65.6
总计	100	100	100	100	100	100

资料来源：拉萨市统计局、国家统计局拉萨调查队编：《拉萨市统计年鉴（2013）》，方志出版社2013年版。

（四）人口流动与人口迁移

人口流动既是城市化的表现形式、城市化的测量尺度，又是城市化的动力机制之一。可以说，没有人口流动就不可能启动城市化的步伐，但并非所有流动都能导致城市化的结果。人口流动的方向和程度反映着要素生产力的集聚方向和程度。农牧区劳动力转移为内涵的人口流动则是城市化的主动因。

早期的城镇化是农村人口向城市聚集的过程，而新型城镇化的发展是坚持以人为本，城乡统筹、协调发展，主要表现为产城互动、节约集约、生态宜居的大城市、小城镇、新农村的城乡一体的协调发展。其核心是在不牺牲农业、农民利益，不危及粮食生产安全、不破坏生态环境的前提下，着眼农民，涵盖农村，实现城乡公共服务均等化和基础设施一体化的共同富裕。农牧区人口向城镇聚集。随着拉萨市经济的发展，出现了一个凸显的人口现象，这就是规模庞大且不断增长的流动人口。尤其自青藏铁路、拉日铁路开通以来，流动人口规模更呈急剧上升之势。据拉萨市统计局介绍，2013 年拉萨市有流动人口 20 余万人。

拉萨市流动人口来源多元化，一是朝圣、走亲访友、娱乐、旅游等非经济外出活动。堆龙德庆乃琼村的小伙子们每周去拉萨迪吧的次数远远超过了去三大寺的次数。二是带有经济目的的外出活动。西藏农牧民外出打工者主要集中在拉萨、日喀则和昌都。城郊结合处的村民外出劳动力主要以城镇为依托。而非城郊结合地带的村民外出打工主要流入地，第一种情况是城郊结合地带的乡村，因为这里的青壮年在比较利益的驱使下进城工作，而偏远农牧区来的打工者弥补了劳动力的空缺；第二种情况是牧区，农闲时贫困地区的农民到那曲、安多、当雄等牧业县帮牧民干一些揉皮等杂活；第三种情况是城镇，城镇是乡村外出劳动力最主要的接收地，与城郊结合地带乡村不同的是，非城郊乡村农民除流向拉萨、日喀则等较大的城镇外，不少人还选择了条件更为艰苦、更偏僻的小城镇，比如去阿里，修建房屋。三是婚姻带来的乡村内部人口流动。通过婚姻的方式，在乡村内部向经济条件较好繁荣城郊或公路沿线地区迁移。在藏区，男子入赘比女子出嫁更受欢迎。近几年，乡村人口向城镇迁移越来越多，农业人口中除了个别来自内地农村外，绝大多数来自区内乡村。正是由于农村人口入城数量日益增多，“农转非”既解决城市户口问题也日益突出。拉萨乡村人口的流动主要是以上三种形式。因此，乡村人口流动是影响拉萨城镇化的内部动力。

有调研显示，随机访问的 346 人中，计划在拉萨市居住不到 1 年的占 6.07%，计划居住 1—2 年的占 17.92%，计划居住 3—5 年的占 15.02%，计划常住定居的占 6.65%，表示不确定居留时间的占 54.34%。由于大多数人不愿意或者没有确定长时间待在拉萨市，这给拉萨市人口管理造成一定困难，即无法确定这部分人的居住地以及想要在拉萨市从事何种工作，同时也给拉萨市人口管理提出了新的问题和挑战。只有不断地创新管理理念，采用科学管理方法，才能保证拉萨市的繁荣和稳定。

（五）乡村非农化

发达国家的经验表明，乡村非农化是城市化的一种路径选择，主要表现为劳动力非农化和产业结构非农化。从业人口的产业结构分布变化前面已经阐述。从乡村内部劳动力构成来看，虽然从整体来看，西藏乡村非农劳动力大大低于全国平均水平，而且这种差距在改革开放以来越来越大。从西藏内部来看，乡村非农化发展也极不平衡，拉萨拥有最高的非农化比例，在靠近拉萨的郊区县乡村劳动力非农化程度也较高。拉萨劳动力非农化与城镇化关系密切。可以说，越靠近拉萨，其劳动力非农化程度就越高，这一点在近郊堆龙德庆县表现较为突出，早在 1995 年其非农劳动力占乡村劳动力比例就达到 18.9%，2015 年已经达到 60%，预计 2020 年达到 70%以上。

产业结构非农化是衡量拉萨市城市化水平的另一个效度。从表 2-3 中得知，早在 1978 年拉萨第三产业占地区生产总值的比重就达到 50%以上，由于改革开放的滞后，一度下降到 50%以下。进入 21 世纪，国家实施西部大开发政策，拉萨经济发展加速，产业结构变化巨大，2000 年以后第三产业占地区生产总值比例一直保持在 60%以上，而第一产业则从 2000 年以前的两位数百分比下降到以后的一位数百分比。从 2010—2012 年平均每天创造的地区生产总值比例变化来看，同样可以看到相同的变化。

表 2-3　1978 年、1995 年、2000 年、2005 年、2011 年、2012 年拉萨产业结构比例变化　单位：%

年份 产业	1978	1995	2000	2005	2011	2012
第一产业	24.6	17.6	11.0	7.2	4.5	4.1
第二产业	22.0	33.1	25.2	23.2	33.9	34.9
第三产业	53.4	49.3	63.8	69.6	61.6	61.0

资料来源：拉萨市统计局、国家统计局拉萨调查队编：《拉萨市统计年鉴（2013）》，方志出版社 2013 年版。

表 2-4　2010—2012 年日均创造地区生产总值及产业分布　单位：万元

年份 产业	2010	2011	2012
地区生产总值	4902	6679	6530
第一产业	250（占 5.1%）	274（占 4.1%）	295（占 4.5%）
第二产业	1528（占 31.2%）	2061（占 30.9%）	2485（占 38.1%）
第三产业	3124（占 63.7%）	4344（占 65.0%）	3750（占 57.4）

三　拉萨城镇化建设的主要挑战

1. 生态容量和环境承载力有限

拉萨特殊的高原生态非常脆弱，森林覆盖率低，植物生长缓慢，大部分地区不适宜人类、产业和城镇的集聚与布局，同时，资源约束性强，人口和产业的集聚使得部分城镇环境容量渐趋饱和。目前，湿地萎缩、沙化土地扩大、原生植被退化、水源涵养功能衰退等生态环境问题在拉萨地区已经显现。

2. 如何在城镇化建设中保护地方文化特色

西藏包括拉萨所具有的藏文化是对自然环境长期适应的结果，是一个具有自我调整、充实和更新的有机生命体。在经济快速发展和城镇化建设中，如何协调传统文化保护、延续与城镇化带来的现代文化的冲击，并展现文化的多样性将是一个巨大的挑战。

3. 城市人才与劳动力方面面临的挑战

适应现代城市生活、城市文化、城市就业的人口素质有待进一步提高。一是劳动力素质。由于人口教育水平的差距使得拉萨地区劳动力资源特别是第一产业劳动力技能有待提高，对于市场化、工业化、城镇化以及现代城市服务业准备不足。二是长期以来，对高技术和专业技术人才的培养和吸引不足，制约拉萨经济社会结构的现代转型。

四　抓住机遇加快拉萨新型城镇化进程

（一）利用好建设面向南亚大通道带来的机遇

“一带一路”发展战略的实施，标志我国对外开放由沿海地区向内陆地区的推进以及我国与西南边境国家的进一步改善关系并加强合作。内陆边境正由过去的边缘变成核心。自治区高度重视陆路口岸建设，并围绕建立南亚贸易陆路大通道这一总体目标，提出了“重点建设吉隆口岸，稳步提升樟木口岸，积极恢复亚东口岸，逐步发展普兰、日屋口岸”的建设思路。青藏铁路、拉日铁路的建成通车以及在建的拉林铁路，无疑将加速市场要素的流动，更加密切地参与国际经贸合作。这种环境下，拉萨将不仅作为西藏的经济核心，并将在更大的区域范围内承担起中心城市的职能，进一步推动拉萨与整个西藏自治区的经贸发展。

（二）加强区域合作建设新型高原生态城市

西藏作为我国的生态源、江河源，全国乃至亚洲气候变化的调节区，作为藏族人民世世代代赖以生存的高寒高原农业区和游牧业区，国家把他定位为重要的国家安全屏障、重要的生态安全屏障、重要的战略资源储备基地、重要的高原特色农产品基地、重要的中华民族特色文化保护地、重要的世界旅游目的地。这六个定位无不凸显生态问题的重要性和必要性，成为约束拉萨发展的红线。随着城市建设、经济开发，资源环境的承载力日趋饱和，生态环境受到严峻挑战。

1. 国家整体城市化战略和西部竞合关系的重构

实施西部大开发以来，特别是实施新型城镇化发展战略以来，东西之间、西部地区各省市区内部之间传统竞争与合作关系不断调整。一个显著特点是成渝经济区成长迅速，以重庆和成都两个大型城市为中心的成渝经济区，是继长江三角、珠江三角、京津冀经济区、大东北等之后中西部地区最大的经济区。随着交通条件的改善，成渝经济区的发展不断加速，综合经济实力日益增强，对周边地区的带动力不断提升。成渝地区西接青藏高原，是内陆地区进出西藏的门户，也是西藏的大后方基地，无论对西藏还是拉萨的快速发展都有非同寻常的意义。“十二五”规划、“十三五”规划以及新型城镇化战略规划都把该区定位为西部经济区的重镇。毫无疑问，成渝经济区的快速发展为西藏以及拉萨市的经济社会发展创造条件的同时，也带来经济吸引力的竞争。

2. 地方经济合作博弈的变化

发展条件的变化，使西藏自治区、拉萨市的战略地位发生了变化，促使传统区域经济合作的竞争关系发生变化。例如，西藏作为“六省区市七方经济协调会”① 的重要成员，由于青藏铁路的通车、拉日铁路的通车以及在建的拉林铁路，使西藏发挥更重要的作用。同时，我们也应该看到，在“一带一路”推进过程中，云南利用自己的地缘优势，在打造南

① 1984年，四川、云南、贵州、广西四省区和重庆市发起成立“四省区五方经济协调会”，开创了我国跨省市区域经济合作的先河。此后，随着西藏自治区、成都市相继加入和重庆的直辖，协调会先后4次更名和扩展，成为今天的“六省区市七方经济协调会”。协调会致力跨地区、跨部门、跨行业的联合与协作，协调会各成员方在基础设施建设、矿产资源开发和能源建设、拓展旅游业、构建区域性大市场、科技兴农和扶贫开发及对口支援等方面进行了广泛合作。

亚的通道；而西藏也在打造通往南亚的通道。竞争关系日益突出，不可避免带来同质化的市场细分。

此外青藏铁路的通车使西藏融入全国大市场，也为西部其他省区参与西藏的经济发展提供了基础条件，西藏可实施“靠东向北”的经济战略，靠东可以融入“成渝经济圈”，向北可以营建“陕甘青藏经济带”。

（三）充分利用作为西藏自治区首位城市的先天优势

拉萨作为西藏自治区的首府，是西藏政治、经济、文化的中心，其社会经济发展与城市建设对西藏整体发展具有举足轻重的影响。拉萨的先导作用体现在以下几个方面。

一是“示范效应”，通过拉萨中心城市的发展来推动西藏城镇化水平的不断提高，把拉萨建设成为西藏的现代化中心城市，这对西藏其他地区行署所在地及重要口岸、交通枢纽的所在镇，尽快建成小城市起到示范作用。

二是“集聚效应”，21 世纪是“城市世纪”，城市将成为投资创业的孵化器，成为人流、物流、资金流、信息流的中心，城市化与现代化的互动关系表现得越加明显。因此，加快拉萨的发展，无疑能更好地发挥其中心城市的集聚效应与辐射效应。

三是“窗口效应”，拉萨市城市化、现代化建设，是向世界展示当代西藏发展成就、藏族人民幸福生活的窗口。

（四）集合政策优势加快新型城镇化建设

20 世纪 80 年代以来，中央先后召开六次西藏工作会议，进入 21 世纪的 15 年内就分别于 2001 年、2010 年、2015 年召开了三次会议，平均每 5 年召开一次，每次都为西藏经济社会发展制定多项重大的特殊的优惠政策和举措。中央的政策、全国的支持必将促进地区经济的发展。拉萨作为西藏的首府，可充分利用国家对西藏的相关政策和措施，利用西部大开发的政策，利用江苏和北京的对口支援等，推动拉萨经济社会的加速发展，有序推进城镇化的进程。

事实上，尽管面临很大制约，拉萨城镇化建设仍在飞速发展。城区面积已从过去的 3 平方公里增加到了现在的逾 62 平方公里。在城市规模不断扩大的同时，城镇交通、能源、通信、环境和给排水等基础设施日益完善，县城供水普及率达到 75%，县以上城镇基本实现 4G 通信技术全覆盖。拉萨城市建成区绿地率达到 32.8%，绿化覆盖率达到 37.6%，人均公共绿地面积达 9.6 平方米，城市环境指数居全国前列。拉萨市民还告别了烧牛粪取暖的传统，用上了天然气供暖。这些变化预示着拉萨市的新型城镇化进入了环境友好、共享和谐的新时期。

第三章

城市生态文明建设

西部大开发战略提出要努力建成一个山川秀美、经济繁荣、社会进步、民族团结、人民富裕的新西部，2003 年中央提出科学发展观。在科学发展观的指导下，西藏逐步走出一条“中国特色、西藏特点的发展路子”。2010 年第五次西藏工作座谈会提出：西藏是重要的国家安全屏障、重要的生态安全屏障、重要的战略资源储备基地、重要的高原特色农产品基地、重要的中华民族特色文化保护地、重要的世界旅游目的地。中央给西藏“两屏障、四地”的战略定位的核心和抓手就是生态环境保护和建设。以生态环境保护与建设为载体，构建高原生态安全屏障，是西藏发展的“牛鼻子”，尤其作为首府的拉萨应走在前列，发挥龙头作用。

拉萨市根据第五次西藏工作座谈会精神，在前期取得的成绩的基础上，2012 年提出了“环境立市、文化兴市、产业强市、民生安市、法治稳市”五大战略。其中，把环境作为五大战略的第一战略。立足高原生态环境的实际，围绕“环境立市”这一大目标，大胆创新，正在开拓一条生态环境保护优先，在发展中重保护，在保护中求发展的“生产发展、生活富裕、生态良好的文明发展道路”。2012 年党的十八大报告把“生态文明建设”纳入中国特色社会主义总体布局中，明确提出“五位一体”总布局。2013 年党的十八届三中全会决定中明确指出，紧紧围绕建设美丽中国深化生态文明体制改革，加快建立生态文明制度，健全国土空间开发、资源节约利用、生态环境保护的体制机制，推动形成人与自然和谐发展现代化建设新格局。这些都为拉萨“环境立市”战略目标的实现指明了发展方向。

拉萨作为西藏首府，历届市委、市政府都非常重视环境保护，特别是 21 世纪以来，全市公民生态环境意识持续提高，高原性产业结构持续优化，环境质量持续改善，人、自然、社会的发展越来越和谐。为进一步总结经验、查找不足，不断推进拉萨市生态文明建设，课题组对拉萨市21世纪以来的生态文明建设情况进行了专项调研，形成如下报告。

一 拉萨市生态文明建设的现状分析

中央一直非常关心西藏生态文明建设，对西藏生态环境保护支持的力度越来越大，西藏整体生态环境保护状态良好。作为“世界第三极”的首府城市，拉萨正在从环境保护模范城市创建转向国家生态市建设；从自然保护为主转向全面加强生态环境建设；从区域层次环境保护转向国家层面生态安全屏障构筑。面对如此重任，机遇与挑战同在，困难与希望并存。

（一）有利因素

1. 生态文明建设已纳入中国特色社会主义发展“五位一体”总体布局

自科学发展观提出以来，不仅写入党章成为我党的指导思想，而且成为我国生态环境保护工作的指导思想和理论基础。自此，统筹人与自然和谐、全面建成小康社会、构建和谐社会已成为我国经济社会发展的主要目标。西部大开发强调加强城镇环境基础设施建设、生态环境保护与建设。2005年12月，国务院出台了《国务院关于落实科学发展观加强环境保护的决定》。党的十七大把建设资源节约型、环境友好型社会写入党章，把建设生态文明作为实现全面建设小康社会奋斗目标的新要求，标志着环境保护已经成为全党意志，进入了国家经济政治社会生活的主干线、主战场。党的十八大报告明确提出包括生态文明建设的“五位一体”总体布局，同时要求要更加自觉地珍爱自然，更加积极地保护生态，努力走向社会主义生态文明新时代。2015年4月中共中央、国务院出台《关于加快推进生态文明建设的意见》，并将“绿色化”作为中国“第五个现代化”。这些都为拉萨生态文明建设提供了新的历史机遇。

2. 西藏生态环境保护被提到国家层面。

西藏的环境效益不仅超越了本地区，直接关系到中华民族的未来发展及千秋万代的根本利益。中央将西藏纳入国家生态环境重点治理区域，并于2010年在第五次西藏工作座谈会提出了“西藏高原国家生态安全屏障”这一概念。实施西藏生态安全与屏障建设工程是继青海三江源自然保护区保护与建设工程之后，党中央、国务院在青藏高原确定的又一项重点生态保护工程，意义十分重大，对拉萨生态文明建设是个良好契机。

3. 国家级生态市建设是拉萨生态文明建设的战略选择

《拉萨市城市总体规划（2009—2020）》，将建设山清水碧天蓝城靓的高原生态绿城作为拉萨城市定位之一。环境模范城市是创建国家生态市的基本条件之一。自2006年申请“创模”以来，拉萨生态文明建设成就捷报频传。特别是在“十二五”期间，拉萨国家级生态市建设在“创模”工作基础上，使拉萨生态文明建设不仅得到质与量上的提升，而且成为拉萨生态文明建设新时期的载体、平台和抓手。生态市建设是拉萨可持续发展的一种战略选择。

4. 各族群众的生态环境意识日益增强

21世纪以来，特别是2006年拉萨市“创模”以来，人民群众在物质生活水平不断提高的同时，对生态环境保护的意识和关注度日益高涨，对拥有良好环境质量的愿望日渐迫切，对环保工作的参与度越来越高。

5. “六城同创”目标的全面实现为拉萨生态文明建设奠定坚实基础

拉萨市将国家环保模范城市（2006年）、国家生态园林城市（2007年）、全国文明城市（2008年）、国家卫生城市（2008年）、具有高原和民族特色的国际旅游城市（2009年）与全国双拥模范城市（2009年）共同创建，形成“六城同创”的局面，以整合资源、提高效率、借力使力、形成合力、加快创建步伐。“十二五”期间拉萨市委、市政府提出的“六城同创”目标全面实现，为拉萨市生态建设和环境保护工作打下坚实基础。

6. 国家对西藏的环保支持力度持续增加

“十二五”期间，中央在重大基础建设项目上还要继续向西部地区倾斜，在转移支付和投资安排上也要继续向西部地区倾斜，以目前年均20%的增长速度。西藏高原生态安全屏障资金投入、中央的财政转移支付和各兄弟省市的援助，极大地缓解了拉萨发展所面临的资源消耗和环境压力，对促进西藏的环境保护事业和生态建设产生了难以替代的巨大作用，是对拉萨生态建设、环境保护、经济社会可持续发展的重要保证。

（二）不利因素

3700米海拔高原上的拉萨在生态文明建设上，除了其高原自然生态环境的极度脆弱性和高原气候外，还存在以下几种不利因素。

1. 随着经济社会发展与城市扩容，拉萨面临着环境优化、经济发展的双重挑战

改革开放以来，拉萨自我发展能力从历史上看是有很大提升，但横向比较差距还是非常大，特别是技术创新能力不足，产业结构不尽合理，产业链条不长，影响资源优势转化为经济优势，拉萨亟须实行经济结构转型。随着拉萨矿产开发等支柱产业的兴起，有色金属矿采选、建材等工业发展，导致资源消耗和污染物排放呈上升趋势，其对自然资源和生态环境的依赖程度极高，在拉萨特色产业加快发展的同时，势必会对自然资源和生态环境造成一定的压力，同时土地、藏药材和旅游等资源开发利用带来的生态压力加大。另外，拉萨的环境与发展综合决策机制尚未全面形成。“十五”以来，市委、市政府进一步加强对环境保护工作的领导，强调实施可持续发展战略，促进资源环境与经济社会协调发展。但是，从经济社会发展的实际过程来看，传统的发展方式仍占主导地位，重经济建设轻环境保护的现象时有发生，环境与发展综合决策机制尚未全面形成。

2. 随着经济社会发展与城市扩容，拉萨生态环境矛盾进入聚集期

一是生态破坏尚未得到有效遏制。拉萨生态环境具有明显的脆弱性和敏感性特征，受全球气候变化的影响，导致冰川退缩、贮量减少，高原冻土下界上升、冻融消融作用加强，进而诱发草地退化、土地荒漠化等问题。拉萨的生态环境虽然局部地区得到了治理与改善，但整体上仍处于轻、中度退化状态，生态环境退化的趋势尚未得到有效遏制，生态环境保护任务具有长期性、艰巨性和复杂性。二是污染物总量减排难度增加。“十二五”期间，减排潜力下降，主要污染物减排空间逐渐减少，加之污染控制标准会进一步严格，污染物减排实施难度将明显加大。“十二五”期间将氨氮、氮氧化物纳入减排新的污染物总量控制指标，污染控制长时间处于攻坚阶段。三是环保基础设施严重滞后。环保基础设施建设虽然不断得到加强，但因城市环保基础设施历史欠账较多，与现实需要仍存在较大差距，城市生活污水、医疗垃圾和危险废物还没有得到有效处置，还远远不能适应城市化进程和改善人居环境的需要。随着工业的发展、人口的增加、旅游人数激增，对环境保护造成的压力加大，城镇环保基础设施建设与经济发展、社会进步越来越不匹配。环保基础设施明显滞后，难以保证经济发展和环境保护协调推进。旅游资源的过度开发与当地的经济发展的不平衡，对生态在一定程度上也造成了负面影响。2007 年

拉萨市旅游接待人数 274 万人次，2012 年增加到 650.8 万人次，增加了一倍多。2007 年以来，游客人数迅速增长的趋势非常明显，日高峰接待旅游人数达到近 10 万人。旅游人口的增加将在一定程度上造成城市公共设施和基础设施的超负荷使用、环境的恶化以及游客本身对环境造成的影响和破坏是无法估量的。四是环境问题爆发进入高发期，区域性环境问题逐渐显现。拉萨作为西藏自治区的首府，是全区生产活动、人类活动最为集中的区域，也是对环境影响最大的区域。城镇化和工业化是拉萨必经之路，随着城镇化进程的加快和工业化进程的加速，逐步形成以中心城区、工业集中区为核心的人口密集区和企业聚集区。区域内污染物排放量增加，环境压力明显加大，发展需求与资源环境的矛盾增大，引发区域性环境问题突发事件概率增大。五是农牧区环境保护任务艰巨。发展不足、城乡发展不协调，是现阶段拉萨发展的主要矛盾。拉萨市农牧区生活垃圾收集处理、生活污水处理、农作物秸秆综合利用、畜禽粪便的利用与处置均处于低水平。“十二五”环境保护工作重点在农牧区，农牧区是拉萨市环保工作的大舞台，未来环境工作任务更重，环境问题更突出，挑战更多。六是资源、能源进一步紧缺。随着经济社会发展，城市建成区面积、人口规模、机动车保有量、施工规模将会明显增加，消费水平、食品结构将会发生显著变化。工业以矿山开采、建材为主导产业，结构性污染问题仍比较突出；能源、土地资源、水资源、生物资源等供需矛盾突出，资源和环境压力对发展的制约总体上还没有缓解，有些方面仍在加剧。在调研中得知，电力短缺已经严重影响到工业园区企业的正常开工。

3. 随着环境问题的日益突出，环境监管能力有待提高

由于起步晚，底子薄，环保能力建设滞后，现有的环保队伍人员编制、人员素质与面临的任务不相适应。在调研中，市环保局同志提出，现有编制严重不足，全市核编 67 人，现有正式编制 96 人（已超编），但因任务不断增加，局里还聘请了临时编制 46 人，目前全局共有 142 人。环境监测、环境执法监察、环境信息化、辐射环境监督和环境宣传教育等都达不到国家相应的建设标准。目前，拉萨仍面临着环境管理体制不顺，部门职责交叉问题，缺乏强有力的环境保护统一监管机制等问题，如生态环境保护与建设存在多头管理的问题，难以形成整体合力。环境保护综合协调能力不强，对环境违法行为处罚力度偏低，有法不依、执法不严的问题仍不同程度地存在。

二 拉萨市生态文明建设的主要做法与成就

环保运动已成为世界范围内最重要的运动，生态平衡和环境保护关乎人类社会的可持续发展。城市是个生态系统，城市中的人口、空间和资源组成城市生态系统的主要构件，城市生态问题实质上就是人类的生存与发展需要和环境资源的供应与容纳相协调的问题。城市的发展不仅受其自身内部结构的影响，也受其所处的地域环境的影响；城市的生态平衡，是指城市系统内外输入与输出的协调，是指城市中自然、经济、社会等要素的相互协调。

拉萨——西藏自治区首府城市，是国家 47 个环境保护重点城市和 113 个大气污染防治重点城市之一。为树首府形象、促经济社会发展、构筑西藏高原国家生态安全屏障，自 21 世纪以来，拉萨借助西部大开发，以生态文明建设为主线，以经济发展与环境保护高度融合为核心，以增强区域可持续发展能力为目的，采取从紧从严的环境保护政策，调动社会各方面的力量参与环境保护，促进生态保护和经济建设协调发展、环境质量和民生改善同步提升，积极探索具有中国特色西藏特点的环境保护工作路子，为生态拉萨、国家生态安全甚至整个东南亚、南亚乃至全球生态环境做出了积极贡献。

（一）主要做法

1. 创新环境宣传教育载体，提升公众环保意识，打造生态文明建设的思想基础

生态文明建设是一项需要众人参与的活动，而提升公众环保意识是生态文明建设的核心内容。拉萨市紧紧抓住环境宣传教育，通过各种载体大力宣传城市环保的重要性和必要性，以提高公众的环保意识。拉萨市城区目前居住的人口已达 50 万人，包括国家工作人员、企业、学生和居民、商人、暂住人口等。

第一，加强对常住人口进行环保宣传教育。依托拉萨市区各单位、学校和居委会，通过向市民发放环保宣传册子、举办专家讲座和图片展览、开展课堂教育和利用电视电影等手段，让市民了解和掌握环境保护的重要性、必要性以及应该如何行动。采取经常性活动对职工、学生和居民进行环保教育，把环境保护工作落实到各单位、学校和居委会等的具体责任人，以促成环境保护人人有责思想观念和意识的树立。拉萨市相继申报建

立了西藏大学、西藏农牧学校、西藏财经学校、拉萨市师范学院、拉萨中学、拉萨市第七中学、八一校、拉萨三高、拉萨市实验幼儿园等10个绿色学校和鲁固居委会等全国绿色社区。

第二，加强对暂住人口进行环保宣传教育。随着暂住人员的增多，拉萨市把环保宣传教育与区域属地管理工作结合起来，把对暂住人员的环保宣传教育责任落实到相关行业和单位，通过相关行业、单位和居委会来做好暂住人员的环保教育。

第三，加强对进藏游客的环保宣传教育。随着2006年7月1日青藏铁路的全线开通，进藏经商、旅游的人数剧增，这一方面极大地带动了西藏经济、文化和社会的发展，特别是促进了西藏的商业、旅游业发展，另一方面随着流动人口特别是旅客的大量增加，拉萨城市人口的规模也将进一步得到扩大，这给拉萨的环境保护带来了一定压力。加强国内外旅客的环保教育，成为拉萨市城市环保的重要内容和环节之一。为做好旅客的环保教育，一是拉萨市环保部门会同有关部门，定期或不定期地为旅游从业人员举办环保知识讲座，分层次抓好环境保护的职业培训，实施生态旅游培训上岗制度，普及有关科普知识，掌握相关的法律、法规、政策，努力提高旅游从业人员的环境保护素质；二是市旅游局采取各种有效措施提升市旅游经营管理单位的环保责任与意识；三是通过旅游经营管理人员和服务人员对旅客进行高原环保知识宣传教育。

通过一系列宣传教育活动，环境保护和生态建设已成为各族人民关心的热点，环保工作得到社会各界的广泛支持与配合，广大市民的环保意识有了较大的提高，一个关心环境、热爱拉萨、全社会齐抓共管的良好氛围正在逐步形成。①

2. 加大环保投入，加强环境基础设施建设，夯实生态文明建设的硬件基础

一个城市的生态文明，离不开环境基础设施的硬件建设。21世纪以来，自治区和拉萨市对拉萨城区环境基础设施的投入大幅提升。特别是2008年以来，城市的环境基础设施建设显著加快。在城市污水处理上，投资1.22亿元、日处理能力为5万吨、采用CAST（卡斯特）生化处理工艺的拉萨市污水处理厂一期工程2011年6月正式运行；日处理能力

① 参见拉萨市提供的调研资料《拉萨市环境保护“十一五”规划》，2014年8月。

3000吨的柳梧新区污水处理厂一期工程2012年已投入使用；日处理能力13万吨的拉萨市污水处理厂二期工程已经开工建设，届时拉萨市污水处理厂的日污水处理能力将达到18万吨，基本满足拉萨市污水处理需求。

为了处置包括医疗废物、医药废物、农药废物、废矿物油、油/水、烃/水混合物或废乳化液、制药残渣、染料、涂料废物、有机树脂类废物、感光材料废物（废胶片、相纸）、废酸、废碱等危险废物，自治区投资8202.38万元在拉萨城区建设了一个西藏自治区危险废物处置中心。该项目主要采取“焚烧、物化、填埋”三位一体的生产工艺来实现危险废物“减量化、资源化和无害化”处理。中国海拔最高的危险废物处置中心于2014年5月28日点火试运行，年处理量为3376.4吨。其中焚烧处理1861.2吨/年，物化处理300.0吨/年，稳定固化处理500.16吨/年，填埋处理680吨/年，废荧光灯管暂存处理35吨/年。①

为了处理城区工业企业的污染，拉萨市投资2565.34万元（其中市财政垫资1481.30万元，企业自筹1084.04万元），完成重点工业企业污染源在线监控（监测）项目一期。该项目为《全国环保系统“十二五”对口援藏规划》项目。项目包括监控中心、传输网络和企业端子系统三部分。其中监控中心于2012年10月完成建设工作，2013年6月通过了区环保厅、市发改委、市财政局、市审计局组织的验收。截至目前已有8家企业、4个饮用水源地、2家机动车尾气检测中心与监控中心联网。监控系统二期也已开始建设。②

为开展禁鸣工作和保护噪声环境，加强了噪声监测系统及环境应急基础建设。利用北京投入的200万元援藏资金实施这一项目，结合拉萨本地实际情况，选取了10个点作为噪声在线监测试点，主要目的是通过各重要路口的LED显示屏实时显示周围环境的噪声分贝值，为拉萨开展禁鸣工作提供一个良好平台。③

3. 立足环境规划和制度建设，不断探索环保长效机制，夯实生态文明建设的制度基础

生态文明建设既要有规划，更要有制度。通过规划来引导，依靠制度

① 中国西藏新闻网：《西藏首个危险废物处置中心明年4月投用》，2013年11月22日。

② 参见拉萨市提供的调研资料《拉萨市环保局“十一五”“十二五”规划任务执行情况汇报》，2014年8月。

③ 参见拉萨市提供的调研资料《拉萨市环保局“十二五”规划执行情况和“十三五”规划总体思路》，2014年8月。

来保障，在引导和保障中建设环保长效机制。

第一，科学编制了“十五”“十一五”“十二五”生态环境保护规划纲要，明确了每个阶段环境保护的目标和任务，规范了污染防治、生态环境保护与建设等各项环保措施。在这些规划纲要的指导下，还相继组织编制了《拉萨市区地表水环境功能区划分技术报告》《拉萨市区环境空气质量功能区划分技术报告》《拉萨市城市区域环境噪声适用区划分技术报告》《拉萨市城市环境质量全面达标规划》《拉萨市大气环境质量限期达标规划》《拉萨拉鲁湿地自然保护区总体规划》《拉萨周边湿地保护与建设规划》《拉萨河源头生态功能区保护与建设规划》等，明确了环境保护的目标和任务，规范了污染防治、生态环境保护与建设等各项环保措施。

第二，成立环保相关工作领导小组，制定工作制度。“十五”期间，市政府还成立大气环境质量全面达标工作领导小组，制定工作方案并定期检查达标工作情况，确保了2005年拉萨市大气环境质量的全面达标，为广大市民创造了良好的生产生活环境，同时为拉萨市创建国家环境保护模范城市奠定了基础。[①]“十一五”期间，拉萨市下发了《拉萨市创模督办检查工作暂行规定》《拉萨市环境保护社会监督工作机制（试行）》《拉萨市创建环保模范城市工作联动机制（试行）》《重大环保隐患向市委、市政府专题报告制度（试行）》四个工作机制，促使创模工作形成长效机制。到“十二五”期末，“党委统一领导，政府组织实施，部门分工负责，环保协调监管，全员一岗双责，社会广泛参与”环境保护新机制逐渐形成，环境保护在经济发展社会进步中的约束、引导和支撑作用进一步增强。

第三，全面推进规范化服务型政府建设，强化服务，依法行政。进一步优化和公开办事程序，缩短行政审批时限，推进政务监督和群众监督，形成了便民、高效的办事流程和行为规范，运转协调、公正透明的行政管理体制。以管理、执法、政务公开为重点，修改制定了环评审核、建设项目审批、排污收费管理、12369举报热线、廉政建设等14项机关工作、管理和党风廉政建设规章制度，促进了机关管理、环境执法的规范化。

第四，强化组织领导，加强队伍及能力建设，环境保护能力建设有新的突破。“十五”期间，拉萨市环保局先后派出45名同志进行学习、培

---

① 参见拉萨市提供的调研资料《拉萨市环境保护“十一五”规划》，2014年8月。

训；争取对口援藏资金175万元，增加固定资产790多万元，新建了办公楼、职工周转房，新增交通车辆12辆，提高了办公自动化水平，并为堆龙德庆县、达孜县、墨竹工卡县、当雄县等环保局解决了环境执法车，为环境监督管理和环境执法工作提供了有利条件。2002年，拉萨市环保局升格为正县级政府职能机构，并及时理顺了机构及人员配置，市属各县（区）也同时成立了相应的环保机构，环境监管能力得到增强，工作效率明显提高，为环境保护工作进一步开展奠定了坚实的基础。①

4. 加强环保法制建设和执法监管力度，推进生态文明建设的法制保障

环境保护需要法制来保障，而环境法制的生命力在于执法和监管，如果不严格执法和有力监管，再好的立法也对生态文明建设无济于事。

第一，建立健全环境法律法规。环境保护立法方面，自治区根据西藏的实际出台了不少的法律法规，如：《西藏自治区环境保护条例》《西藏自治区地质环境管理条例》《西藏自治区实施〈中华人民共和国自然保护区条例〉办法》《西藏自治区实施〈中华人民共和国土地管理法〉办法》《西藏自治区实施〈中华人民共和国野生动物保护法〉办法》等十余部。在自治区相关法律法规指导下，拉萨市也根据本市特点，相继出台了《拉萨市城市环境卫生管理条例》《拉萨市城市管理综合执法办法》《拉萨市禁止生产、销售、使用一次性发泡塑料餐具、塑料袋管理办法》《拉鲁湿地国家级自然保护区管理条例》《拉萨市湿地保护管理办法》《拉萨市生态环境恢复保证金实施意见》《拉萨市城市绿化条例》《拉萨市机动车尾气排放监督管理办法》《拉萨认养城市绿地实施办法》《拉萨市机动车污染物排放监督办法》等相关法律、法规及规章，拉萨市生态建设和环境保护工作进入了法制建设轨道。②

第二，强化、规范执法程序和执法行为。有了法律法规，不等于环境保护就会取得实效。在现实中，对环境法律法规置若罔闻的大有人在，甚至不少企业或个人为私利而肆意违反。对此，拉萨市不断地加强执法队伍建设，对执法人员加强培训以提高执法意识与素质。市相关部门一是组织环保系统执法人员认真学习相关环境法律、法规，加深对法律、法规的理

① 参见拉萨市提供的调研资料《拉萨市环境保护“十一五”规划》，2014年8月。

② 参见拉萨市提供的调研资料《拉萨市环保局“十一五”“十二五”规划任务执行情况汇报》，2014年8月。

解，转变思想观念，改进工作作风，提高环保执法人员依法行政的意识和依法办事的能力；二是建立健全执法人员法律知识学习制度，将法制学习、依法办事与干部考核、奖惩、晋升等挂钩，用制度规范和保障法制学习；三是对持有行政执法证件的人员，组织专门培训和考核，考核结果纳入个人日常考核和年终考核。

第三，不断完善环境执法监督机制。一是严格落实环境行政执法责任制，在环境保护设施验收、环境执法现场检查、环境行政处罚等直接影响相对人权益的环境行政执法环节，进一步健全对环境行政权力的内部监督制度和制约机制。二是按照权力与责任挂钩、权力与利益脱钩的要求，实行行政许可与验收分离、调查与处罚分开“收支两条线”，落实环境行政执法责任制。三是按月通报各单位、居委会等的环境行政执法情况，不定期地进行检查，逐步完善公开、公平、公正的执法评议考核办法和执法过错追究责任制度。四是坚持“法律面前人人平等”原则，切实保障环境管理相对人和利害关系人依法享有的知情权、陈述权、申辩权和救济请求权，规范环境执法行为，杜绝环境行政执法的程序性错误，做到规范执法、文明执法。五是在环保执法中，对查处不力、工作不到位、行政不作为、玩忽职守、徇私舞弊或滥用职权，造成不良影响的，追究当事人和主要领导者的责任。执法人员在环境执法监督机制的不断完善中，依法行政和文明执法的意识和水平大大提高。

第四，加强公众环境法制教育，强化公众法律意识。一是不断加大力度扩大环境法制教育的覆盖面。拉萨市把领导干部、青少年、企业经营管理人员等作为法制教育的重点对象，并延伸到居委会干部、社区工作者和其他群体，切实实现环境法制教育全覆盖。具体做法：对领导干部，通过开展培训强化学法、实施考核、考试促进学法，每年邀请专家学者举办各种规格的法制培训或讲座等；对青少年，通过学校的课堂教育、举办专题法制讲座和形式多样的主题活动等；对企业经营管理人员，通过多种形式组织开展法制宣传教育；对外来务工人员、暂住人口和个体业主等群体，按照“谁用工、谁负责”的原则和居住区域属地管理的办法，通过以案说法、图片释法、举办外来人员法制课、开展法律咨询等通俗易懂活动，提供法律帮助，加强法制教育。二是开展多种形式的环境法制教育，提高普法教育的针对性和实效性。如，通过在网站普法，举办法制文艺演出、法制漫画展览，在媒体上开设法制栏目，提供法律援助等，把法制宣传与百姓生活结合起来，使普法教育的吸引力和感染力不断增强。三是环境执法人员在执法过程中大力宣传环保法律法规，增强违法责任人的环保意识，在全社会形成遵守环保法律法规的良好氛围。

5. 以环保模范城市创建为契机，积极推进生态文明建设

2006 年 8 月 8 日，拉萨市人民政府正式向原国家环保总局提出开展创建国家环境保护模范城市活动的申请（拉政发［2006］92 号）。拉萨紧紧围绕“创模”这一中心工作，加强城市环境综合整治，加强环境基础设施建设，推行清洁生产和循环经济政策，全面提高环境质量和公众的环境文明程度，利用 3—5 年时间创建“国家环境保护模范城市”，将拉萨市建设成“经济快速发展、环境清洁优美、生态良性循环”的绿色城市，实现环境与发展双赢。

8 年来，拉萨以科学发展观为统领，以“六城同创”为平台，以改善城市环境质量和促进经济可持续发展为出发点，以产业结构调整为主线，基础设施项目建设为支撑，创模工作扎实推进。经过全市人民的共同努力，2014 年 6 月 3—6 日，国家环保部委派创模技术评估专家考核组对创模工作进行技术考核，最终以 15 项指标达标，11 项指标基本达标的优异成绩顺利通过专家组的技术评估。拉萨市环境质量全部达到国家环境保护模范城市考核指标要求。拉萨市是全国极少数环境质量全部达标的省会城市之一。

6. 不断加强对拉鲁湿地的保护，维护好拉萨城市之“肺”

拉鲁湿地是目前国内海拔最高，面积最大的城市天然湿地，也是唯一的城市内陆湿地。它是拉萨市重要的生态景观，也是一个十分难得的高原生物物种“基因库”。它对于拉萨在调节气候、补充氧气、涵养水源、蓄水防洪、平衡地下水等方面起着不可替代的重要作用，被誉为“拉萨之肺”。其保护区总面积为 12. 2 平方公里，核心区面积 6. 6 平方公里。

为保护拉萨城市之“肺”的拉鲁湿地，2000 年以来，市政府颁布实施了《拉萨市湿地保护管理办法》《拉萨市拉鲁湿地自然保护区管理办法》。在《管理办法》的指导下，市政府对拉鲁湿地的投入力度不断加大，管护工作不断加强。在中央财政的支持下，拉萨市先后实施了拉鲁湿地一期、二期建设工程，投入项目资金达 15291. 63 万元。通过一系列工程措施的实施，拉鲁湿地在维护拉萨生态平衡和保持生物多样性等方面的功能明显提高，有效遏制了拉鲁湿地生态系统的退化趋势，使湿地生态系

统得到逐步恢复，湿地水域面积大大增加，湿地水位明显上升，动植物种群数量逐年得到恢复性增长。2005 年 7 月 23 日，国务院正式批准建立拉鲁湿地国家级自然保护区，填补了西藏自治区没有国家级湿地自然保护区的空白。

在第一、第二期建设工程的基础上，根据自治区环保厅通知，拉鲁湿地国家级自然保护区三期工程项目被列入自治区“十二五”项目中期调整之列，该项目主要建设内容包括：征用湿地东区 3.46 万平方米的土地，包含有民房、林地、耕地等各种类型，将该区域整体纳入湿地内；拆除东区现有各类建筑物，对拆除建筑进行赔偿；对东区征用后土地进行平整，在平整后的东区土地实施植树种草、人工补水等生态恢复工程，对湿地北部山体实施生态恢复与采石迹地修复工程；建设东区新征用土地通透围栏；建设面积 1900 平方米湿地博物馆暨生态文明教育基地，基地内包括：陈列厅、多功能厅、游客接待中心、宣教中心等。第三期工程项目属于拉萨市“十二五”生态建设和环境保护重点工程，总投资 2500.81 万元，实施年限 2012—2015 年。① 根据 2014 年 1 月 10 日《拉鲁湿地国家级自然保护区三期工程项目专题会》《拉鲁湿地国家级自然保护区三期工程领导小组办公室会议》两项会议精神，拉萨市环保局制定了《拉鲁湿地国家级自然保护区三期工程项目专项目标责任书》《建设项目实施领导小组名单》和《拉鲁湿地国家级自然保护区三期工程总体实施方案》，并已发到各相关单位，各单位也已提出了修改意见。② 目前，三期工程正在紧锣密鼓地进行着。

（二）主要成就

拉萨市以科学发展观为统领，以“六城联创”为平台，以改善城市环境质量和促进经济可持续发展为出发点，以产业结构调整为主线，以环境基础设施项目建设为支撑，以创模指标整体推进为抓手，生态文明建设持续推进并取得显著成效。

1. 市区绿化面积不断扩大

2005 年，建成区绿化面积达到 1596 公顷，覆盖率达 29.12%，建成

① 拉萨市环境保护局编：《信息》2011 年第 37 期。

② 拉萨市环境保护局编：《信息》2011 年第 37 期。

区绿地面积达1426公顷。[①] 2006年，建成区绿化面积达到1596公顷，覆盖率达27.52%，建成区绿地面积达1418公顷。[②] 2007年，建成区绿化面积达到1873公顷，覆盖率达31.85%，建成区绿地面积1803公顷。[③] 2008年，建成区绿化面积达到1905公顷，覆盖率达35%，建成区绿地面积1806公顷。[④] 2009年，建成区绿化面积达到1906公顷，建成区绿地面积1852公顷，人均公共绿地面积达到9.82平方米。拉萨成功创建自治区级园林城市。[⑤] 2010年，城市绿化美化净化全面提升，年末城市公园61个，公园面积221公顷；新增51家园林式单位、7家园林式居住小区，城市绿化覆盖率达到43.13%，人均公共绿化面积达到10.26平方米。[⑥] 2011年全市建成区共实施园林绿化工程5项，创建市级园林化单位115个。全市共有公园62个，其中，综合性公园1个，街头游园45个，街旁绿地5块。[⑦] 2012年，全市建成区共实施园林绿化工程1项，全市共有公园58个，其中，综合性公园1个，街头游园39个，街旁绿地18块。[⑧]

2. 空气质量持续保持优良

自2000年以来，拉萨市空气质量优良率始终保持在95%以上。“十五”末，城市区域空气环境质量优为218天，良为140天，优良率达97.8%。[⑨] “十一五”期间，拉萨市城区环境空气质量均达到《环境空气质量标准》二级标准，大气环境继续保持优良，拉萨大气环境质量保持

① 拉萨市人民政府网站：《拉萨市2005年国民经济和社会发展统计公报》，http://www.lasa.gov.cn/Item/12821.aspx。

② 拉萨市人民政府网站：《拉萨市2006年国民经济和社会发展统计公报》，http://www.lasa.gov.cn/Item/12823.aspx。

③ 拉萨市人民政府网站：《拉萨市2007年国民经济和社会发展统计公报》，http://www.lasa.gov.cn/Item/12825.aspx。

④ 拉萨市人民政府网站：《拉萨市2008年国民经济和社会发展统计公报》，http://www.lasa.gov.cn/Item/12826.aspx。

⑤ 拉萨市人民政府网站：《拉萨市2009年国民经济和社会发展统计公报》，http://www.lasa.gov.cn/Item/12831.aspx。

⑥ 拉萨市人民政府网站：《拉萨市2010年国民经济和社会发展统计公报》，2011年4月19日。

⑦ 拉萨市人民政府网站：《拉萨市2011年国民经济和社会发展统计公报》，2012年4月6日。

⑧ 拉萨市人民政府网站：《拉萨市2012年国民经济和社会发展统计公报》，2013年5月25日。

⑨ 拉萨市人民政府网站：《拉萨市环境保护“十一五”规划》，拉萨市提供的调研资料，2014年8月。

自然本底，空气质量始终保持优良状态。[①] 其中，2006 年高达 363 天，优良率达 99%。2008 年，拉萨市全年空气质量优良率达 96.5%。[②] 2009 年，拉萨市全年空气质量优良天数 361 天，优良率达 98.9%。[③] 2011 年，市区二级以上空气质量天数为 363 天，空气质量优良率达 99.7%。[④] 2012 年，市区二级以上空气质量天数为 364 天，空气质量优良率达 99.5%。[⑤]

3. 治理城市排污、噪音和保护水质的成就

2006 年，拉萨河城区段污染得到全面整治、拉鲁湿地成功晋升为国家级自然保护区。[⑥] 2010 年，拉萨成功创建了自治区卫生城市。[⑦] 2013 年拉萨市区域环境噪声平均值 43.4 分贝，交通干线噪声平均值 67.7 分贝。全市主要江河湖泊水质状况保持良好，达到了我国规定的水体环境质量标准（GB3838-2002），其重金属含量处于世界河流——湖泊生态系统的最高水平，没有受到人类活动的污染。[⑧] 2009 年，第一次全国污染源普查基本完成。[⑨] 2011 年，市辖区内水质达到相应水体环境功能要求（100%），全市跨界断面出境水质达到 100%要求。[⑩] 2012 年，市辖区内水质达到相应水体环境功能要求（100%），全市跨界断面出境水质达到 100%要求。[⑪]

---

① 参见拉萨市提供的调研资料《拉萨市环保局“十一五”规划任务执行情况及十二五规划总体思路》，2014 年 8 月。

② 拉萨市人民政府网站：《拉萨市 2008 年国民经济和社会发展统计公报》，http://www.lasa.gov.cn/Item/12826.aspx。

③ 拉萨市人民政府网站：《拉萨市 2009 年国民经济和社会发展统计公报》，http://www.lasa.gov.cn/Item/12831.aspx。

④ 拉萨市人民政府网站：《拉萨市 2011 年国民经济和社会发展统计公报》，2012 年 4 月 6 日。

⑤ 拉萨市人民政府网站：《拉萨市 2012 年国民经济和社会发展统计公报》，2013 年 5 月 25 日。

⑥ 拉萨市人民政府网站：《拉萨市 2006 年国民经济和社会发展统计公报》，http://www.lasa.gov.cn/Item/12823.aspx。

⑦ 拉萨市人民政府网站：《拉萨市 2010 年国民经济和社会发展统计公报》，2011 年 4 月 19 日。

⑧ 参见拉萨市提供的调研资料《拉萨市环保局“十一五”“十二五”规划任务执行情况汇报》，2014 年 8 月。

⑨ 拉萨市人民政府网站：《拉萨市 2009 年国民经济和社会发展统计公报》，http://www.lasa.gov.cn/Item/12831.aspx。

⑩ 拉萨市人民政府网站：《拉萨市 2011 年国民经济和社会发展统计公报》，2012 年 4 月 6 日。

⑪ 拉萨市人民政府网站：《拉萨市 2012 年国民经济和社会发展统计公报》，2013 年 5 月 25 日。

总之，21 世纪以来，拉萨市生态文明建设的成就是有目共睹的，是被大家所认同的。2007 年，国家对 31 个省会城市的环保满意度进行的排名中，拉萨环保满意度位居之首。2013 年中国社会科学院发布的《公共服务蓝皮书》报告中，拉萨市城市环境指数满意度连续两年位列第一。

三 拉萨生态文明建设的基本经验

21 世纪以来，拉萨在生态文明建设过程中积累了许多有益经验，主要体现在以下方面。

（一）树立科学生态环境观和政绩观，实现生态环境保护与经济发展的融合发展

2003 年科学发展观提出以来，拉萨市委、市政府认识到科学的发展观与正确的政绩观是统一的，积极实施可持续发展战略，不走拼资源、拼环境的老路，把生态环境保护纳入发展战略、发展目标和发展思路中，较好地处理了“金山银山”和“绿水青山”的关系。特别是第五次西藏工作座谈会提出要把西藏建设成国家重要生态安全屏障后，拉萨更是将高品质的生态环境作为稀缺要素和重要生产力。2006 年 8 月 8 日，拉萨市人民政府正式向原国家环保总局提出开展创建国家环境保护模范城市活动的申请。2009 年，国务院召开专题会议研究通过了《西藏国家生态安全屏障保护与建设规划》，2010 年第五次西藏工作座谈会提出西藏是国家重要生态安全屏障，这对拉萨做好生态环境保护工作带来了机遇。在这一机遇下，拉萨市在积极推进经济发展的同时提出了“既要金山银山，更要绿水青山”的发展思路。在这一思路指导下，拉萨把握住了生态保护与开发的平衡点，找准了生态经济增长点，在环境承载力的范围内，提出了大力发展经济生态化、生态经济化的“净土健康产业”。2012 年提出了“环境立市、文化兴市、产业强市、民生安市、法治稳市”五大战略。

十几年来的实践证明，拉萨市提出和实施生态文明建设的这些发展战略方向和定位是正确的，是符合拉萨实际和国家整体利益的。

（二）以城市规划促进环保工作统筹谋划，在改革发展中推进生态文明建设

在 1951 年旧城基础上，1961 年、1974 年拉萨对城市规划进行过修改，但因缺乏资料和技术力量上的困难，致使所进行的规划工作停留在文字上。“文化大革命”后，全国规划工作重新得到重视，西藏于 1979 年

成立了拉萨城市规划办公室，着手重新编制城市总体规划，1980 年通过《拉萨市 1980—2000 年城市总体规划》。1983 年国务院正式批准成立拉萨城市建设规划管理局。随着改革开放深化，拉萨城市在经济发展中不断扩大，1993 年 5 月拉萨市人民政府决定对 1980 年规划进行修编。1995 年完成修编工作，形成《拉萨 1995—2015 年城市总体规划》。规划在深度和广度上都有所提高，基本适合当时拉萨城市发展的需要。为了贯彻落实中央第四次西藏工作座谈会精神，抓住国家深入实施西部大开发战略的机遇，促进拉萨经济社会的跨越式发展，加快拉萨全面建设小康社会和迈向现代化的进程，拉萨市以科学发展观为指导，结合“党的十七大”精神，又一次修编规划，形成《拉萨市城市总体规划（2007—2020 年）》。此规划更加注重生态环境的建设与恢复，2007 年 8 月 1 日又颁布实施《拉萨市城市规划条例实施细则》。时隔两年，拉萨市按照保护与建设国家生态安全屏障的要求，针对拉萨的高原生态环境特点，协调好人口、资源和环境的关系，再次对拉萨城市规划进行了科学定位和修编，编制了《拉萨市城市总体规划（2009—2020 年）》，并于 2009 年 3 月得到国务院的批复。

新编规划严格执行市域生态功能区划，着眼于建设资源节约型和环境友好型城市。强调城市发展要走节约资源、保护环境的集约化道路，坚持节流、开源、保护并重的原则，节约和集约利用资源。强调要依靠科技进步，积极开发太阳能等新能源，大力发展循环经济，切实做好节能减排工作。强调要坚持经济建设、城乡建设与环境建设同步规划，严格按照规划提出的各类环保标准限期达标。强调要按照节能减排目标，明确责任主体，落实工作措施，严格控制高耗能行业的发展，强化工业、交通和建筑节能，加强城市环境综合治理，严格控制污染物排放总量，提高污水处理率和垃圾无害化处理率。强调要加强水资源保护，严格控制地下水的开采和利用，提高水资源利用效率，建设节水型城市。强调要加强对拉鲁湿地等自然保护区和森林公园、水源地、风景名胜区等特殊生态功能区的保护，制定保护措施并严格实施。

严格将拉萨市域划分为生态功能保护与禁止开发地区、生态功能维护与限制开发地区、生态功能协调与引导开发地区等三类生态功能地区。一是把总面积 13709 平方公里，占市域面积的 46.3%的生态敏感性高、生态资源丰富、应严格保护的地区，划为生态功能保护与禁止开发地区。在这一类地区，禁止进行有损生态的开发建设活动，严格限制自然保护区和湿地保护区核心区的人类活动，其他区域以发展生态农牧业为主，但应控制过度放牧；农牧民安居点建设应选择生态敏感性相对较低、建设条件较好的地区；可适当进行生态旅游活动，同时增强生态自我平衡与修复能力，保障区域整体安全。二是把总面积11271平方公里，占市域面积的38.1%的生态敏感性较高、生态资源比较丰富、在保护与维持区域生态环境质量的前提下可适度开发的地区，划为生态功能维护与限制开发地区。在这一类地区，有条件的地区适度发展特色产业，控制发展规模，严格限定在生态环境承载力范围内；适度发展农牧业；适度引导农牧民安居点积聚建设，科学引导乡村手工业发展，维护区域生态平衡。三是把总面积4632平方公里，占市域面积的15.6%的生态环境敏感性相对较低、发展条件较好的根据经济社会发展需要而划定的作为城镇、产业主要发展空间的地区，划为生态功能协调与引导开发地区。这一类地区是城镇建设和产业发展的重点地区，严格保护各级各类保护区，节约、集约用地；提高能源利用率，控制污染物排放量，加强环境基础设施建设，保证区域环境质量的稳定与改善；加强城镇生态建设，风景旅游区、城镇规划用地范围内及景观环境敏感地带禁止采矿和开山采石，保持人工生态与自然生态之间的融合与协调。①

（三）围绕国家重要的生态安全屏障建设，走出一条符合高原生态环境的发展新路子

拉萨地处青藏高原，具有独特的生态环境与文化内涵。为了科学发展，拉萨立足于本土浓郁的文化和独特的高原生态环境，既抓环境保护又促经济发展，因地制宜走出一条发展新路子。

一是着眼于打造高原特色产业，大力发展生态工业。拉萨一直在强调要走可持续化与循环发展道路，提出以经济技术开发区和工业园区为载体，把企业整合在一块，强化产业生态化。在园区里严把项目的产业政策关、环境准入关和资源节约关及项目环保审批关，认真落实工业园区入园企业审核管理办法，从源头抓起，严格控制新污染源的产生。对生态环境有污染性、破坏性的企业要严格控制，对生产环节中排放出的污染物要有完整的处理系统，以达到排放物不对环境造成“二次污染”。

① 新华网：《千年古城换新貌：〈拉萨市城市总体规划（2009—2020）〉一览》，2009年4月20日。

拉萨经济技术开发区是全国第47个国家级经济技术开发区，也是西藏唯一的国家级经济技术开发区。该开发区规划总用地5.46平方公里，分A、B两区，截至2014年6月底已有1110家企业注册，并形成了以藏医药、生物制药、农畜产品深加工、民族手工艺品、电子信息技术和总部经济等几大支柱产业为主的工业圈。

拉萨经济技术开发区自成立以来，一直把环保作为项目入区的首要条件，坚持经济发展与环境保护相结合，开发西藏当地资源。如今的拉萨经济技术开发区内，道路两侧种着侧柏、红叶小波、柳树等宿根植物，转盘绿化和绿化带内选种灌木和草花植物，做到乔、灌、花、草、藤有机结合，放眼望去很有层次感，用“园林”来形容拉萨经济技术开发区一点也不为过。

拉萨经济技术开发区的绿化面积一直坚持高标准、高质量的要求，力争达到绿化面积不低于40%的标准。除了区域绿化外，他们还一直提倡企业小场地绿化，对入驻开发区的企业，严格审核图纸，对在建的企业进行跟踪检查，绿化不足的要限期补足，没有绿化的坚决不予审批，做到绿化与企业建设同步进行，创建“生态、园林、花园”式经济技术开发区。

二是着眼于打造重要的高原特色农产品基地，大力发展生态农业。按照原生态化的要求，强化科技兴农，加强原生态产品品牌创建，拉萨市推出“净土健康产业”规划。大力发展食品、饮品、药品、饰品，进一步扶持和壮大农牧民专业合作组织、农牧业龙头企业。鼓励和引导工商资本到农牧区发展适合企业化经营的现代种养业，积极探索适合拉萨市的奶牛养殖新模式，重点打造高端乳制品等优势产业，推出具有高原特色的净土系列产品。

为加快推进净土健康产业发展，进一步创新产业扶持机制，调整优化产业结构，转变经济发展方式，加快推进净土健康产业集聚升级，努力打造一批优质产品产业带、一批加工销售龙头企业、一批知名品牌，把拉萨市建设成为我国乃至全球重要的净土健康产业基地。2014年拉萨市政府出台《关于加快推进净土健康产业发展的若干政策意见（试行）》。着力推进净土健康产业生产基地建设，十大产业可享受优惠补贴政策。

（1）奶产业：棚圈建设每平方米补助1000元。加快奶牛养殖标准化小区建设，企业、农户新建奶牛标准化规模养殖场，完善企业和养殖户利益联结机制，实行“统一管理、统一饲养、统一繁育、统一防疫、统一检测、统一销售”。棚圈面积1500—3000平方米，存栏奶牛200—500头，按照棚圈建设面积，每平方米一次性补助1000元，主要用于水电路、挤奶设施等基础设施配套；养殖小区从区内引进泌乳期日均产奶量达15公斤以上的奶牛，每头一次性补贴2000元。对种子母牛存栏达到300头以上的奶牛场，每场一次性补助100万元；存栏达到1000头、3000头、5000头以上的奶牛场，每场一次性分别补助300万元、500万元、1000万元。

（2）高原特色设施园艺产业：每推广销售1万株主推品种补助2000元。推进现有温室提质增效，以园区为单位整体推进，重点支持现有日光温室配备滴灌、温度控制系统、绿色防控等设施，每栋补助2000元。对年育苗能力300万株以上，且90%以上供应当地农户的育苗中心，主推品种每推广销售1万株补助2000元，主要用于配套育苗床架、喷灌等设施。支持建设高标准直供直销蔬菜基地，新建集中连片100亩以上或带动当地农民种植基地50亩以上的，每亩一次性补助1000元。新建集中连片200亩以上的高标准花卉基地，每亩一次性补助2000元，设施水果基地每亩一次性补助1000元。

（3）藏鸡产业：每只良种补贴10元。对于保有良种藏鸡养殖户（场），每只良种补贴10元，其中市级承担60%，县级承担40%。为提高原种藏鸡质量，适应性、成活率，支持鼓励群众采取自然抱窝法繁育原种藏鸡，每户规模达到30—50只，育成后经市县相关专家逐级鉴定后，每只补贴10元。整合各级资金，支持拉萨市藏鸡繁育中心改造建设，力争形成年出栏100万只的藏鸡养殖规模。符合规划、对年饲养藏鸡规模达50000只、新建禽舍面积达到6000平方米以上的养殖场（户），每只补贴5元。

（4）藏香猪（生猪）产业：年出栏300头以上每头补贴150元。利用引进品种和地方品种资源，提高生猪品质，生产优质商品猪。对购买良种公猪的养殖户，按照市场标准给予每头良种公猪50%的补贴，每头补贴金额不超过3000元。对藏香猪（生猪）出栏规模较大的养殖户、企业给予适当奖励，对在市内养殖3个月以上，年出栏藏香猪（生猪）300头以上的，藏香猪出栏每头补贴150元，其他品种生猪出栏每头补贴100元。对年出栏1万头以上的养殖场，以奖代补，一次性补贴基础设施建设100万—300万元。

（5）食用菌产业：种植面积1亩以上的每棒补贴2元。鼓励良种繁育体系建设，实行以西藏双孢菇、杏鲍菇、香菇、白金针菇、小姬菇等食用菌良种补贴制度，对使用食用菌良种的种植户，种植面积1亩以上的，每棒补贴2元。对成功驯化推广西藏当地野生品种的，每个品种根据驯化难易程度一次性补贴50万—200万元。建设标准化规模化生产基地，对取得出口备案基地认证、绿色食品认证或欧洲良好农业标准认证，且规模在100万袋（50亩）以上的工厂化食用菌生产基地，对符合规划，建设标准化生产车间进行工厂化生产的企业和个人，按总造价的20%给予一次性补贴。

（6）藏药材产业：100亩以上的基地每亩补助1000元。鼓励土地承包大户等培育野生藏红花、牛蒡、忍冬（金银花）、绿萝花、藏木香、打箭菊、大黄、婆婆纳等种苗繁育基地，对集中连片种植野生藏红花、牛蒡子、忍冬（金银花）、绿萝花、藏木香、打箭菊、大黄、婆婆纳100亩以上的基地，每亩一次性补助1000元；支持企业、农民专业合作组织、家庭农场、专业大户建设集中连片藏红花、牛蒡、金银花、绿萝花等100亩以上的中药材良种繁育基地，出苗率达到70%以上，推广育苗新技术，每亩一次性补助1000元。

（7）油用牡丹、玫瑰、郁金香产业：实行育苗、种植补助。对新繁育、连片20亩以上油用牡丹、玫瑰、郁金香种苗的投资主体，按照每亩2000元的标准给予补助，连续补助两年。对新种植、连片50亩以上油用牡丹、玫瑰、郁金香（四年以上实生苗）的投资主体，按照每亩1000元，连续补助两年（不含造林补助）的标准给予补助。

（8）玛卡产业：新种植、连片100亩以上每亩补助1000元。玛卡又名玛咖，是一种高原生长的植物，玛卡同时也是一种名贵的中药材，它能增强生育能力，提高性功能和改善睡眠，并且有抗疲劳和抗抑郁功能。2014—2016年，对新种植、连片100亩以上玛卡的投资主体，每亩一次性补助1000元。

（9）酿酒葡萄产业：良种无病毒嫁接苗每株补助10元。加强葡萄良种苗木繁育，鼓励推广良种无病毒嫁接苗，每株补助10元。提高基地建设标准，新建集中连片200亩以上，应用整地培肥、沟栽节水等技术，用脱毒嫁接苗建设的基地，每亩一次性补助2000元，用其他苗木建设的基地，每亩一次性补助1000元。

（10）地方特色产业：重点开展新品种新技术示范推广。按照“优势互补，全面提升”的原则，对具有一定规模、在县域经济中占有一定比例的核桃、雪桃、樱桃、蓝莓、斑头雁、牦牛等地方特色产品，实行“县（区）申报、专家评审、竞争立项、市里确定”的工作机制，项目资金打捆整合，由市农牧局、林业局、扶贫办（农发办）、财政局直接分配，切块到县（区），重点开展新品种新技术示范推广、品牌培育和市场体系建设等。

三是结合西藏民族特色文化，着眼于打造世界旅游目的地，大力发展文化+生态的旅游业。绿色经济与低碳经济成为全球环境与发展领域的趋势和潮流，作为绿色经济的组成部分，旅游产业也被赋予了新的使命。在这股趋势和潮流下，拉萨把旅游业作为第三产业的龙头产业，以此来带动一批产业链。随着拉萨对内对外开放的深化，旅游市场空间不断扩大，旅游经济作为绿色经济，已经成为拉萨经济发展新常态。

拉萨市将推进文化与旅游的深度融合，倾力打造一批旅游精品，以拉萨河景观带为重点打造一批新的旅游项目品牌，大力发展乡村旅游项目，拓展旅游业发展空间，形成旅游产品生态圈层。为打造世界重要的旅游目的地，拉萨实施着“树上山”“河变湖”“山变绿”工程，着力完善拉萨城宜居宜游的生态环境。

“树上山”，就是全面开展荒山绿化工程，使拉萨成为绿色之城，生态之城。具体操作上，我们聘请在美国、以色列等干旱地区植树造林有经验的专家现场指导，努力让拉萨荒山秃岭披上绿装。继续实施全市主干交通道路绿化项目，力争今年新增造林面积16.8万亩。在成功推广核桃、花椒等经济林木基础上，从云南引进丽江雪桃、郁金香等花卉和林木品种，在拉萨推广种植，力求在“绿”与“富”上找到结合点。拉萨市南山绿化项目已于2012年2月26日正式开工建设，项目总规模1000亩，到2013年3月已完成山体绿化40%左右，面积376亩，栽植苗木95515株，树种主要有油松、侧柏、千头柏、高山松、圆柏、桃树、云杉、新疆杨等。2013年南山计划绿化任务是600亩，预计总投资2.9亿元。①

“河变湖”，就是使拉萨彻底脱离高原干旱，成为山水之城，生态之

① 拉萨市政府网：《拉萨市南山绿化项目已完成40%左右》，2013年3月20日。

城，宜居之城。全力实施拉萨河城区段整治项目，通过采取分段蓄水、沿岸绿化亮化等措施，把拉萨打造成城中湖光山色、具有江南气息和浓郁民族风情的城市。该工程是一项涵盖水利、交通、景观、绿化、环境等多领域的系统工程，通过建造6座拦河闸坝，形成宽阔水面，是拉萨市实施"六大战略"之中"环境立市"战略的重要组成部分，有利于缓解拉萨河部分流域沙漠化现象、完善城市防洪体系、改善城市环境、增加含氧量和湿度，还具有重大的生态效益和社会效益。[①]

"暖入户"，就是优化拉萨的居住条件，实施室内供暖。2012年4月28日，供暖工程全面启动，当年完成市区40%住户入户供暖。到2013年年底基本实现全市覆盖，拉萨室内冬季寒冷的历史彻底终结了。随着环境立市战略的不断实施，拉萨将成为生态环境更优美，人文环境更浓厚，投资环境更优越，人与自然和谐相处，可持续发展的高原明珠城市。这既是拉萨这座1300多年城市史的里程碑，也是世界高原城市的一个创举。

生态环境的改善，极大促进了拉萨市旅游业的快速发展。2000—2009年的10年间，拉萨旅游接待人次整体上呈现出显著增长趋势，游客接待总量年均增长30.38%，旅游总收入年均增长29.79%。尤其是2006年青藏铁路通车以后，拉萨旅游出现井喷式发展，国内市场一直保持强劲增长态势。2014年拉萨市旅游业接待游客925.74万人次，实现收入111.67亿元。[②]

（四）以制度创新和保障强化，推动生态文明建设体制机制的形成

生态文明建设离不开一个好的体制机制。近些年来，拉萨市创新举措频频，相继建立了有效促进生态文明建设的约束保障机制、考核评价机制和领导管理体制。

1. 建立健全约束保障机制

2009年3月获国务院批准实施的《拉萨市城市总体规划（2009—2020）》（以下简称《规划》），为拉萨确定了特色拉萨、人文拉萨、生态拉萨、现代拉萨的发展方向。《规划》将拉萨市域划分为生态功能保护与禁止开发地区、生态功能维护与限制开发地区、生态功能协调与引导开发地区等三类生态功能地区。生态功能保护与禁止开发地区禁止进行有损

① 网易网：《西藏行：拉萨河"河变湖"》，2015年3月26日。

② 中国新闻网：《2014年西藏拉萨旅游收入实现111.67亿元人民币》，2015年1月6日。

生态的开发建设活动，严格限制自然保护区和湿地保护区核心区的人类活动。生态功能维护与限制开发地区，可以有条件地适度发展城镇及特色产业，但要控制发展规模，严格限定在生态环境承载力范围内。生态功能协调与引导开发地区是城镇建设和产业发展的重点地区，该地区要严格保护各级各类保护区，节约、集约用地，保持人工生态与自然生态之间的融合与协调。

深化拉萨市域生态功能区调整的改革创新，实现差别化的区域开发和环境管理政策，无疑对拉萨经济社会发展是一个约束，同时对拉萨科学发展也是一种保障。

2. 建立健全考核评价机制

近年来，拉萨市委、市政府一直高度重视环境保护工作，坚持以"环境立市"重要战略为指导思想，以巩固国家环境保护模范城市取得的成果为重要抓手，促进经济发展方式转变，持续改善生态环境质量，落实环境保护目标责任制，推动经济社会全面协调可持续发展，强化拉萨市环保队伍工作效能，并经市政府多次组织召开会议研究决定，2014 年年底出台《拉萨市环境保护考核办法》。办法适用于各县（区）、经开区、柳梧新区的环境保护工作的考核。办法考核内容涉及地表水水质达标、空气质量、林草覆盖率、污染物总量控制、环评执行率、饮用水水源保护、对国控和区控重点污染源污染防治设施稳定运行的监管、组织开展"白色污染"专项行动等多个方面。考核工作由拉萨市环保局会同拉萨市财政局等部门联合进行，并由各县（区）人民政府、经济开发区、柳梧新区、环保及财政等部门负责组织对辖区内环保工作进行初评，于每年 5 月 31 日和 12 月 31 日前将初评结果及相关依据汇总上报拉萨市环保局。拉萨市环保局收到县（区）、经开区、柳梧新区上报的初评结果后，会同拉萨市财政局组织复核，并在考核期间在市内主要媒体上公布公开电话和网址，征求公众对各县（区）环保工作的意见建议，并接受公众对考核工作的监督。①

3. 建立健全领导管理体制

为加强统筹协调，形成工作合力，在拉萨市委、市政府的统一领导下，对全市生态文明建设的重大事项进行统一部署、综合决策、协调行

① 魏山：《西藏拉萨出台环境保护考核办法》，《西藏日报》2014 年 12 月 17 日。

动。落实严格的责任制，实行党政一把手亲自抓、负总责，建立部门职责明确、分工协作的工作机制。为创建国家环境保护模范城市，拉萨市成立了专门领导小组，认真组织开展各项工作，这为推动生态文明建设提供了有力的组织保障。

四　拉萨市继续推进生态文明建设的思路与对策

基于以上对拉萨生态文明建设的有利因素与不利因素的客观分析，今后在跨越式发展中，如何按照“五位一体”总体布局，搞好拉萨的生态文明建设，助推西藏成为国家重要生态安全屏障，使拉萨早日进入社会主义生态文明新时代。通过调研，课题组认为，可从以下几个方面着手。

1. 突出政府主导，努力使生态文明建设成为全社会的自觉行动

生态文明作为一种新的文明形态，是一种新的发展理念以及方式。在拉萨今后的一段时间内，特别是在小康社会全面建成之前，因经济社会的发展、城市的扩容、进藏旅游人数的剧增、企业和社会公众对生态文明理念的接受度等因素影响，生态文明建设还会以牺牲面临严峻挑战。这就决定了政府必须成为生态文明建设的主导者。首先，政府自身在指导思想上，一定要严守生态环境保护底线，着眼于国家重要的生态安全屏障建设这一目标。为此，必须坚持“理念为先”，切实将生态文明建设看作“五位一体”建设的重要组成部分；强调既要金山银山，更要绿水青山，用生态文明建设作为衡量发展的一个重要指标；充分利用藏族传统生态文化力量来推动生态文明建设。其次，通过各种手段，广泛开展多层次、多形式的生态文明建设宣传教育，在全社会牢固树立科学的发展观、正确的政绩观、绿色的财富观、正确的旅游观和健康文明的消费观。调动社会各界和人民群众投身生态文明建设的积极性、主动性和创造性，努力形成全社会关心、支持和参与生态文明建设的良好环境。最后，就是要建立健全与生态环境保护有关的各种体制机制，来推动生态文明建设；通过制定各种激励与约束相结合的法律法规，为生态文明建设提供法治保障，在全社会形成人人遵纪守法、自觉保护环境的良好局面。

2. 严格执行《拉萨市城市总体规划（2009—2020）》，科学合理地推进生态文明建设

城市生态环境的保护需要一个科学而具有长远战略性的规划。《拉萨

市城市总体规划（2009—2020）》是一个集特色拉萨、人文拉萨、生态拉萨、现代拉萨四位一体的一个具有科学性、前瞻性、生态性的规划，也是拉萨发展远景的展现。规划明确将拉萨市域划分为生态功能保护与禁止开发地区、生态功能维护与限制开发地区、生态功能协调与引导开发地区等三类生态功能地区。规划把生态环境保护放在一个突出的位置来考虑，注重城市内部（红山、药王山与磨盘山）和周边山体（哲蚌寺、色拉寺、南山、北山等）的绿化、严格保护拉鲁湿地自然保护区、严格保护拉萨河、流沙河的河滩湿地、综合整治罗布林卡内部水系以及恢复罗布林卡内部水系生态功能、严格加强生产生活污染防治等，以建成国家环保模范城市。

好的规划，关键在于严格执行。否则，就会停留在纸面上，落不了地。为此，一要制定和完善严格的考核监督机制。把资源消耗、环境损害、生态效益纳入经济社会发展评价体系，健全环境责任全程与终身追究制，增加生态文明建设在年度责任制考核中的比重。二要建立公众参与机制。加强生态文明素质教育，积极开展绿色系列创建，传播绿色低碳生活理念。健全环保义务监督员制度和非法排污有奖举报制度，建立健全环境信息公开制度，扩大公众知情权和监督权，让公众积极参与生态环境的监管。三要坚决从源头上杜绝对生态环境的破坏，坚决坚持保护优先原则，严格环境准入制度，优化国土空间开发格局。在西藏，绝对不能按照“谁破坏，谁恢复；谁排污，谁付费”的原则，因为西藏生态异常脆弱，一旦破坏，很难或者需要很长时间才能恢复，甚至有的地方生态一旦破坏就根本恢复不了；污染不是收费的问题，如果采取“谁排污，谁付费”原则，就很难从操作中杜绝污染问题。四要严格落实“环保第一审批权”，在项目建设的前期，严格审批、严格把关。在项目建设中，加强环境监督、执法力度，严厉查处环境违法行为，严格执行建设项目竣工环境保护验收制度，对达不到环保要求的项目实行“环保一票否决”制。对破坏生态和污染环境行为，严厉查处，决不手软。

同时，要适时编制拉萨城市生态文明建设规划。建议认真总结多年来生态环境保护的经验，着眼于加快转变经济发展方式、“环境立市”建设国家重要生态安全屏障，把生态文明建设总体规划作为“十三五”时期一项重要规划进行研究编制，制定拉萨城市生态文明建设专项规划及其详细规划，如节约能源、清洁生产、循环经济、绿色交通、环境保护、绿色创建等。同时，围绕“环境立市”制定生态文明建设实施意见。

3. 不断创新举措，建立和完善促进生态文明建设的运行和保障机制

随着市场经济的进一步完善和全面深化改革，市场在资源配置中的决定性作用会越来越大，为此，在西藏尤其要加强政府的调控功能，特别要提高中央政府对西藏生态环境保护与建设的调控能力。在中央层面，主要体现的就是健全生态补偿机制，加大生态补偿和财政转移支付力度，比如完善循环经济、节能减排项目、绿色创建奖励补助机制，建立健全森林生态效益补偿机制，建立饮用水保护生态补偿机制和基本农田保护补偿机制，等等；探索西藏与内地碳排放权交易制度，建立生态环境积量增长与排放指标安排相挂钩的碳汇交易机制。在西藏层面，完善对领导班子和领导干部的考评机制。完善节能减排考核机制，对拉萨市域生态容量进行核定，落实生态红线，并将发展指标与生态容量指标密切关联，以生态价值衡量为基础，逐步体现生态资源的价值。

4. 推进“三大高原产业培育”，深度打造拉萨“净土健康产业”品牌

“净土健康产业”是拉萨创造性结合“环境立市”和“产业强市”两大战略而探索出的发展思路，既是调整优化高原产业结构、转变经济发展方式的重要举措，又是对高原生态环境的保护而大打高原生态牌。

围绕“净土健康产业”，要努力形成一批优质“净土健康”产品产业带、一批“净土健康”产品加工销售龙头企业，最后要打造一批“净土健康”知名品牌，把拉萨市建设成为我国乃至全球重要的“净土健康产业”基地。

为此，一是围绕“净土健康”大力发展生态种养殖业。大力推进生态种养殖业规模化集约化经营，加快土地流转市场化，深入推进生态种养殖业产业化发展。进一步加大对生态种养殖业龙头企业、生态种养殖业专业合作社和专业大户的扶持力度。不断创新生态种养殖业社会化服务体系，尤其要发挥好科技和专家的作用。二是围绕生态种养殖业的产业化，大力延伸产业链，聚集升级发展“高、精、深”的加工业，打造并做强“净土健康”型生态工业。围绕“净土健康”型生态工业来优化工业布局，加快建设并形成以经济开发区为依托的新型工业布局。三是把旅游与“净土健康”种养殖业和加工业有机结合，打造集健康、生态、欣赏、娱乐、购物等为一体的立体复合型生态旅游业和服务业。在突出抓好这

“三大高原产业”品牌建设的过程中，争取在国内外打响无公害、绿色、有机农产品“拉萨制造”的“净土健康”品牌、“具有高原与民族特色”国际旅游特色品牌和生态经济产业品牌。

同时，要立足于拉萨底蕴深厚的优秀传统文化，着眼于“文化兴市”，配合“净土健康产业”发展思路，着力形成一批具有“高原与民族特色”的文化产业，打造一批文化品牌。

5. 整治市容环境，加强城乡生态环境一体化建设

随着经济社会发展，拉萨城市的容量会不断扩大，周边农村会不断地纳入城市区划中。因此，要从长远考虑城市的战略规划与发展，在不断加强城市环境基础设施建设和改善整治市容环境的同时，要加大对城乡生态环境建设的一体化。一是要加大实施大气污染综合整治。全面开展清洁空气行动，进一步推进天然气使用以调整拉萨能源使用结构、工业企业废气治理、城市扬尘治理、机动车尾气污染治理等，并向社会公开发布PM2.5监测数据，切实维护公众环境质量知情权。二是深化水环境整治。在保有现有的污水治理基础设施和治理能力基础上，关键要加强对污水处理厂和农村生活污水治理设施的监管，确保发挥效用。三是加强城市固体废物处置和资源化利用。加快垃圾分类回收、工业污泥处置等基础设施建设，实现固体废物减量化、资源化、再利用，防止二次污染。四是深化农村环境综合整治。以自治区级生态乡镇和生态村创建为抓手，切实加强农村生态环境保护。目前，城关区环保局已经陆续上报10个行政村申报创建自治区级生态村，即：纳金乡：塔玛村、嘎巴村；夺底乡：洛欧村、维巴村；蔡公堂乡：白定村、次角林村、蔡公堂村；娘热乡：仁青蔡村、加尔西村；两岛街道办事处：甲玛林卡社区。

6. 加大环保部门综合职能，加强环保基层力量和应急力量建设

生态环境的保护必须充分发挥环保部门的综合职能。环保部门是保护环境的主力军，但绝不能孤军作战。新形势下，环保部门已经不是单纯的专业职能部门，而是参与政府决策的核心部门、综合性部门。城关区政府、拉萨市政府都要树立政府对环境保护负第一责任的意识，不但要充分发挥环保部门在监管、监测、法律、技术等方面的专业职能，更要发挥环保部门在规划、考核、监督、统筹协调等方面的综合职能，形成党委领导、政府负责、部门协调、群众参与的大环保工作格局。

在生态环境保护和生态文明建设日益成为拉萨及西藏的核心工作和任

务的形势下，在形成党委领导、政府负责、部门协调、群众参与的大环保工作格局中，还必须加强环保基层力量和应急力量建设，使环保重心下移。为此，就需要迫切改变目前环保部门的先天不足、基层力量薄弱的现状，建立相应的环保基层站所，建立政府、部门、企业三个层面的应急体系和专业应急队伍，在人员、编制、经费上给予充分保障。

第四章

依法治市与法治稳市

拉萨稳则西藏稳、西藏稳则藏区稳。社会稳定问题是拉萨市面临的头等大事。2008 年以来，拉萨市实施了一系列社会治理体系创新举措。依法治市特别是 2012 年提出的“法治稳市”战略是非常重要的维稳方略，并且发挥了很好的作用。

一　依法治市与法治稳市战略的提出

2012 年，拉萨市委、市政府结合地区特点与工作实际，在科学酝酿和认真研究的基础上，提出实施“环境立市、文化兴市、产业强市、民生安市、法治稳市”五大战略的重大决策部署。作为其中的重要组成部分，“法治稳市”不仅是对之前实施的依法治市战略的延续，更是其深化。它的提出，既有其普遍、深刻的时代背景，也是由拉萨市本身特殊的情况、地位与需要决定的。

1. 实施“法治稳市”战略，依法治市，是处于现代化进程中的拉萨市推进治理体系与治理能力现代化的必然要求

现代化包括工业化、城市化，教育的普及，识字率、富裕程度、社会动员能力与政治参与愿望的提高，以及社会、职业结构的复杂化与多样化，是一个涉及人类从思想到行为等几乎所有领域变革的多层面的进程。在现代化过程中，相对扁平、静止的传统社会结构必然被打破，而相对狭隘的传统忠诚及认同（如对家庭、宗族和村社）也将受到冲击，继起的是一个新的复杂社会，以及更广更大的国族、国家认同。这自然是一个艰难的转型过程。而要减少其中的各种阵痛与波折，就必须同时探索相应的现代治理体系以应对。法治就是这种现代治理体系的一个不可或缺的重要组成部分。因此，依法治国、建设社会主义法治国家不仅

是我国宪法确立的基本原则，是党和国家坚持的治国方略，也是适应我国当前与今后长远需要、推进国家治理体系与治理能力现代化的必要举措。

拉萨市依法治市、“法治稳市”战略的提出，是中国推进治理现代化大棋局中的一个分局。目前，拉萨市总体上处于现代化起步阶段，经济的快速发展，社会的加快转型，将不可避免地对传统的农牧业生产生活方式造成冲击，带来政治、经济利益格局的新调整，同时引发不少相关的社会问题。在这样的背景下，为更好地适应现代化转型的需要，建立法治规范，提高治理的现代化水平，就成为必要的了。而由于拉萨情况的特殊性，其现代化进程牵涉面更广更特别（如地处边疆，民族宗教问题复杂，敏感度高，其内部的稳定与国家安全息息相关；高原生态环境具有脆弱性，承受资源等方面开发的能力有限，容易引来更多的关注；前来旅游、朝圣的流动人口增多，增加了管理和治理的难度，等等），这就既对拉萨市依法治市、“法治稳市”战略的实施提出了更大的挑战，也使得这一战略的实施具有了与内地不一样的紧迫、重要意义。

2. 实施“法治稳市”战略，依法治市，也是由拉萨市独特而重要的战略地位决定的

作为我国西南边疆的中心城市之一，拉萨既是西藏自治区党委、人民政府所在地，又是全区政治、经济、文化中心；既是藏传佛教“圣城”和诸多重要寺庙的聚集地，也是全国人民甚至全世界向往的旅游胜地和关注的热点城市；既是藏族同胞集中的居住区，也是拥有 38 个民族的多民族聚集区；既是我国反分裂斗争的要城，也是国际涉藏舆论的窗口。这就决定了拉萨市长期稳定和持续发展的重要战略意义，以及它在党和国家战略全局中的重要特殊位置。它不仅关系着西藏全区的稳定与发展，也关系到西藏周边省区（尤其同是或内含藏区的青海、四川、云南等省）及我国西南边疆的稳定与发展。总之，拉萨的稳定与发展，事关全藏、全国及全国各族人民团结的大局，必须高度重视。

2013 年 3 月，习近平总书记在参加十二届全国人大一次会议西藏代表团审议时提出“治国必治边、治边先稳藏”的战略思想。此后，全国政协主席俞正声又在中央西藏工作协调小组会议上做出“依法治藏、长期建藏”的指示。这不仅揭示了西藏的稳定对于我国边疆乃至全国大局的重大意义，也指出了稳藏、治藏的正确途径与长远办法就在于法治。

拉萨因其独特而重要的战略地位，是稳藏、治藏大业中牵动大局的重中之重。因此，实施依法治市、“法治稳市”的战略，是落实依法稳藏、治藏相关指示精神的必然要求。

3. 实施“法治稳市”战略，依法治市，还是拉萨市经济、社会发展的现实需要

稳定与发展相互依存、相互促进，长期的稳定要依靠发展来解决，但发展的前提和基础是稳定。没有稳定的环境，就没有发展的条件。只有先解决政治、社会环境的稳定问题，才有可能进一步谈论经济发展与民生问题。因此，“法治稳市”战略既是拉萨市委、市政府“环境立市、文化兴市、产业强市、民生安市、法治稳市”五大战略的重要组成部分之一，也是全面实施五大战略的基础与保障。实施这一战略的重要目标之一，就是为了解决作为发展的基础与环境的稳定问题。

当然，实施依法治市、“法治稳市”战略，不仅是为解决发展的基础与环境问题，也是为更好地满足经济、社会发展需要而做出的重大战略部署。因为市场经济是一种法治经济。坚持依法治理，加强法治保障，运用法治思维和法治方式解决发展中的各种矛盾，才能更好地约束市场的自发性，规范市场主体行为，调节利益关系，协调社会矛盾，解决社会问题，服务于市场。“十二五”以来，拉萨市进入经济、社会发展快车道，因此对法治建设也就相应地提出了新的更高要求。无论是要落实环境立市，解决发展环境问题，还是要推动文化兴市、产业强市、民生安市，促进经济、社会的协调发展，同时在社会管理模式与手段上大力创新，都需要以法治为长效机制，以法治来规范、解决发展中的各种问题。

二　依法治市与法治稳市的进展情况

近年来，拉萨市委、市政府为推进依法治市、“法治稳市”战略，构建“事事有法可依、人人知法守法、各方依法办事”的工作格局，在法治建设方面做了大量而全面的工作，取得了显著的成效，为深化社会治理创新和拉萨市其他工作的顺利开展提供了良好的基础保障和制度支撑。下面主要从六个方面加以简要介绍。

（一）重视顶层设计

《中共中央关于全面深化改革若干重大问题的决定》要求“坚持正确

处理改革发展稳定关系……加强顶层设计和摸着石头过河相结合，整体推进和重点突破相促进”。为做好拉萨法治建设的顶层设计工作，市委、市政府选派人员赴江苏、湖南等地取经，并与西藏自治区社科院合作，联合开展“法治稳市”战略课题研究，出台了《关于深入推进“法治稳市”战略建设平安拉萨、法治拉萨的意见》（2013 年 5 月）。自治区社科院课题组还及时拿出了《拉萨市“法治稳市”战略整体设计》，从六个部分全面论述了“法治稳市”战略的提出背景、实施现状、内涵、定位与特色、相关机制设计及预期目标。来自中国社会科学院与自治区社科院的专家学者还就拉萨市“法治稳市”战略进行了全面调研，形成既有顶层设计又包含众多专题研究报告的《拉萨法治发展报告（2013）——探索边疆民族地区稳定和谐发展的法治之路》，最终列入社会科学文献出版社“蓝皮书”系列。拉萨因此而成为全国首个发布、出版法治发展报告蓝皮书的地级市和省会城市。2013 年 10 月 28 日，拉萨法治建设座谈会还在北京成功举办，与会专家、领导对拉萨市法治建设的实践与成效给予了充分的肯定与高度的评价。

（二）坚持科学立法

法治建设的前提是要有科学完备的立法。地方立法也是中国特色社会主义法律体系中的一个重要组成部分。拉萨市地方法律法规体系既包括国家与自治区层面的上位法，也包括由市人大制定的地方性法规和由市政府法制办制定的规章与规范性文件。近年来，拉萨市按照“科学立法”的总体要求，根据本地实际和现实需要，重点推进社会关注度高、实践中急需、条件相对成熟的立法项目，加快步伐，地方法律体系日趋完善。同时，坚持立“新法”与改“旧法”并重，对那些与上位法相悖或与当前实际不协调、不统一的地方法规，则予以清理、修订或废止。1998—2012 年，共出台 130 多项现行有效的地方性法规、规章和规范性文件。2013 年，市人大研究制定了拉萨市十届人大常委会五年（2013—2017 年）立法规划，内容涉及民生、经济、城市管理、环境保护、古镇保护等方面；为确保五年立法规划的顺利实施，还成立了市人大常委会法律专家咨询委员会；制定了《老城区保护条例》《拉萨市城市绿化条例》，开展了拉萨市法治稳市战略课题调研和《西藏自治区道路交通安全条例》立法后评估工作；对《拉萨市旅游管理办法》等 3 件政府规章和规范性文件进行了备案审查。[①] 同年，市政府法制办向各县（区）、市直各单位下发《征集2013—2017年市政府立法项目的通知》，征集到25个立法项目；经市政府常务会议通过，颁布施行了《拉萨市公共租赁住房管理办法》等三份政府规章与《拉萨市人民政府经济顾问聘请和管理办法》等三份政府规范性文件。[②] 这种大力立法的势头在2014年得到延续，通过并颁行了《拉萨市出租汽车管理办法》等地方法规。

（三）加强普法教育

在全社会营造法治文化氛围，培养法治观念，倡导依法守法，也是法治建设系统工程中的一个重要组成部分。自2006年西藏自治区第五个五年普法规划启动实施以来，今天在拉萨全市农牧区各行政村，已经全部实现了法制宣传教育阵地的“五个一”（每个乡镇有一个法律知识宣传服务队，每个行政村有一个法律图书角、一个法律学习室，每个村民小组建立一个法制宣传栏，每户农牧民家庭有一套基本的藏文普法学习读本）。而在市城关区各社区居委会则实现了“六个一”（有一个法制宣传专栏或橱窗、一个法律图书角、一支专兼职人员结合的法制宣传队伍、一套居民学法制度、每月一次义务法制宣传活动、每季度一堂法制讲座）。[③] 2011年“六五”普法规划开局之年，还成立了全市法院普法领导小组，制定了《全市法院“六五”普法实施方案》，明确了任务。目前，在全市全民法制宣传教育有三个特点：（1）政府主导、全社区共同参与，2013年，共开展293场次的集中法制宣传教育活动，发放宣传书籍、材料近十万份；[④]（2）全面开展，但以青少年、农牧民、流动人口和寺庙僧尼为重点对象；（3）形式多样，不仅深入开展“法律七进”及法律宣传日、宣传周、宣传月等以普法为主题的经常性教育活动，一些有条件的部门还采取“文艺搭台、法治唱戏”的办法，力争以生动活泼的形式将法治观念深入人心。

---

① 参见拉萨市提供的调研资料《拉萨市人大常委会2013年工作总结》，2014年8月。

② 参见拉萨市提供的调研资料《拉萨市人民政府法制办公室2013年工作总结暨2014年工作计划》，2014年8月。

③ 车明怀主编：《拉萨法治发展报告（2013）——探索边疆民族地区稳定和谐发展的法治之路》，社会科学文献出版社2013年版，第85页。

④ 参见拉萨市提供的调研资料《拉萨市近年来政法维稳及社会治理工作情况汇报》（中共拉萨市委政法委员会），2014年8月。

（四）坚持依法行政、建设法治政府

法治首先意味着政府的依法行政，保证政府的一切活动在宪法、法律的范围内开展。这是现代法治观念（rule of law）与传统法制观念（rule by law）的根本区别。近年，拉萨市以《全面推进依法行政实施纲要》为纲领性文件，召开全市政府法制工作会议，先后出台并下发了《拉萨市人民政府加强政府法制工作的若干意见》（2009年）和《拉萨市关于进一步加强领导干部法治意识和依法办事能力的意见》（2013年），明确要求建立健全行政立法工作机制，提高制度建设的质量；理顺行政执法体制，提高行政执法效能；建立并完善行政执法评议考核制度，规范行政执法行为；完善行政监督机制，强化对行政行为的监督。市政府法制办还以下发通知、监督检查评估、提出改进意见等形式，力图建立健全以下各项制度：行政执法程序制度；重大行政处罚备案报告制度；行政执法案卷评查制度；投诉举报制度；行政执法监督检查制度；依法行政工作奖惩制度；行政处罚自由裁量权基准制度。[①] 为拓宽监督渠道，改进监督方式，还全方位地开展了政府信息公开工作，有选择地对行政执法进行了明察暗访活动，并设法改进了行政执法监督员的工作，以充分发挥其监督作用。市政府法制办编辑了《拉萨市规章　规范性文件汇编》一书，将1988—2009年发布的现行有效的规章（共52件，另有藏文规章7件）、规范性文件（32件）进行了收集、整理，并于2010年由西藏人民出版社公开出版。2009年以后的地方立法，也在收集、整理当中。这些工作，无论是对于拉萨市依法行政、行政执法监督、政务公开的推进，还是对于普法教育的实施，都有相当重大的意义。

（五）促进司法的公正高效

《中共中央关于全面深化改革若干重大问题的决定》要求“深化司法体制改革，加快建设公正高效权威的社会主义司法制度，维护人民权益，让人民群众在每一个司法案件中都感受到公平正义”。[②] 近年来，拉萨市牢牢把握司法为民、公正司法的主线，不仅高度重视信访工作，使信访工作逐步走上规范化和制度化渠道，而且通过行政复议程序，对行政机关违

① 参见拉萨市提供的调研资料《加强行政执法监督切实推进依法行政》（拉萨市人民政府法制办公室），2014年8月。

② 新华社：《中共中央关于全面深化改革若干重大问题的决定》，2013年11月15日。

法与不当行政行为进行了及时的纠正，充分发挥了行政复议在解决行政争议、化解内部矛盾与维护和谐稳定中的重要作用。全市法院在2010—2013年四年间共受理各类案件27254件，审执结25726件，结案率94%。全市法院还通过不断规范审判管理机制、积极开展涉法涉诉信访工作、加大司法公开和民主等方法，大力推进司法公信建设。特别值得一提的是，为更好地提供便民服务，全市法院还采取了一系列措施。如简化立案环节、畅通诉讼渠道、使用藏语开庭和调解等。为积极开辟农民工等弱势群体维权通道，还克服下乡车无单独预算等难题，推行了巡回制度，建立了流动法庭，到乡村、院坝、田间地头就地审理，有案审案，无案则进行普法宣传。相关领导还在积极探索将这种办案模式转化为正式办案机构的问题。同时，拉萨市还大力发展人民调解工作，全市一共建立了393个基层人民调解委员会。①

（六）加强基层法治建设

拉萨市完善了基层平安创建工作方案，建立了平安单位摘牌制度，制定了基层民主法治示范村（社区）创建标准，充分发挥基层党组织的领导核心作用，同进引导广大人民群众渐进、有序地参与基层民主法治实践。目前，全市共创建平安单位574个。② 在自治区全区争先创优、强基惠民活动中，拉萨市还派出267个驻村（居）工作队，会同村（居）两委认真调研、仔细分析社会综合治理中的新情况、新问题、新矛盾，积极探索新办法，争取从源头上化解矛盾、维护稳定、促进和谐。

2012年，拉萨市全市治安案件和刑事案件发案率分别下降36%和34.5%；2013年，全市治安案件和刑事案件发案率分别下降21%和16%。中国社会科学院发布的2013年《公共服务蓝皮书》中，拉萨市被列为全国38个主要城市基本公共服务满意度第一名；其中，公共安全更是连续三年来一直名列榜首。③

---

① 参见拉萨市提供的调研资料《全市法院2010—2013年工作总结》（拉萨市中级人民法院），2014年8月。

② 参见拉萨市提供的调研资料《拉萨市近年来社会治理工作情况报告》（中共拉萨市委政法委员会，拉萨市社会管理综合治理委员会办公室），2014年8月。

③ 参见拉萨市提供的调研资料《拉萨市近年来政法维稳及社会治理工作情况汇报》（中共拉萨市委政法委员会），2014年8月。

三　依法治市与法治稳市的重点工作领域

“法治稳市”战略实施以来，拉萨市从中央对整个西藏的战略定位出发，按照拉萨市的独特市情、特殊矛盾与当前需要，做到了在全面推进法治建设的同时，也突出重点，着力在稳定、和谐与发展等重要领域打造法治拉萨。

（一）始终不渝抓住民族团结这个大事

拉萨市虽然以藏族同胞为主体（2010 年约占 87%），但也是包括汉、蒙、回等 38 个民族的多民族聚集区，充分体现了中华民族多元一体格局。民族关系是否良好，不仅牵涉拉萨市的稳定发展大计，也是事关全自治区乃至全国大局的大事，必须高度重视。近年来，拉萨市在继承过去优良传统的基础上，还适应时代做出了一系列创新，做到了在依法维持与促进各民族团结的工作上坚持不懈、持续用力。尤其值得大书特书的是，为适应新形势下促进发展、增进团结、维护稳定的需要，拉萨市人大常委会通过反复调研，广泛征集社会意见，请有关专家指导论证，2012 年 4 月 1 日颁布实施了《拉萨市民族团结进步条例》，并将每年的 9 月 17 日定为民族团结进步日。《拉萨市民族团结进步条例》既明确了各民族享有的权利，也明确了应尽的义务，还明确了相关管理部门的职责，以及各种相关民事、刑事行为中的法律责任。这就通过法律法规以公民权利与义务的形式，将民族团结大事的管理纳入法制化与制度化的轨道及进程，从而为社会发展和政治稳定打下了坚实有力的法律基础与保障。

（二）依法管理宗教事务，引导宗教与社会主义社会相适应

由于历史原因，藏族居民几乎全民信教，藏传佛教在西藏各族人民尤其是藏族同胞中的影响无远弗届而且根深蒂固，而寺庙（尤其是拉萨市的重要寺庙）则在西藏甚至整个藏区都有着深远的影响力与号召力。因此，“不论是从历史上看还是从现实看，搞好寺庙与僧尼管理，就等于抓住了西藏维稳工作的牛鼻子”。[①] 在传统治理体系中，宗教信仰问题、寺庙与僧尼的管理问题，几乎成为管理的空白地带。这种状况既易为分裂势力所利用，而且也不符合我国当前推进治理体系与治理能力现代化的要求。近年来，为改变这种滞后状况，将贯彻党的宗教信仰自由政策与依法

① 王延中：《西藏社会稳定新机制建设探索》，《民族研究》2013 年第 6 期。

管理宗教事务相结合，积极引导宗教与社会主义社会相适应，拉萨市依法推行了一系列新思维，出台了不少新办法。寺庙开始作为一种基本的社会组织和法人单位，僧尼也开始作为从事某种特殊职业的公民，被统一纳入了现代社会管理与服务体系中。为加强和创新寺庙管理，拉萨市通过干部驻寺、设立寺庙管委会（内设法制宣传组）等方式，逐步建立起了一整套符合寺庙实际与需要的管理制度。同时，为提高广大僧尼积极性，引导其树立法制意识，一方面将公共服务延伸到寺庙，把广大僧尼纳入社会保障体系，着力提高他们的生活品质；① 另一方面还通过教育与学习，努力提高其中华民族意识、国家意识、法制意识和公民意识，推行发放“爱国守法僧尼卡”，强化了僧尼请销假制度。

（三）注重基层社区组织建设，大力促进社会治理体系创新

现代社会是一个复杂社会。随着城乡居民数量的膨胀、职业与身份的分化、人口流动性的增强，管理者的智慧越来越受到考验。在经济社会持续快速发展的新形势下，拉萨市借鉴北京市东城区网格化管理模式的经验，结合当地实际，积极大胆创新，依法建立并推行了网格化、“双联户”等特殊制度。所谓网格化管理体制，即“依托统一的数字化管理平台，将管理辖区按照标准划分为单元网格，通过加强对单元网格的部件和事件巡查，建立监督和处置既相互联系又责任分离的管理体制”。② 它按不同的社区建立相应的管理模式，对网格内的人、地、物、事、情、组织和房屋进行管理，既负责掌握社区情况，化解矛盾，促进安全、稳定，也提供内容广泛的社会服务。“双联户”管理则是网格化管理在基层的基础，也是在此基础上的深化与延伸。它将城关区的城镇社区 5—10 户或农村社区 10—15 户划为一个单元，按照自愿和公开的原则与办法选举“联户代表”。该代表负责调查、统计每户的人口、资产及其变化情况，并及时上报。他（她）还与上一级的驻村（居）工作队、村或社区支部书记、居民小组组长，以及所辖的每户户主，都签订相关责任书，以更好地实现“联户保平安、联户保增收”的整体目标。城镇社区“双联户”还建立健

① 全市 4485 名持证僧尼实现了养老保险和医疗保险全覆盖；符合条件的 2243 名持证僧尼也已经纳入最低生活保障对象，覆盖率达 50%；全市持证僧尼还享受政府安排的一年一次免费体检，并全部建立了健康档案。见《拉萨市民族宗教工作汇报材料》，拉萨市民族宗教事务局，2014 年 8 月 14 日。

② 车明怀主编：《拉萨法治发展报告（2013）——探索边疆民族地区稳定和谐发展的法治之路》，社会科学文献出版社 2013 年版，第 131 页。

全了房屋出租信息（包括租赁者信息）申报及相关奖惩制度。通过这些新的管理模式，既较好地达到了整合社会基本数据信息、保障社会治安稳定、夯实社会管理基础、促进邻里关系和谐的既定目标，也有力地促进了民生条件的改善、民生保障能力的提高与联户增收、强基惠民目标的实现。

（四）确保城市文化定位，积极开展老城区改造与保护

拉萨老城区的保护，不仅牵涉对民族优秀传统文化、独特历史人文景观、世界文化遗产的保护，对于完善拉萨市现代城市功能、提高社会管理水平，也有着重大的意义。而且，由于拉萨市位置的敏感性及举世关注的独特性，所以在近年来经济、社会发展开始驶入快车道的新形势下，加强对老城区的保护，尤其显得紧迫而重要。因此，市委做出将原政府规章《拉萨市老城区保护管理暂行办法》升格为《拉萨市老城区保护条例》的决策，依据“民生优先、保护为要、规划指导、科学组织、统筹实施”的原则起草了新法，并于2013年7月25日西藏自治区第十届人大常委会第五次会议批准，于10月1日起正式生效。

四　依法治市与法治稳市的基本经验

拉萨市“法治稳市”战略的实施，措施不可谓不有力，效果也不可谓不显著。这主要得益于其秉持的一系列基本理念，这同时也可以说是拉萨市实施“法治稳市”战略以来所取得的一些基本经验。

（一）始终坚持正确区分两类不同性质的矛盾

当前西藏及其首府拉萨的主要矛盾同样是十九大报告中指出：“我国社会主要矛盾已转化为人民日益增长的美好生活的需要和不平衡不充分的发展之间的矛盾。”同时，西藏与拉萨同时还存在着各族人民与各种分裂势力之间的特殊矛盾。而由于独特的区情、市情及其重要的战略地位，西藏与拉萨的反分裂斗争将维持长期、尖锐、复杂的局面，有时候甚至会以极端的形式表现出来。面对这种形势，拉萨市以加强法治建设为契机和手段，注重区分这两类不同性质的矛盾，并以不同的方法加以应对。一手抓反分裂斗争，坚决维护社会的和谐稳定，在广大干部群众中广泛深入开展反分裂斗争思想教育，孤立少数顽固势力；一手抓民族团结，促进经济发展与转型升级、大力保障并改善民生、加强和创新社会治理体系、提高自身执政能力，为发展扫清障碍，为稳定提供坚实保障，以争取大多数。值得一提的是，笔者在调研中了解到，为团结广大僧尼，拉萨市的干部们还

改变过去的工作方式，不再与僧尼进行教义、教理上的争论，只从社会管理者的角度，将僧尼视为公民，将寺庙视为社会组织，然后互相对话、提出要求、进行管理。① 同时，还结合僧尼实际，请得道高僧主持进行爱国、爱教与守法的主题教育，将寺规戒律与中华民族意识、国家意识、法制意识与公民意识结合起来。②

（二）坚持将发展的理念渗透到维稳行动之中

新形势下拉萨市大力推进各项保障有力、覆盖全社会的新型管理组织建设，并使其在承担社会服务、社会管理职能的同时，还发挥维护社会稳定的作用。目前，拉萨市的各项工作，无论是强化民生保障，实施双联户模式与四业工程（以业育人、以业管人、以业安人、以业富人），还是大力发展社会事业，推进户籍管理制度改革，促进农牧业人口向市民化的转移及基本公共服务向常住人口全覆盖，每一个制度设计背后，都渗透着在发展中维稳、在管理中服务的战略思路③。如在拉萨市网格化管理模式下实行的 1+5+X 网格，除 1（网格格长）和 5（网格流动人口服务管理员、网格宗教事务管理员、网格居民事务管理员、网格治保员和网格民警）以外，还结合不同区域的实际情况，增设 X（如网格市场管理员、网格农牧科技员等），为网格居民提供服务。另外，还建立了一个平台（社会管理网格指挥平台），一个中心（社会服务管理综合指挥中心，下设分中心），一个工作站（社会管理服务综合工作站，下设工作网格和基层服务点），同时在全市设立近两百个便民警务站，每站配有 20 名警务人员。这些设计与办法，有力地保证了在发展中维稳、寓管理于服务理念的落实。又如拉萨市在将僧尼作为国家公民进行管理时，既从公民有自觉维护国家稳定统一等义务方面对他们提出要求，表彰爱国爱教的模范；同时，也下大力气保障他们作为公民的各种权利，保证其宗教信仰自由权，切实解决他们的实际困难，使他们享受和其他公民一样的社会服务和社会保障。

（三）健全社会组织和发挥好基层组织作用

改革开放以来，随着经济快速发展、市场观念深入人心与人员及信息流动频率、速度的加快，不少地方出现了基层党组织涣散、动员组织群众

---

① 参见拉萨市委统战部提供的内部资料，2014 年 8 月。

② 参见拉萨市民族宗教事务局提供的内部资料，2014 年 8 月。

③ 笔者在 2014 年 8 月 14 日上午在拉萨市“四业”办公室座谈时了解到，2012 年提出“四业”工程的一个原因，就是在反自焚斗争中发现，相对而言，无业者更易走向极端，被人利用。

能力与意愿均不断下降的现象。但笔者在拉萨调研时发现，拉萨市不仅坚持了过去重视组织力量、注重发挥基层组织积极性的传统，甚至近年来还有不断加强的趋势。举例来说，在目前整个拉萨市维稳和发展的双重压力下，非维稳口干部要承担相当部分的维稳任务，而维稳口的干部也往往要承担社会服务、社会管理的职责，没有深入广大基层的强大组织力量，是不可能做到的。组织力量的发挥，为法治建设的大力推行提供了坚强的保障，保证了拉萨市各项行动实施的效率与效果。

（四）从应急维稳向常态维稳

确保社会的和谐稳定与长治久安必须多管齐下，注重制度建设，从维稳机制的常规性与长效性上下功夫，实现将传统的维稳工作向现代新型的社会管理迈进。可喜的是，目前在拉萨市，无论是在民族团结（《拉萨市民族团结进步条例》、民族团结进步日）、宗教管理（寺庙管委会制度、干部驻寺常态化）事务上，还是在基层社会管理创新［网格化、“双联户”、驻村（居）工作队等特色制度］等方面，各项工作与活动都在沿着规范化、制度化、法治化的道路有序前进。

五　拉萨维稳工作的困难与挑战

毋庸讳言，虽然近年来拉萨市依法治市、“法治稳市”战略的实施取得了不少成绩与经验，但仍存在着一些困难与挑战。这些问题主要是受制于客观环境与实际条件，也有理念、工作方式方面的原因。

（一）维稳建设投入成本（人、财、物方面）过高、可持性问题日益突出

出现这种情况的原因很多（详见后面），技术投入不足是其中之一。由于信息化、智能化程度不够，拉萨市在实施“法治稳市”战略过程中主要依靠人海战术，这既与反分裂工作任务的重大颇不相称，也带来了人员编制紧张、工作压力增大等问题。目前，全市政法系统超编 3938 名，市级政法机关平均领导职数仅有 5 名。每逢敏感日、重大节假日，全市还要从政法系统以外的其他单位抽调县科级干部近 2000 人次参与寺庙管理、联防巡逻、铁路护路等重点工作。[①] 这样做虽然为社会的安全稳定提供了

① 参见拉萨市提供的调研资料《全市维稳干部队伍建设情况》（中共拉萨市委政法委员会），2014 年 8 月。

保障，但也带来了不少问题。调研中，各部门基本上都反映本单位编制少，人员紧缺，工作人员往往不能正常休假，还有人长期带病坚守岗位，各机关的日常工作也因此而陷入疲于应付的状态。以笔者 2014 年 8 月 13 日下午在拉萨市中级人民法院调研时了解到的情况为例，该院编制 194 名，实有 178 人。除承担日常工作、参加流动法庭等以外，还要承担以下几个方面的任务：抽调人员参加驻村（居）工作队、铁路护路、驻加油站工作，进行法制宣传，为每个庭的联系企业提供法律服务，22 个党支部全部参加扶贫（2014 年起每人都有扶贫任务）。其人员之紧张，工作压力之大，由此可见。

（二）处理好解决当前维稳紧急任务与建立法治长效机制之间的关系

目前，拉萨市面临的维稳任务艰巨，压力很大，党和政府各级部门不得不投入相当巨大的精力去解决和应付各种日常、紧急的问题，这就不可避免地与建设法治长效机制之间发生某些冲突。当然，法治与维稳并不矛盾。真正长效的稳定要依靠法治来达到并维持。但两者的性质并非完全一样。稳定既指未来，也指当前，有时甚至侧重于当前；而法治则不是急功近利就能达到的。当前维稳工作占据的精力越多，着眼于未来、长期事务的时间就会变少。拉萨市的日常维稳压力本来就很大，相关部门因担心和预防某些敌对势力利用敏感节点、节庆时期制造事端，更是疲于应付。在这种情况下，探索一条既能解决当前问题，又有利于建立长效机制的道路，尤为必要。

（三）处理好现代社会社会组织自治功能与政府有效社会管理作用的关系

现代社会是一个高度组织化的社会，现代化的过程往往伴随着现代社会组织的发育、成长与成熟。社会组织的发展与政府的社会管理是相辅相成的关系，不能相互替代。社会管理如果越出应有的边界，就会侵犯社会组织的生存空间，打击其积极性，一方面使政府疲于奔命，成为人员编制紧张和工作压力大的重要来源；另一方面也将影响施政的效果（尤其是长期效果）。拉萨市在今后的发展过程中，既应加强、改善政府的社会管理，更要同时注重培育现代社会组织的自治能力。这不仅能在为社会组织松绑的同时为政府自身松绑，也有利于彻底摆脱以法治人的陈旧观念，树立现代法治的风范。

第五章

社会管理和服务创新

加强和创新社会管理工作是党中央进一步适应经济社会发展形势的重要决定，它事关经济社会协调发展，事关社会和谐稳定，事关人民群众切身利益，事关提高党的执政能力和巩固党的执政地位。拉萨市城关区是西藏自治区的首府城区，是西藏的经济、政治、文化中心，在社会管理中，既面临着与内地相似的经济转轨、社会转型、观念转变、利益调整中出现的一系列共性问题，又面临着反分裂斗争任务艰巨、民族宗教工作任务繁重、发展保障能力不强等个性问题。多种因素交织叠加，给社会管理、维护稳定带来了极大压力和挑战。2012 年年初，城关区被确定为西藏自治区和拉萨市的社会管理创新综合试点区后，城关区根据区、市两级党委政府关于加强和创新社会管理工作的安排部署，立足城关区社会管理的实际和特殊性，运用“网格化”和“联户制”社会管理平台，积极探索，坚持边试点、边总结、边推进、边完善的工作思路，构建了以提高群众安全感、幸福感、参与度为主线，以精细化管理、人性化服务、多元化参与、信息化支撑为特征，寓管理于服务、以服务促管理的社会管理模式，初步形成了具有拉萨特点、城关特色的社会管理工作新路子。

一　大力推进城镇社区网格化管理

（一）网格化管理的主要内容和做法

城关区作为拉萨市乃至自治区功能核心区，是自治区和拉萨市确定的社会管理创新综合试点区，承担着先行先试、积累经验、做出表率、闯出路子的艰巨使命和重大责任。2012 年 4 月，在借鉴和吸收北京市东城区网格化模式经验的基础上，城关区提出构建网格化社会服务管理模式，并开展试点工作，取得了初步成效。在城关区试点经验基础上，2012 年 9

月拉萨市全面推行网格化服务管理模式。

所谓网格化社会服务管理，是指充分运用网格理念和现代信息技术，以责任制为依托，将管理辖区按照标准划分成为单元网格，通过加强对单元网格的部件和事件巡查，建立监督和处置既相互联系又责任分离的管理体制。按照网格化社会管理的模式和要求，工作网格承载以下十项职责任务。

一是掌握工作网格基本情况：掌握工作网格内各类社会服务管理对象的基本情况，对网格内人、地、物、事、情、组织、房屋情况做到底数清、情况明，对其变动情况，要及时掌握、及时变更基本信息，供各相关方面共享。

二是服务居民群众：深入群众，倾听群众意见，了解群众疾苦，为群众排忧解难；及时受理报警求助，在规定的时限内办理群众申办事项；积极参与排查调处民间矛盾纠纷；向居民代表定期报告工作，自觉接受监督。

三是了解社情民意：及时收集、上报涉及社会政治稳定和治安稳定的各类信息，定期排查、分析社情动态和突出治安问题，将收集、掌握的各类情况信息，进行积累、分析、比对，切实做到基础工作信息化。

四是管理实有人口：全面准确登记辖区实有人口，了解、掌握基本情况，熟悉可能违法犯罪的高危人群，重点掌握列管的重点人口和监管对象的现实表现，开展对重点人口、监管对象和有轻微违法人员的监督管理和帮教工作，落实工作措施，重点掌握出租房屋和暂住人口的动态情况。

五是组织群防群控、平安工程建设：充分依靠基层组织，大力开展安全防范宣传教育，增强群众的自我防范意识和能力，指导治保会、专职、义务巡逻队等群防群治力量开展治安巡逻和邻里守望活动，严密辖区群防群治网络，广泛利用辖区资源，动员群众使用技防、物防设施，提高治安防范水平。组织开展平安家庭、平安楼门院、平安社区建设工作，协助辖区单位和相关部门开展平安单位、平安商市场、平安医院、平安校园、平安旅游景区等基层平安创建工作。

六是维护治安秩序：严格辖区公共场所、娱乐场所、特种行业、商贸市场、出租房屋和危险物品的治安管理，开展经常性的治安检查，督促、指导辖区治安保卫重点单位建立健全安全防范制度，落实安全防范措施，预防、减少各类案件和治安灾害事故的发生；协助办理辖区各类案件，为侦破刑事案件提供线索。

七是排查化解矛盾纠纷：掌握工作网格内现有的矛盾纠纷，分析问题产生的原因，掌握发展的趋势。落实信访代理制，定期开展矛盾纠纷排查工作，及时发现新的矛盾纠纷和苗头性事件，及时化解各类矛盾。对一时解决不了的问题，及时上报社区工作平台。

八是开展城市环境监督治理：及时发现工作网格内无照游商、黑车揽客、散发小广告、私搭乱建、流浪乞讨等影响环境秩序的各类问题，及时上报区市政市容管委会，配合街道（乡）综合执法组开展治理工作。

九是落实社区矫正和安置帮教工作：在工作网格中固化矫正帮教体系，落实工作网格矫正、帮教工作任务，掌握社区矫正人员和刑释解教人员的思想动态、日常走向，了解、反映其基本需求。

十是搞好社会组织服务管理：对各类社会组织做到底数清、情况明，服务到位、管理规范。依法坚决取缔非法组织，积极培育社区服务组织。

（二）城关区有效推进网格化社会服务管理的实践

1. 合理划分网格单元

按照完整性、便利性、均衡性、差异性的网格划分原则，以一个社区尽量不超过三个网格的划分标准，城关区 12 个乡（街道）、51 个村（社区）共划分为 174 个工作网格。根据人、地、事、物、情、组织等基本情况，将网格划分为住宅、商住、企事业单位、宗教场所、综合五种类型；根据社会管理秩序、治安环境状况，将网格划分为日常管理、重点关注、综合治理三种等级。将村（社区）的各类社会服务管理工作分解至网格，逐人、逐地、逐事明确工作任务，责任到人，做到精确定位、精选定人、精准定责，从而实现网格全覆盖、工作零缝隙。

2. 科学构建组织体系

按照管理重心前移、服务重心下移的总体要求，利用网格进一步优化和再造社会服务管理工作流程，搭建“三级平台（区，乡、街道，村、社区三级行政体系）、四级服务管理（区，乡、街道，村、社区，网格四级工作体系）”的组织体系。在区建立“城关区网格化社会服务管理指挥中心”；在 12 个乡（街道）建立“乡（街道）网格化社会服务管理指挥分中心”；在 51 个村（社区）建立“村（社区）网格化社会服务管理工作站”，并与现有的村（社区）服务站合署办公。通过“三级平台、四级服务管理”体系，实现了全区社会服务管理创新的规范化、制度化，明确了网格单元的社会管理对象、工作职责、办事流程和时效，为精细化管理、零距离服务打下坚实基础。目前，已建成各级网格工作平台 50 个。

3. 优化网格力量配置

对全区村（社区）工作者、各类协管员、治保、村（居）民小组长、警务室公安、乡（街道）干部等原有力量进行整合，并按照“1+5+X”的网格工作人员配备标准进网格（“1”：网格格长；“5”：网格流动人口服务员、网格宗教事务服务员、网格居民事务联络员、网格治保员、网格警员；“X”：其他网格工作人员或社会力量）。在“1+5+X”的队伍模式中，进一步明确网格工作的责任主体和责任人，制定网格工作人员职责，提升社会服务管理工作的科学化、规范化、社会化水平，同时将党建、流动人口管理、社会保障、宗教服务、矛盾纠纷调解、妇联、城市管理等各类工作充实、整合到网格中，形成一格多员、一员多能、一岗多责的工作机制。

4. 创新基层党组织建设

按照“党组织建在网格上”的原则，把村（社区）党员调整划分到网格中，逐格建立党组织，建立起“区委—乡党（街道党工）委—村（社区）党支部—网格党组织”四级党组织网络体系，确保每个网格都有党组织、确保每名党员都在网格中，充分发挥党员的先锋模范作用和网格党组织的领导核心作用，正确引领全区社会管理创新方向。截至 2014 年 7 月，城关区社区共成立网格党小组 86 个，建立联户党小组 43 个，联户党员 514 名。

5. 规范工作方式方法

规范村（社区）工作站的工作方式方法，制定《工作例会制度》《专题会议制度》《联席会议制度》《社情民意碰头会制度》《应急处置机制》等各类网格工作制度机制。建立健全各类基础台账，逐格分类对辖区各类人、地、事、物、情、组织的基本情况及时全面掌握。明确“发现上报、指挥派遣、处置反馈、任务核查、事件评价、结案归档”的“六步闭环”工作流程，事件由网格员或居民群众发现上报，由区指挥中心或乡（街道）指挥分中心派遣工作人员进行处理，由事件上报人进行处理后的核查，每一个事件都必须按照“六步闭环”工作流程结合网格化社会服务管理信息平台进行处置，处置完毕后存档，实现网格化平台运行的高效性和规范化。

6. 搭建信息系统

充分发挥现代信息技术在网格化社会管理工作中的作用，通过基础数据库的不断完善，城关区目前形成了支撑网格化信息系统的 5 个数据群（“人、地、物、组织、房屋”）、1 个基础地理支撑平台、6 大应用系统的一套标准规范体系，细化了社会保障、社会服务、出租房屋管理、宗教事务管理、矛盾纠纷处理、重点人员管控、城市管理七大类 13 项业务事件处理流程。

7. 设立便民警务站

以 110 便民警务站为依托，强化街面防控警务网络，城关区设立了 153 个便民警务站，创立及时处置的街面防控警务网格化服务管理模式。各便民警务站严格执行“爱民、为民、便民、利民、安民”的工作宗旨，全面履行“治安巡控、接警处警、交通管理、受理求助、动态掌控、法制宣传、备勤处突”七项职责，形成“警务综合化、防控全时化、警力街面化、覆盖网格化、服务便捷化”的 3 分钟警务圈，最大限度地实现警务布局的优化，实现治安稳定由被动防控向主动防控、分时段防控向全天候防控、局部重点防控向全方位防控的转变，有效增强人民群众的安全和治安威慑力。

二　大力推进“双联户”工作

（一）“双联户”的缘起

城关区及随后在西藏自治区广泛实施的“双联户”社会管理模式发端于城关区八廓街老城区改造过程中。八廓街是围绕大昭寺而形成的一条“转经道”。随着时代的发展，越来越多的人迁居周围生活。于是以八廓街为中心的老城区出现了人员密集、摊位聚集、交通不便、地下管道陈旧、建筑老化破损等问题。为了解决上述问题，2012 年年底，拉萨市政府投资近 15 亿元实施老城区改造保护工程。八廓街老城区保护工程，涉及两个古建大院 144 户居民和沿街 2956 个摊位搬迁。面对搬迁涉及面广、人员构成复杂、极易引发各种社会矛盾的实际情况，城关区抽调了 700 名工作人员，以 5 个摊位或住户为 1 个管理单元，每个单元有 1 名干部负责沟通、疏导工作。随后又采取“五户联保”，即把相邻五户商家、住户组成一个联保集体，共同开展工作，顺利完成了老城区 2956 个摊位的搬迁工作，实现了搬迁工作“零上访”“零聚集”“零歇业”。该模式的成功实践给城关区开展“双联户”工作提供了重要启示。2012年年底，西藏自治区维护稳定工作会议肯定了拉萨市城关区“联户平安”的管理方式。2013年年初，城关区在联户工作基础上，又提出了“联户小康”模式，合二为一形成“双联户”社会管理模式。[①] 随后，“联户平安、联户小康”工作在全城关区内开展起来，即按照“住户相邻、邻里守望、共创平安、共建小康”的原则，以五（十）户村（居）民为基础单位组成一个联保联建单元，从党员、致富带头人、民兵骨干、热心公益事业的村（居）民群众中推选出“双联户”联户长（亦称“联户代表”），负责联保联建单元内成员的分工和日常联络等工作，形成“资源共享、利益均占、优势互补、风险共担、共促发展、共保稳定”的责任共同体。

（二）“双联户”工作的主要任务

1. “联户平安”有八项主要任务

（1）法制联宣。经常性地对联保户进行法律法规、党的民族宗教政策、民族团结等知识的宣传教育，引导群众依法维护合法权益，提高“双联户”单元内维护社会稳定、反对民族分裂和自我防范意识。（2）治安联防。督促“双联户”单元内落实好防火、防盗、防抢、防事故等治安防范措施，协助网格警员开展治安巡逻，组织管辖户联防联保等工作，做好邻里守望，积极参加大院值守、巷道义务巡防、处突演练、抢险救灾等活动。（3）信息联通。积极发展培养信息员，及时掌握和上报“双联户”单元内影响社会稳定的因素、事故隐患、违法犯罪线索及群众反映的敌情、社情、舆情、民情等信息，发现异常行为，立即向网格格长和社区警务室报告。（4）人员联管。做好“双联户”单元内外来流动（暂住）人口、出租房屋的排查上报工作，对“双联户”单元内重点人员做到动态掌握，发现可疑人员和可疑情况及时向网格格长和社区警务室报告。（5）矛盾联排。利用走家串户、了解社情民意的机会，积极排查矛盾纠纷、热难点问题、上访的苗头性问题，遇到集体上访等重大问题，及时向网格格长和社区警务室报告。（6）纠纷联调。对“双联户”单元内的家庭纠纷、生活矛盾、邻里矛盾及排查出的纠纷及时做好化解、劝解工作，相互调节、规劝、制止，防止矛盾扩大或激化。（7）问题联治。对

---

① 次仁德吉：《推动新管理模式，创新社会管理机制》，见车明怀主编《拉萨法制报告（2013）：探索边疆民族地区稳定和谐发展的法制之路》，社会科学文献出版社2013年版，第131页。

“双联户”单元内的关系居民群众生产生活的各类问题，存在影响和谐稳定的问题进行治理疏导，发生重大的、突发性的、紧急的问题及时向网格格长和社区警务室报告。(8) 和谐联建。以家庭和睦、邻里团结、遵纪守法、积极参与群防群治，主动配合工作为内容，以“平安家庭”创建为载体，共建共创和谐。

2. “联户小康”的主要任务

(1) 政策联督。对党的惠民利民等各类政策执行落实情况进行督促，对执行中存在的弄虚作假、执行不得力、落实不到位等问题及时向上级相关部门报告。(2) 经济联合。在“双联户”单元内大力扶持兴办合作经济组织，共同创业，共同经营，共同受益，以利益为纽带，增进联保家庭和人员之间的团结协作意识。(3) 信用联保。对生产能力较差的家庭，由“双联户”单元内各户在自愿的基础上共同担保，支持进行小额信贷等措施，鼓励自主创业，促进增收致富。(4) 收入联增。政府引导、群众参与，多措并举、多管齐下，进一步拓宽城乡居民群众增收渠道，实现共同富裕、共建小康。(5) 教育联促。督促“双联户”单元家庭内子女入学，义务教育等法定政策及各项优待政策的执行情况，协助困难家庭、流动人员家庭子女就近就便入学。(6) 就业联扶。把实施“四业工程”引入联户工作模式当中，及时向“双联户”单元内提供就业信息、职业技能培训、安置公益性岗位等信息，协助解决待业青年和待业家庭的就业。(7) 困难联帮。协助村（居）委会采取生活上关心，经济上扶持的办法帮助解决“双联户”单元内困难家庭和困难群体，如：享受低保、生产物质捐赠、邻里援助等，发挥爱心帮扶作用。(8) 环境联创。共同开展对联保单元内脏、乱、差等卫生问题的联合治理，共同监督，创造良好的生产生活环境。

(三) “双联户”的主要工作

城关区推进“双联户”工作的具体做法有。

1. 党委牵头，有效提供组织保障

城关区成立了由城关区区委书记任组长，36个维稳责任片区、各区直单位和各乡、街道负责人任成员的“双联户”工作领导小组。下发了《中共拉萨市城关区委员会关于在村（社区）开展“联户平安联户小康”工作的实施意见》，各乡（街道）也成立了相应组织机构，落实了专人负责，加强了经费保障。

2. 典型引路，推进工作展开

借鉴老城区改造保护工程中“五户联保”模式的成功经验，城关区选定鲁固社区、木如社区、加措社区、洛欧村作为试点单位，先行开展“双联户”工作，在取得初步成效后，城关区组织召开了“双联户”工作推进大会，并组织全区各村（居）前往“双联户”试点单位进行学习，使城关区“双联户”工作全面推进开来。

3. 密织网络，实现联户单位全覆盖

一是搭建平台，实现“双联户”工作信息化。“区—乡、街道—维稳责任大片区—村、社区—网格—维稳责任小片区—联户单位”。

二是层层部署，广泛动员。各乡（街道）结合自身实际，并多次召开“双联户”工作安排部署会，同时以悬挂宣传横幅、发放宣传手册、清查入户宣传、发放给居民群众的一封信等形式，开展“双联户”工作宣传，提高居民群众对“双联户”工作的知晓程度。

三是合理划分、分类实施。城关区按照居住类型划分了纯居（农、牧）民类、机关企事业单位及退休基地类、物业小区类、沿街商铺类、出租大院类等五种类型，在机关企事业单位及退休基地推行机关联络员模式、在物业小区推行“四位一体”服务管理模式、在沿街商铺推行“谁受益谁负责”的管理模式、在出租大院推行“星级化管理”和旅店业上传管理模式。联户单位的划分按照纯居（农、牧）民类5—15户为标准、其他类型10—20户为标准进行，同时严把联户代表选人关，采取村委会（社区居委会）选定和居民推荐相结合的形式，严格选举政治立场坚定、德高望重、身体健康、热心公益事业的人员，担任联户代表。“双联户”联户代表的数量必须是1个联户单位1名联户代表，原则上按照5—20户居住户产生1人的标准确定，各单位可以根据具体情况，适当调整户数，增加或者减少联户单位内的户数，但最低不得少于5户最高不得多于25户。截至2013年年底，组建8225个联保单位、8225名联户代表、1085个居民小组。

4. 完善机制、兑现奖励，推动“双联户”工作制度化、规范化、长效化

一是制度规范。在村（社区）原有的制度公约基础上进一步完善充实，制定了《“双联户”公约》《“双联户”联户代表推选制度》《“双联户”联户代表工作制度》《“双联户”议事制度》《城关区“双联户”工

作十百千表彰制度（试行）》《“双联户”联户代表培训制度》《“双联户”联户代表绩效激励考核制度（试行）》《“双联户”奖惩制度（试行）》等各项制度公约，并进行了上墙，同时与“双联户”联户代表签订了目标责任书，明确了“双联户”工作目标任务，规范了联户代表等“双联户”工作人员的工作方式。

二是台账规范。各村（社区）在网格化社会服务管理工作台账的基础上建立了“双联户”工作台账，制作了“一卡（联户代表连心卡）、一证（联户代表工作证）、两表（常住人口家庭信息表和流动人口信息表）、三图（网格划分图、维稳责任片区图和‘双联户’公示图）”，明确了联户代表工作职责、规范了社区工作。

三是奖励机制规范。落实联户代表补助，评选“优秀双联户”提高联户代表工作积极性。城关区按照2013年城关区委常委（扩大）会议精神，以通信和误工补贴每人每月200元标准，维稳奖励每人每月300元标准，对联户代表进行奖励，该奖励措施自2013年3月1日起开始执行。

三　城关区网格化管理与“双联户”工作的主要成效

城关区开展网格化和“双联户”工作以来，坚持边试点、边总结、边推进、边完善的工作思路，创造性地开展网格化社会管理创新工作，取得了初步实效。

（一）密织“联动网”，提升工作效率

城关区以网格为基层政府服务管理单元，以联户单位为基层群众参与社会管理单元，双方相互联系相互配合，加强了政府与基层自治组织的紧密联系，在社会服务管理领域形成专群结合、条块结合、社群结合的工作格局。促进了工作由重管理轻服务向服务与管理并重转变，从粗放式管理向精细化管理转变，从政府一元管理向公众多元参与转变。同时通过联户代表、网格员的联动，及时全面掌握辖区社会动态，了解了辖区群众所需，反映了辖区社情民意。目前全区174个网格共上传社会服务、出租房屋和流动人口服务、矛盾纠纷处理等民情日志22170条，其中城市管理1315条，宗教事务管理227条，社会保障76条，社会服务2072条，出租房流动人口服务4710条，矛盾纠纷处理335条，重点人员管控164条，其他10030条，各类事件处置率达到90%以上。

（二）密织“信息网”，提升服务管理水平

自2012年5月城关区信息化系统上线，到2013年10月，城关区不断改进完善，在将“双联户”工作融入系统的同时，梳理建立了包括人、地、物、组织、房屋共5大类33小类的基础数据库，共整合入库数据175879条，并在174个网格配备了190台移动数据终端，有效发挥了信息化在社会管理中的作用，实现了“点人知房、点房知人”的人员动态化服务管理。同时针对管理服务对象的不同，信息系统里“人”的基础数据分为重点管理人员、重点服务对象两类，并匹配相应工作力量，落实针对性的服务管理措施，形成了定向服务、分别管控的工作流程目前，城关区各村（社区）的“3·14”“法会”回流、刑释解教等重点人群、重点管理人员实现了无脱管、无漏管；对残疾、低保等重点服务人群实现了“零距离”服务。

（三）密织“安全网”，提升群众安全感

1. 流动人口管理更加到位

通过网格化信息系统有效整合了村（社区）和社区警务室的人员力量，使流动人口核查、登记、办证更加快速便捷；实时掌握了辖区流动人口信息，确保了“三小时落地核查”“十二小时申报登记”“十分钟旅店核查”工作机制顺畅、高效。信息系统内对流动人口信息实时更新，做到“人来登记、人走注销”，做到“点人知房、点房知人”，实现了流动人口的动态化管理。例：纳金乡加荣居委会联户代表在走访中发现居住在加荣社区五组出租房屋内的一名租户，个人详细信息模糊，询问时语言闪烁，形迹可疑。便将发现情况进行登记，上报到网格和社区警务室要求进行核查。接到上报后加荣社区民警根据联户代表提供的信息与城关公安局指挥中心通报的网上在逃人员特征进行比对，发现该租户系一名网上在逃人员。随后社区联户代表协助社区警务室对该在逃人员进行抓捕，成功将其抓获。

2. 矛盾纠纷调解更加有效

通过网格化工作和“双联户”工作充分发挥了网格工作人员、联户代表的基层基础作用，构建了以村（社区）工作者、网格工作人员、联户代表及村（居）民组成的矛盾纠纷排查化解组织。以常规化走访，实现了矛盾纠纷早发现、早上报、早调解，避免因信息掌握不及时而造成民转刑案件和上访事件的发生，努力将矛盾纠纷发现、化解在基层。例如，

在城关区八廓街道丹杰林社区环卫工人因工资待遇提高，使部分环卫工人不符合低保标准，将取消低保资格，但是部分环卫工人家里有大学生子女需供养，如取消低保资格难以维持生活，因此群众反映强烈，出现上访苗头。丹杰林社区联户代表走访时发现这一情况，及时向网格格长和社区反映情况，并协助社区工作人员对环卫工人进行劝解，社区也立即召集环卫工人了解情况，说明相关政策，并协调民政局能否保留子女低保资格，有效安抚了环卫工人情绪，暂时化解了上访苗头。

3. 社区治安更加牢固

警力有限、民力无边，城关区各社区组建以网格工作人员、居民小组长、社区治保人员、联户代表为主的义务巡逻队，形成了社区警务室—网格—联户单位三级联动预警网络，有效整合了社区巡防资源，创新了治安防控机制，切实维护了辖区社会治安秩序。同时高度重视基层信息员队伍建设，以“双联户”工作为抓手，充分发动群众，采取遇到陌生人多看一眼、多问一句的方式参与社区日常维稳、治安管理工作中。为实现城关区维稳工作“三无”“三不出”的工作目标打下坚实基础。例如，公德林街道幸福社区网格人员、联户代表在辖区内巡逻走访时，发现曲米路怡悦美容店疑似卖淫窝点，便将这一情况反映至网格民警，要求社区警务站进行核查，进核查后确定该美容店 4 名女性均为涉嫌卖淫人员，均移交城关公安分局公德林派出所进一步调查处理。公德林街道幸福社区“双联户”联户代表，在联户单位内进行走访时，发现有一间房子，房门虚掩，内有两个可疑人员，正在全神贯注地吸某种烟雾，形迹可疑便立即通知社区警务室，经过民警的盘查及现场的证据显示，两个嫌疑人均为涉毒人员，并当场进行了抓捕。

4. 消除安全隐患更加及时

社区网格工作人员、联户代表在辖区内个个都是关心小区事务的有心人，各个都能发挥安全隐患排查排头兵的作用，每日通过走访，将发现的各类安全隐患就地消除或上报至网格和社区联系相关单位进行消除，为辖区群众的生命财产安全提供最基本的保障。例如，藏热社区廉租房内，一住户不在家期间，家中因电线线路老化失火，社区联户代表发现这一情况后，主动拨打了 119 火灾报警电话，同时将这一情况上报至社区网格，并组织群众进行救火。在大家的努力下，房屋内大火在消防官兵来之前就得到扑灭。城关区两岛街道联户代表在走访中发现太阳岛和仙足岛社区存在下水道井盖破损、破坏、塌陷的问题，为了方便居民出行，防止井盖“吃人”事件发生，联户代表及时将这一情况上报到网格和社区，由社区上报区市政市容管委会使安全隐患得以消除。

(四) 密织“服务网”，提升群众幸福感

1. 社区服务更加便捷、有效

按照网格化工作理念，结合“双联户”工作制度，通过网格工作人员和联户代表形成了一支社区服务力量，有效改变了社区服务模式，变被动服务为主动服务，变坐等群众要求服务为上门主动提供服务，通过走访及时了解居民群众民生保障、社区环境卫生治理等方面的需求，并将这些需求及时登记、处理，截至目前城关区已开展社区服务537次。例如八一社区联户代表在走访时发现出租屋内租住的流动人员，王某因得肾病，已丧失劳动能力，急需返回内地治疗。联户代表得知后，将这一情况及时上报至网格，网格工作人员上报社区领导并通知房东。房东得知后，主动免去该流动人员拖欠的房租，同时社区也实地发动社区群众为其进行捐款，并帮助其返乡。洛欧村联户代表在走访中发现，拉萨监狱由于未修建垃圾堆放点，长期存在将生活垃圾丢弃至扎务塘村民居住区内的现象，便迅速将这一情况向社区网格长汇报。网格长在对事件进行了解后，带领村民进行现场取证，并将取证结果及事件因果形成文字材料上报至村委会，由村委会和拉萨监狱沟通协调，现拉萨监狱已将垃圾点清理完毕，社区环境卫生得到整治。

2. 增收渠道进一步拓宽

城关区各乡（街道）从“双联户”十六项工作目标中深入挖掘，多动脑筋，仔细研究城关区各项惠民利民政策，结合社区实际，从多个方面开展极具特色的社会管理工作。部分社区结合自身劳动力丰富、社区居民拥有一定生产技能的实际，通过网格工作人员和联户代表的牵头和协调，组织群众在自愿的基础上联创联营、信用联保，通过共同创业、小额信贷等措施，支持群众自主创业、共同致富。例如：夺底乡洛欧村的联户代表在走访中积极宣传各项惠民政策，并结合本村实际情况，组织联户单位内居民开展“信用联保、经济联合”工作，由56位村民共同出资，选定法人、制定章程，组建“次培民族手工专业合作社”，实现联户增收，同时以4户联保单元组成一个信贷联保小组，相互进行贷款担保，增加村民经济收入。纳金乡纳金村以经济联合专业合作组织为基础，通过先富带动后富，将联户增收内涵融入奶牛养殖基地中，要求符合条件的养殖户和辖区内1—2户低保户、低保边缘户“捆绑经营”，以联户的方式互相帮扶，共同增收致富，目前该奶牛养殖基地共有入社家庭42户，其中低保户17户。

据统计数据显示，自2013年全面开展加强和创新社会管理工作以来，城关区受理治安案件1320起，同比下降19.2%，刑事案件924起，同比下降48.8%，全城关区共调处矛盾纠纷774起、宣传惠民政策415次，宣传就业优惠政策974次、开展社区服务537次，巡逻巡防1256次、排查安全隐患2921起、帮扶弱势群体5801人次、整治环境卫生2776起、收集民声信息13942条、实现重点人员联管联教1797人次、实现小额信贷例涉及资金2807万元、实现集体组织联创联营35起，受益群众7000余人。①

加强和创新社会管理，是一项实践性很强的工作，必须坚持实事求是、一切从实际出发的思想路线。包括城关区在内的整个西藏自治区既面临着人民日益增长的物质文化需要同落后的社会生产之间的主要矛盾，又面临着各族人民同以十四世达赖集团为代表的分裂势力之间的特殊矛盾，这决定了在西藏加强和创新社会管理必须紧紧围绕发展和稳定两件大事，坚持依法治藏方略，树立长期建藏思想。从实践内容上看，城关区乃至西藏的“网格化”和“联户制”社会管理平台坚持从社会形势、管理现状的实际出发，服务发展第一要务，落实稳定第一责任，增强了社会管理服务的实效性。通过实行网格化、双联户工作，城关区在社会服务管理领域形成专群结合、条块结合、社群结合的工作格局，促进工作由重服务轻管理向服务与管理并重转变，从粗放式管理向精细化管理转变，管理主体实现了由单纯重视政府作用向社会共同治理转变，管理方式实现由管理为主向寓管理于服务转变、经验管理向依法管理转变、管控型向治理型转变，管理重心实现由应急管理向常态管理转变、事后处置向源头治理的转变，实现了社会服务“零距离”、社会管理“全覆盖”、社会诉求“全响应”，从而进一步夯实了维护稳定的根基，健全了常态化的社会管理服务机制。

① 参见城关区提供的调研资料《城关区加强和创新社会服务管理工作总结》（城关区加强和创新社会管理领导小组办公室），2014年8月。

四　网格化、“双联户”工作中的问题和建议

拉萨市城关区通过实行网格化、“双联户”创新社会服务管理，有效破解当地社会管理一些难题、取得明显成效的同时，也存在一些困惑和问题，值得关注和思考。

（一）“全覆盖”的基础上还需要“广参与”

城关区的网格化、“双联户”服务管理模式实现了全覆盖，但是，联户代表的工作主动性不强，社区群众参与的积极性不高。究其原因，一是联户单元和联户代表推选程序不规范。基层组织更多关心的是辖区内所有家庭是否都进入了联户单元，注重的是市里和城关区关于全覆盖的要求是否完成，因此，以自建小区和安居院为主，一些包含30余户的庞大联户单元和制定联户代表顺势产生，这些联户单元的联户代表和联户群众对“双联户”服务管理模式和工作内容知之甚少，缺乏认同感，没有积极性，很少主动工作，申报制等要求也难以落实，“双联户”服务管理工作在一定区域内只是形式，没有内容。二是“双联户”服务管理宣传不到位。基础组织更多关心的是辖区内所有家庭对“双联户”服务管理模式的知晓率，忽视了“知道”与“参与”的关系。虽然通过漫画宣传页、宣传影像资料、横幅、“发放给居民群众的一封信”等形式开展了“双联户”工作宣传，但对于区市关于“双联户”激励的相关文件精神宣传不到位，群众对区市党委、政府的惠民政策了解不多，知晓率与参与积极性不成正比。三是党政机关和企事业单位的“双联户”服务管理工作还有一些漏洞。自治区、拉萨市、城关区三级党政机关办公场所和周转房分布在城关区，虽然按照区市党委、政府要求，网格化、“双联户”实现了全覆盖，但在实际工作中，各级党政机关、企事业单位的联户代表与城关区基层组织之间不沟通、不联系的情况非常普遍，基层组织只掌握党政机关、企事业单位是否产生联户单元、推选联户代表的情况，对日常工作不管不问，各级党政机关、企事业单位的联户代表也鲜有主动与基础组织衔接的情况，各自为战、单打独斗的现象突出。

（二）“重维稳”的基础上还需要“定准位”

城关区向每名联户代表发放500元补助，要求联户代表承担一定的维稳和安防工作职责，这种做法，一是在激励定位上有偏差。向联户代表发放补助，与拉萨市关于《“联户平安、联户增收”工作进位激励考核管理

办法》及实施细则不一致，存在撒胡椒面的情况，联户代表只要“无过”就可以领取补助，很难体现激励，同时，医院补助标准与承担的维稳任务不成正比，也使很多联户代表心存不满。二是联户代表职责定位上有偏差。强调了联户代表是“维稳负责人”，忽略了联户代表还是“致富带头人”“村组事务明白人”“热心人”，是壮大群防群治力量的直接组织者，把联户代表发展成为一种带有雇佣性质和行政色彩的维稳力量。联户代表为了补助，注重的是“管理”，放弃的是“服务”，担任联户代表成为个人增收的一种途径，久而久之，极易造成联户代表成为一种职业，同时，使人民群众对“双联户”服务管理模式失去认同，削弱了群防群治力量。三是在“网格化”和“双联户”服务管理模式操作定位上有偏差。城关区基层组织工作者以及网格工作人员、联户代表普遍提出，在工作中，由于没有相应的行政执法权力，对很多事情无法处置。这种现象与“网格化”和“双联户”服务管理模式关于基层组织和工作人员发现、上报情况，相关部门处置的流程相悖，也反映出基层组织工作人员对“网格化”“双联户”服务管理模式的定位不准、工作性质不明。

（三）加大网格化管理中的“横向”协作和互动

社会管理网格有“纵”“横”之分，纵向的网格链从大到小包括诸如：县区网格—乡镇、街道网格—村、社区网格—村（居）民小组网格—辖区单位网络—户网格；横向的网格链包括诸如：某寺庙网格—周边便民警务站网格—属地的基层组织网格—单位内保网格。调研中发现，在网格化管理方面的横向协作不够，存在“孤军奋战”的问题。在实际工作中，如在寺院社区，寺庙管委会在内部做了大量工作，“纵向”的网络链也发挥了很大的作用，但“横向”的网络链薄弱，街道、社区与辖区各单位的联动、寺庙管委会与周边警务站之间的互动等还不够理想。一个网格在运作中不是孤立的，它不可避免地会与其他纵向或横向的网格发生关系。要使某网格发挥作用，就必须正视客观现实，研究各网格间的关系与相互影响，对正面和负面的因素都要提前客观做出评估。以发挥好总网格的总任务为中心，找出其中的最佳搭配方案，使每一个网格既有效运作，又相互影响、相互支持、相互促进，形成工作合力。

（四）强化社区群众的自治能力

“网格化”和“联户制”社会管理平台注重政府职能部门之间的相互协调，政府权力直接下沉到社区，社区事务由政府工作人员解决处理，运行经费保障主要依靠政府投资，在实现“行政主导”的同时，也在客观上限制了社会成员参与社会事务管理的权利，压缩了社区自我管理的空间，导致社会空间、社区组织、社区事务行政化。因此，只有进一步扩大社区群众参与，才能在提升社会管理的水平和效果上创新。这需要转变政府角色，明确政府职能定位，主要做好监督和指导工作，指导和引导社区社会组织承接政府职能，充分发挥其在反映利益诉求、规范社会行为、化解社会矛盾、扩大公众参与、提供公共服务、增强社会活力、促进社会发展等方面的积极作用。

（五）降低运行成本，加强队伍建设

拉萨市“网格化”和“联户制”社会管理平台是一种将基层社区组织与政府公共服务系统相结合的管理模式，需要增设“网格”和“联户单位”两级管理层，而每级管理层都需要配备一定数量的政府公务人员和社区工作人员，需要注入维护网络正常运转的资金和网格信息系统建设费用，机构数量增加，人力运行成本增加，行政成本面临膨胀风险。同时，精细化的社会管理模式对社区工作者提出了新的更高要求。目前，拉萨市社区工作者队伍数量庞大、素质和能力参差不齐。社区工作者的综合素质和能力决定了“网格化”和“联户制”社会管理平台的运行质量。因此，我们首先要引入市场经济主体参与社区公共服务，以购买服务的方式把一部分政府服务群众的工作转交给社会组织，形成支持社会组织参与社区公共服务的政策性支持体系，降低社会管理运行成本。其次要加强社区工作者队伍建设，进一步明确下沉干部的工作职责，正确处理干部下沉与居民自治的关系。要建立专门的培训机构，进一步加大社区干部、网格员、联户代表的培训力度，重点加强思想政治教育和职业道德教育。要继续深入开展“先进双联户”创建评选活动，加大“把优秀网格员和联户代表培养成为党员、把党员培养为网格员或联户代表”的工作力度，进一步壮大党在城市社会管理中的力量。

第六章

传统文化保护与现代文化发展

在 2010 年 1 月 18—20 日中共中央、国务院召开的第五次西藏工作座谈会上，胡锦涛总书记提出：“要把西藏建设成为重要的中华民族特色文化保护地、重要的世界旅游目的地。”这充分肯定了西藏各族人民历史上对中华文明所做出的重要而积极的贡献，鼓舞人心；与此同时，对西藏的这一战略定位决定了西藏文化建设的部署，直接推动拉萨发展文化产业的政策制定。在 2015 年 8 月 24—25 日召开的中央第六次西藏工作座谈会上，习近平总书记要求“把……凝聚人心作为经济社会发展的出发点和落脚点”之一，“加强民族团结，不断增进各族群众对伟大祖国、中华民族、中华文化、中国共产党、中国特色社会主义的认同”，为拉萨的思想文化事业、精神文明工作提出了明确要求。

一　公共文化服务与精神道德文明建设

（一）公共文化服务的机构与设施建设

公共文化服务涉及的范围很广，涉及广播、电视、电影、出版、报刊、互联网、演出、博物馆、图书馆、文化馆、艺术馆等文化领域。公共文化机构主要包括：公共图书馆、群众文化服务机构（主要是文化馆/文化站）、文物业机构（主要为博物馆）、公益性质的艺术业机构（主要为艺术表演团体和艺术表演场馆）。客观来看，由于发展的不平衡性，拉萨的一些文化设施仍显得缺乏。近年来，随着“文化兴市”战略的实施，拉萨市书店，包括针对旅游者的藏学书店逐渐增多，小孩子们会在去新华书店买教辅、口算的同时买几本课外读物、童话书等，与内地的差别正在淡化。

拉萨市广电局全面实施农村电影放映工程，电影“七进”工作、节庆电影放映与群众路线、强基惠民“五下乡”等结合起来，把电影送到驻村工作队、建筑工地外来务工人员、学校师生、单位、部队。各级放映队的放映工作则均为公益性质，全市农牧区有961个放映点，由老百姓投劳等方式建成或由驻村工作队解决。不足之处是目前仅有93个室内放映点，冬天农闲本是看电影的好时节，但室外温度过低，严重影响农牧民群众观影的积极性。市内有电影院1家（东方红电影院），电影站共计8座（八县区各一）。广电局下属市电影公司从事商业放映，为事业性质、企业化管理，自收自支，这在全自治区是唯一一家。旗下东方红电影院具备两个放映厅，受到包括青少年在内的市民的好评。

市级歌舞团为1994年成立的拉萨市民族艺术团（1998年成立曲艺队），县级有7个。它们目前未走市场化道路，经费由国家、市、县各投入一部分的方式解决，如何自给自足尚存问题，作用发挥不是特别理想。此外还有老年艺术团和各县组织的民间艺术团，甚至乡镇都有民间艺术团、流动下乡演出车。当雄“羌塘唐拉”民间艺术团、娘热乡民间艺术团等的规模在七八十个年轻人的水平上，在旅游季节、望果节等打工表演，面对游客市场开展演艺活动的藏戏队比较普遍，很多村子里都有组织，比较知名的如堆龙德庆噶东藏戏队。

拉萨市有一个直属的新华书店，各县共计7个；文化馆（中心）8个，乡镇级65个，行政村级228个。此外，尚有专门服务于特定人群的寺庙书屋、警民书屋。拉萨市新华书店门市2014年共售出20万册图书，市民在实体书店人均花费2元。此外，拉萨市民还从京东商城、亚马逊和淘宝等渠道网购书籍。[①] 随着物流网络的铺设和服务的提升，通过电商网络购书的订单数量持续增长，丰富了城乡居民进行文化消费的渠道。2014年，西藏人从当当网网购纸质书11万册，总金额约360万元，其中拉萨达5.8万余册，占到全区的一半多。文化资源共享工程服务点144个，可望服务于远程教育。

拉萨市公共文化服务设施的一个亮点是对寺院的覆盖。2011年12月8日上午，西藏自治区党委统战部召开落实寺庙“九有”工作专题会议，此后推行的“利寺惠僧”“九有”工程中，包括了寺庙有广播电视、有电影、有书屋、有报纸（《人民日报》《西藏日报》），将近一半的内容涉

① 张会莉、史卫静：《当当发布〈2015全民阅读趋势报告〉——西藏买书人拉萨占一多半》，《西藏商报》2015年4月24日。

及文化的软硬件设施。

以城关区 2011 年的工作为例，新建了综合文化馆、13 个寺庙书屋、12 个农家书屋；面向城乡居民放映电影 786 场次，广播电视综合人口覆盖率分别达到 100%、99.6%；建设 4 处全民健身集中点；编撰完成城关区首部民族传统手工艺宝典。[①] 城关区的娘热艺术团获得大奖，还举办了电视颁奖晚会、文化艺术节等，文化产业和文化文艺工作不乏亮点。

（二）社区文化服务的兴起

"强基惠民"工作全面推进以来，民生方面一个最显著的成效就是社区公共服务的逐步健全。建立了社区公共服务大厅，"一站式"服务模式在全市逐步推开。社区医疗卫生、社会保障、就业培训、文化体育、法律咨询、家政服务等服务项目惠及社区全体成员。在开展文化、科技、卫生、法律、爱国爱教服务"五下乡"和科教、文体、法律、卫生"四进社区"活动中，"文化"都是核心内容之一。驻村工作队通过结对帮扶（每个单位有个帮扶的乡村），以城市带动乡村，在文化基础设施、思想道德教育等方面也发挥出明显的作用。强基惠民、双联户、网格化管理等一系列政策手段在得到切实、强有力的推行之后，作为底层单元的街道、社区、村镇，在文化服务等方面的工作也得到一定程度的加强。

城关区嘎玛贡桑（Karma dgon gsar）街道俄杰塘（'O brgyal thang）社区地处东郊城乡结合地带，也是拉萨城市建设的新热点地区，社区居民有 4000 多人，其中流动人口已占到 65%左右，可视为拉萨新兴住宅小区的一个样本。在公共服务进社区的活动中，俄杰塘社区提出"十到"服务承诺，包括"政策法规宣传落实到户"；"社区经济文化均衡发展、精神文明建设到心"。社区中的综合室活动室兼有电子阅览室、拉萨市科普活动站（拉萨市科学技术局、科协 2008 年 1 月挂牌）、俄杰塘社区健康活动室、社区少年之家、社区文化室、社区书屋（北京市新闻出版局 2009 年 8 月援建）、俄杰塘社区居委会阿佳之家等多种活动场所。此外，我们调查时新的社区文化活动站正在兴建之中。阿佳（a cag，"姐姐"）之家意为姐妹之家，2000 年年底由社区居委会和党支部在社区老年妇女文艺队和老年健身队的基础上成立，十余年来发展成为具有 70 余名骨干成员，

① 《（拉萨市）城关区地方志》编纂委员会办公室编著：《拉萨城关年鉴（2012）》，拉萨城关区统计局，2012 年，第 26—27 页。

拥有室内活动场地120平方米、室外活动场地1340平方米的规模，妇女们既在这里交友、谈心，也组建社区文艺队参加各种文艺活动，组成巾帼文明服务队，成为开展群众性文化体育娱乐活动、调解社区各种矛盾纠纷、建设社区群众性精神文明的重要力量。① 每个月都开展的“道德讲堂”活动当中，由身边的人出面来向街坊邻里通俗地讲解“积善之家必有余庆，积恶之家必有余殃”，活动内容还刻录为视频碟片。

文化娱乐活动在不断丰富，人们的选择在不断增多，文化多样性越来越突出。有了电视，老阿妈们爱看藏戏，平时工作繁忙的藏族人家父母可能看看藏语新闻，上学的孩子则会选择《喜羊羊与灰太狼》《火影忍者》动画片或者流行的电视剧。广场文化崭露头角，我们采访塔玛社区（为城关区安置征地农民从原红旗村演变而来）等社区时了解到，每天晚上广场上大屏幕放乐曲，大妈们跳锅庄。傍晚时分在老城区的巷子里，男孩女孩们围成圈跳街舞。

为发扬藏族等各民族对歌舞的热爱、挖掘其天赋，借开展群众路线的东风，拉萨市还在探索机制、推广“幸福拉萨规范舞”活动。规范舞就是将西藏的传统圆圈舞“果卓”（锅庄）、山南的“果谐”与现代的健身操元素相融合，既有活泼、热烈的传统藏舞动作，也结合了新颖、灵动的现代舞动作，与传统的歌舞形式相比，拉萨规范舞的音乐和动作更容易学，便于在市民中推广普及。全市设置了9个幸福拉萨规范舞学跳点，吸引市民积极参与。

（三）电视、网络和电信迅速发展

电视、网络和电信的发展是衡量当代社会文明进展的一个直观指标。西藏和平解放之后，工业化信息化浪潮冲击到村落，信息化也呈现为跨越式发展。正如拉萨市委常委、常务副市长斯朗尼玛在调研座谈时指出的那样，在无线、互联网方面，拉萨可以说与内地是同步的。这是公共文化追赶最快的一部分，网络带来的巨大变化有目共睹。

在信息渠道和娱乐方式的现代化方面，电视是一个重要的指标。2000年9月起正式启动的西藏、新疆等边疆少数民族地区广播电视覆盖工程（即“西新工程”）推动拉萨的广播电视事业开创新局面。2002年，拉

---

① 《拉萨河纪行》采访组记者：《俄杰塘有个“阿佳之家”》，《西藏日报》2013年7月17日。

萨广电局从文化局分设出来、正式成立，负责广播电影事业。市局干部职工 200 余人，包括机关 25 人，电视台 186 人，电影公司 4 人；各县区设文广局（尚未分设）。市台拥有文化旅游、藏语、汉语三个频道，调频广播一座，主要管理有线电视模拟网，数字化进程正在整合。有线网覆盖不到的地方利用直播星设备满足，免费发放 7000 多套设备。据统计，2013 年年底拉萨市广播、电视覆盖率分别达到 97.97%和 98.01%，为全区各地市之首。农牧区、寺院全部使用直播星，能够覆盖 90%的人口。县城为差转台，县城的城区地带可以看到本地新闻。乡镇级是户户通，但"户户通""舍舍通"在维护方面难度非常大：以前管理面较小，现在扩大到每家每户，必须加大定期巡查维护力度。各县每个季度开展的巡查过程同时也是调研过程，形成调研报告，呈报为决策依据。配合"广播电视进寺庙"，向寺院发放了"舍舍通"设备并负责做好设备的安装调试和后续管理工作。由于这些设备易于携带，广电部门与统战部民宗委还联合下发进寺庙设备管理办法，防止流失或挪作他用。

广播电视信号数字化已成国际标准，各国都制定出数字化进展的时间表。西藏台实现了数字化，大部分能实现数字接收；而拉萨市台仍使用模拟信号，因情况比较特殊。问题之一在于缺乏资金投入，准备"十三五"项目里报内部的数字化建设项目计划，拟通过国家、区、市投资比例，推进西藏一个主平台，目前正在制定技术方案，将通过网络整合，实现采、编、播一条龙数字化。县城本身有小的模拟网，数字化方案在酝酿中。

从技术层面来看，如果通过公众网络传送广播电视节目信号，存在安全隐患，因此广电系统希望用自己的网来传输信号，区别于内地大多数地方采用的点对点光缆。但目前的问题是完全依赖电信宽带网络，稳定性很差，难以控制，信号弱时无法输送出去。设计的新闻上下传系统利用电信光缆网络，开通 8M 带宽传到各县，通过县城有线网（广播是无线）进行二次发射；县里面采集的新闻、文稿、素材则利用该网络上传。县城有线数字改造项目已经确定，拉萨广电局自行设计实施方案，自治区财政在审核，从 2015 年年底前已改造完成。

从内容层面来看，拉萨台的新闻宣传配合国家、区、市层面的各种工作，也涉及教育、专家访谈、道德讲堂和娱乐节目。2013 年 3 月 26 日，藏语综合频道、文化旅游频道正式开播，开启拉萨广播电视新篇章。2014 年每天播出 14 小时 20 分，在 5 月 1 日全面改版后，推出"相约西藏"等节目并提升节目质量，新增“新闻快报”等直播节目，“嘻哈客栈”“老年甜茶馆”“光影之旅”“圣地音符”等自办节目。汉语综合频道（一套）与藏语综合频道（二套）以新闻为主，宣传地方成就，反映社情民意，有五档自办节目。文化旅游频道为专业频道，主要宣传文化旅游的独特魅力，具有“食客准备着”（介绍西藏饮食）、“文化旅游资讯”等自办栏目。由于藏族存在藏（以拉萨话为代表）、康与安多三种方言，拉萨台在中午13：00左右、晚上23：00左右设置了多康剧场，每天播出三集剧目。经中央外宣办推荐，2014年藏历年晚会在央视4频道国际中文频道、欧洲版、美洲版、亚洲版，央广藏语频道、天地视频网（英语、印地语、俄语、蒙古语、日语等语种节目）、四川国际频道中都播出，这在建台以来还是第一次，国际国内影响比较好。汉语综合频道年播出8760小时，自制节目量占21.5%；文化旅游频道为6570小时，自制节目占比19.8%；藏语频道播出的自制节目占16%。广播自办节目相对多一点，比例76%。大体看来，自制节目量达到1/3左右，基本每个时段都有自办栏目在播出。引进节目侧重旅游文化，由内地公司制作，内容紧扣文化和旅游这两个点，“玩转拉萨”“文化拉萨”“快乐藏汉语”等节目受到欢迎。

西藏原只有藏语卫视一个频道上星，拉萨广播电视台藏语综合频道于2015年5月1日上星试播，标志着拉萨广电媒体能力上了一个新台阶，具有里程碑意义。①

要掌握话语权、加强正面宣传、建立应急报道和舆论引导机制、占领思想阵地、抵御境外渗透，广电行业无疑是前沿阵地。通过西新工程、播控和监管平台、舆情预警机制、涉藏文化产品的审查、珠峰工程，构筑地面空中网络三位一体反渗透体系。“文化兴市”战略提出后，拉萨现在正在启动文化体制改革，文化转型箭在弦上。市台的工作重点在制播分离、人才引进。广播影视方面任务量大，人员和社会发展要求有一定的矛盾，改革过程中将进一步调整、配强。除了人才问题，拉萨台自办节目量比较小，引进节目存在困难。

“信息惠民”是将来一段时间内势必持续的工作方向。2014年6月23日国家发展和改革委员会公布，国家发改委等12部门将拉萨等80个城市列为信息惠民国家试点城市。报送的《拉萨市信息惠民国家试点城

① 拉萨市政府网站：《拉萨广播电视台藏语综合频道计划5月1日上星试播》，2015年5月4日。

市建设方案》“以解决当前体制机制和传统环境下民生服务的突出难题为核心，有效整合孤立、分散的公共服务资源，强化多部门联合监管和协同服务，鼓励市场参与、创新服务模式，构建方便快捷、公平普惠、优质高效的公共服务和社会管理体系，加快信息消费升级和民生改善，催生经济增长点，促进经济结构调整和产业转型升级，为跨越式发展和长治久安奠定坚实基础”。当前群众广泛关注和亟待解决的民生问题主要集中在医疗、教育、社保、就业、养老服务等领域，信息资源共享、账户/记录电子化、实时查询、即时结算、跨地区联网等方面逐步推动应用。①

信息技术发展逐步服务于拉萨城市的社会化管理，例如在网格化管理中，网格员配备移动终端，民情日记可以通过移动终端上传到网格化系统，目前已采集 2 万多条信息。两家市属医院实现院内医疗电子信息化，建立了电子病历和健康档案，部分县医院也实现院内医疗信息化，方便市民就医。由拉萨市人力资源和社会保障局开发建设的“拉萨高校毕业生就业信息网”（www. lhasabys. com），于 2010 年 10 月 10 日正式开通，出发点在于整合全市高校毕业生就业信息资源，就业信息资源社会共享，满足就业部门网络化办公，对全市毕业生就业信息实现动态监测。② 不断完善拉萨市高校毕业生就业信息网，搭建就业平台，及时发布最新的就业政策、招聘岗位、创业培训、就业见习等服务信息，截至 2012 年 9 月底，网站总访问量 451533 人次，上网登记求职的高校毕业生 1964 人，发布 292 个招聘职位、280 条资讯信息，通过这个平台为 142 人实现就业。③ 此外的网上就业信息渠道还包括西藏高校毕业生就业指导服务中心主办的“西藏教育厅高校毕业生就业信息网”（www. xzjyzdzx. com. cn）、拉萨市人才交流中心主办的“拉萨人才网”（www. xzlsrc. cn）等。市县分别安装了失业保险信息管理系统、用工备案信息管理系统和职业培训管理系统，在全区率先开展失业保险网上申报基础信息采集工作和职业技能培训网上实名制工作。④

① 拉萨市政府网站：《拉萨市信息惠民试点城市自评报告摘要》，2015 年 5 月 15 日。

② 参见拉萨市提供的调研资料《关于“拉萨高校毕业生就业网”开通信息及相关工作要求的通知》，2014 年 8 月。

③ 参见拉萨市提供的调研资料《拉萨市人力资源和社会保障局 2012 年工作总结和 2013 年工作计划》，2014 年 8 月。

④ 参见拉萨市提供的调研资料《拉萨市人力资源和社会保障局 2013 年工作总结和 2014 年工作计划》，2014 年 8 月。

在与多个政府部门与职能机构的座谈与调研中，都可以听到对于“信息化”的迫切要求。例如在座谈中拉萨市人力资源和社会保障局提出，社会保险信息系统（金保工程）建设有待加强。国家层面上该工程已经第四、第五期，而西藏还没有做。查询只能在经办大厅进行，并且查询手段少，不能很好满足人民群众的现实需求。

在便捷服务的基本要求之外，更深层次的要求是在信息联网基础上弥补当前的短板和缺欠，从而拉动拉萨的发展。远程医疗和远程教育处于首要的位置。拉萨市卫生局表示，“卫生信息化滞后，建设任务繁重。医药卫生服务及监管信息化水平低，应用系统建设薄弱，信息网络不能互通，资源不能共享，难以实现远程医疗，卫生信息化建设任务艰巨”。在西藏地理和交通条件下，远程医疗是很重要的。远程医疗本身可以降低公共卫生服务成本，争取诊疗中最宝贵的时间，越偏远的地区越应该开展远程医疗服务。目前网络、终端、技术、软件等方面都存在短板或者障碍，人才难求，经费短缺。①

信息化教育方面呈现稳步发展的趋势。拉萨在2000年开始成立电教馆，锅盖（卫星接收设备）、电视机、电脑等是最早进入学校的电教设备，教育慢慢步入信息化。2004年进入教室的“班班通”主要指的是电视机，2007年进入光盘播放系统，以上都是国家项目，配备至村级小学，但寿命都不长。从2002年起，拉萨各县城陆续推广计算机教室，主要在淡季开展，课程内容以讲授打字为主；2008年拉萨七县一区市直学校普及计算机教室，现在第三次更新。2007年逐渐接入网络，局域网组网，当时计算机联网程度还非常低，不过总的来看这一年具有标志性，信息化教育开始臻于成熟。曾经试验网校，试点包括成都七中等三座网校，但试点工作在第三年夭折：因为网校需要实时互动，而成都七中等网校在时间表、② 老师作息安排乃至学校管理等方面，都与拉萨存在偏差。

按照规划，2015年拉萨市七县一区完全实现“班班通”，多媒体课件演示和视频节目的播放；据了解，目前已经得到普及的信息化教育手段包括电子白板、网络校校通、优质教学资源班班通。全市现有计算机网络教室145间，多媒体投影教室387间，自动高清录播室13间（已竣工5间，其余正在实施中），交互式电子白板教室751间，触摸液晶一体机教室

① 此据2014年8月14日在拉萨市卫生局的座谈。

② 从地理角度上看，西藏大部分地方位于东六区，成都属于东七区，北京则属于东八区。

269 间，多媒体教室“班班通”学校 56 所，全市中小学实现宽带实施“校校通”全覆盖；现有市级资源及应用平台试点学校 10 所。农牧区开展宽带网络入校工程。在信息化教育的师资方面，通过实施国家、自治区、市级和校本培训项目，采取“远程分散培训”“面对面集中培训”“请进来、走出去”等形式，教师信息技术应用能力得到提升，为教育信息化可持续发展打造了一支相对稳定的管理指导团队和技术服务团队。① 远程教育必将成为在偏远农牧山区普及教育的重要形式，它高度依赖于信号网络。器材、设施的配齐指日可待，软件方面则仍有一定差距。

网络的普及给社会生活的方方面面带来巨大变化。例如在青少年学生中开展“网上祭英烈”等主题活动，成为思想教育的新形式。“全国文化信息资源共享工程”、电子阅览室工程（含终端）、数字图书馆建设在社会基层组织铺开，推动形成新的阅读习惯，极大拓宽了获取文化知识的渠道。各级政务网的开通和维护成为上情下达的现代手段。以城关区为例，由区政府负责提供内容、新华社负责提供网上入口，打造城关政务网，提供城关新闻、旅游、休闲等资讯，打造符合城关区形象的宣传材料等。②

2000 年年底，拉萨市移动电话用户量为 41514 户。③ 截至 2003 年年底，西藏自治区的移动电话用户数量首次超过了固定电话。通信事业的迅猛发展拉近了拉萨与周边地区以及内地乃至世界的距离，如今，智能手机的功能早已不局限于电话、短信、微博、微信等，APP 的广泛使用更使沟通交流与生活服务越来越便捷。

拉萨政府各级部门正在积极利用官方微博等手段发挥正面影响力。2013 年 6 月筹建、11 月 28 日正式上线的拉萨文明网（http：//ls. wenming. cn/）是中国文明网的联盟网站，日访问量保持在 1000—2000 人次，有活动的时候点击量可能上万次。2013 年 4 月 2 日注册的“拉萨发布”（http：//t. people. com. cn/11087405）是西藏的首个政务微博，由网信办操作、有官微认证标志（加 V）、作为西藏自治区拉萨市委宣传部人民网官方微博，主要内容覆盖天气预报、旅游指南、交通信息等各种民生资讯。截至 2014 年 8 月 13 日中午，粉丝 256035 个，发布微博 1981 条；

---

① 拉萨市政府网站：《拉萨市信息惠民试点城市自评报告摘要》，2015 年 5 月 15 日。

② 《（拉萨市）城关区地方志》编纂委员会办公室编著：《拉萨城关年鉴（2012）》，拉萨城关区统计局，2012 年，第 53 页。

③ 《拉萨市地方志》编委会：《拉萨市志》（下册），中国藏学出版社 2007 年版，第 871 页。

截至2015年7月13日晚，这两个数字分别是404227个和2812条，从粉丝数的增长可见“拉萨发布”的权威性和影响力的稳健扩张。2014年1月6日，“拉萨发布”落户新浪微博（http：//weibo.com/lasafabu），友情链接平安拉萨（拉萨市公安局官方微博）、中国西藏新闻网、西藏商报、西藏发布等。

信息网络的发展建设、智能手机终端的逐步普及还为多种媒体的融合揭示了广阔前景。市广电部门提出，很多好节目只能在拉萨收到，因此才10万观众；如果把节目放到网上，影响力就大了。关于网络广播电视台的构想从技术角度看并没难度，但需要的资金量比较大，在政策上尚缺乏支持力度。市广电部门曾经做过尝试，由拉萨电信分公司接光缆线，每天的新闻做好后传给它，它打包后发送到手机上，用户下载相应的手机APP接收，这样内地用户同样也可以看到拉萨的节目。最初的想法是覆盖不同的移动运营商（粗略来讲，联通用户稍少，移动用户稍多），但设备、人员投入是大问题，最后这件事不得不搁置下来。当时投入逾40万元，对台里面来说这已经是个天文数字。要扩大覆盖面和影响力，并成为沟通西藏与周边地区的桥梁，网络广播电视的未来是值得重视和期待的。

信息化建设过程中有两个问题应予高度关注。藏文历史悠久，典籍浩瀚如海，至今仍然是藏族最基本的日常交流工具。在信息与网络建设中的一个关键问题是藏文信息技术领域的基础理论和应用技术，如果不能跟上现实需求进展的步伐，这就将成为瓶颈，制约拉萨的民族文化保护与全面现代化进程。在这个全球信息化时代，文字处理技术的开发与西藏对外接轨任务息息相关。《信息技术信息交换用藏文编码字符集基本集》（GB 16959—1997）于1997年9月2日发布、1998年1月1日起正式实施，是我国第一个少数民族语言文字的信息处理用国际标准及现行所有藏文信息处理用国家标准，维护了国家的文字主权，也为21世纪的藏文信息技术与交换奠定了坚实的基础。就藏文软件的研发和推广、藏文信息平台的构建与完善而言，拉萨市的科研技术团队应起到先锋作用，如西藏大学藏文信息技术研究中心。藏文手机、西藏第二代身份证的制作中，都可看到藏文信息处理的成果运用。尽管在计算机上安装藏文输入法和字体、进行藏文文字处理已经相当成熟，但在手机上仍有很大缺憾。国内手机生产厂商往往提供了非常多的文种作为系统语言的选择，但却没有藏文。这导致了内置藏文的美国苹果手机iPhone占据了拉萨手机市场的极大份额。在商业竞争之外，从文字主权甚至信息安全等角度考虑，这一局面必须得到扭转。

另一个问题则是在反分裂、反颠覆、反渗透形势仍严峻的情境中，网络信息领域必须维护意识形态安全：正面的教育领导与打击封堵双管齐下，构筑地面、空中、网络三位一体的防控体系。习近平总书记专门强调过网络安全工作的重要性，它关系到国家安全。针对涉藏非法出版物和反动宣传品而开展的"扫黄打非·珠峰工程"由西藏牵头并实施，涉及西藏、四川、青海、甘肃、云南等成员省区的11个市县，拉萨市需配合自治区执法做好音像出版市场的检查工作。音像制品多以歌曲形式出现，可能会夹带宗教类颂词。非法出版物的载体形式、存贮介质经历了变化，从过去的图书、宣传单转变为通过网络渗透，或者以旅游文化产品（例如T恤）的形式出现。拉萨市场上常常展开专项行动、专项检查，特别是在敏感时期，破获了一些大案。空中主要依靠广播电视"西新工程"，包括寺庙在内不能有死角、有遗漏。网络已成为当前最主要的战场，全国范围内西藏第一个实行电话网络实名制，人大通过法律规范网站建设，由网信办负责网络监控网评、引导网上舆论，在网络上建党支部、党工委。APP客户端有很多有害信息，网信办致力于查堵有害信息，今后要形成长效机制，移动、电信与公安等部门配合，对有害信息进行及时有效的监控、反馈、清除等操作。为将网络工作提上新的高度，拉萨市力求合理配置资源，加强平台载体建设，筹建"圣城网"，扩大"拉萨发布"等官方微博的影响力，组建网评员队伍实时监测并大量转载正面信息。

（四）打造新拉萨精神

建设道德文化和精神文明，深入挖掘各类爱国主义教育资源也是拉萨"文化兴市"战略的一个重要方面，很多举措颇具亮点。通过对精神层面的侧重、在管理方面的创新，实现对干部队伍的冶铸，对群众价值观的引导，从而把"虚"的工作落到"实"处。感党恩教育、反渗透实践、老西藏精神宣传以及包括宗教在内的多种价值、精神、道德品质的重铸工作，最终目的在于打造新拉萨精神，构建和谐社会。在进行公民德育教育、创建精神文明时，拉萨注重把握宣传教育的节点，如2009年1月19日西藏自治区九届人大二次会议决定，将3月28日设立为"西藏百万农奴解放纪念日"，每年在此时机开展新旧西藏两重天的宣讲；2011年抓住中国共产党成立90周年、西藏和平解放60周年的时机庆祝并宣讲。同时，强调在常态化的教育实践中不断挖掘、深化内涵，同时丰富载体、媒介形式，强化理论武装，推动教育活动“七进”，即进机关、进农牧区、进社区、进学校、进企业、进军营、进寺庙。主题教育没有断层，“3·14”之后思想教育工作在不断加强。拉萨与全国同步开展核心价值体系、核心价值观教育，并且紧密配合拉萨的社会现实形势与变化，善于总结和把握地方性的实践经验，例如大力弘扬老西藏精神、鼓舞民族团结进步等方面，展现出丰富而独特的内容。

爱国主义教育的基础工作之一是对历史遗址、纪念馆、文物史料的保护与利用，出台各种考评管理办法。烈士陵园保护工程进展顺利。全市现有三处烈士陵园：拉萨市烈士陵园、尼木县烈士陵园、当雄县烈士陵园。拉萨市西郊的拉萨烈士陵园始建于1955年，其中葬有为西藏和平解放、修筑川藏和青藏公路、平叛改革、中印自卫反击战、平息拉萨骚乱、西藏建设事业中牺牲的烈士，也包括人民公仆、优秀共产党员孔繁森等。它是自治区主要的红色教育基地，以前只有纪念馆。在市委市政府的大力支持和重视下，2013年年初成立陵园抢救保护领导小组，全面启动烈士陵园抢救保护和纪念馆筹备工作，争取1400万元用于拉萨烈士陵园改扩建。鉴于遗物还不够丰富，有关部门着力在做遗物征集和布展工作。

民族团结进步教育包括宣传“三个离不开”思想（汉族离不开少数民族、少数民族离不开汉族、各少数民族之间也相互离不开）、“四个认同”（对伟大祖国、对中华民族、对中华文化、对中国特色社会主义道路的认同）意识，旨在筑牢维护民族团结、维护祖国统一的思想防线。2012年3月30日，西藏自治区第九届人民代表大会常务委员会第二十七次会议批准《拉萨市民族团结进步条例》，由拉萨市人民代表大会常务委员会公布施行。理论研究和实践并重，借助文艺创作和推广，以民族团结教育基地建设为载体和抓手，增进相互了解、互帮互助，实现民族团结手牵手、共同发展心连心。继1991年西藏自治区将9月设为“民族团结月”之后，2012年9月17日拉萨设立“民族团结进步节”。在地方教材专项活动中，教研所负责编写德育、民族团结、初高中民族团结教育读本。城关区以“民族团结月”“民族团结进步节”为载体，不断加强民族团结宣传教育，大力开展“共吃民族团结饭”“民族团结结对”等活动，进一步打牢了民族团结基础。在新疆接连发生严重暴恐事件后，针对新疆籍人员住店难、租房难的问题，城关区公安局、辖区派出所和村（社区）等基层部门立即组织召开旅店业业主和出租房屋业主的动员大会，教育引导他们凡是证照齐全的新疆籍人员一律无条件接纳入驻、给予房屋租住，不准区别对待，同时要按规定及时向公安部门进行申报。用实际行动表达对他们的一视同仁和平等对待，真正做到态度上热情、工作上主动。①

老西藏精神是在以十八军为主力的四路进藏部队在和平解放西藏过程中孕育的，驻藏部队、进藏干部职工和当地干部以及群众在西藏和平解放、民主改革、社会主义革命和建设中发展起来的，并在改革开放实践中得到升华——特别能吃苦，特别能战斗，特别能忍耐，特别能团结，特别能奉献。这种精神也在进藏、援藏干部和当地干部群众的身体力行当中发扬光大。

拉萨市思想教育工作不断创新，覆盖了更广泛的群众。群众性精神文明创建活动评出全国、全区、市级别的星级户，星级评比标准从思想教育到生活方式，涉及思想道德、文明举止、家庭关系等方方面面。网格化管理中的格长同时负责精神文明，充当道德宣传员。驻村工作队带头创建文明村镇、户，推动环境卫生整洁，重要时间节点组织相应活动，将八看、一算账、“3・28”等教育活动结合起来。在“3・28”的百万农奴解放日会组织群众、网络自愿者在网上开展文明传播，对事情的正面引导评论。在七一、十一、六一等节点，重点针对未成年人开展红心向党、向国旗敬礼等活动，加强思想道德、祖国认同感的教育。另一方面则是精神文明建设的服务对象进寺院，拉萨开展的藏传佛教寺庙“9+5”活动中，“有领袖像”“有国旗”等目的都在于要达到国家、民族的认同，而清楚认识“惠从何来、惠在何处”则无疑是思想基础。新旧西藏对比教育、揭批、感党恩等活动开展多年，取得实效，坚定了群众跟党走的信心和决心。

文明素质的提高必须与跨越式发展同步。城市中工作重点在于向市民普及礼仪知识，包括文明交通、旅游，日常生活人际交往的基本礼仪等。2014 年制定出台并印发《拉萨市农村精神文明建设工作实施意见》，对于加强乡村基础设施、文化活动场所的建造和改造等提出了指导意见，细致到改厕、通路通电话、学雷锋自愿活动、门前屋后卫生、邻里纠纷调处等

① 参见拉萨市城关区提供的调研资料《城关区经济社会发展情况汇报》，2014 年 8 月。

等细节。

拉萨思想教育工作的另一个重点着眼于观念的转变，旨在以文化建设为经济建设铺垫良好的用工环境。进城务工人员的教育在城市化过程中很有意义。为进城务工农牧民举办的培训讲解交通规则、基本礼仪，告诉他们不能闯红灯、要进厕所等，并与藏族文化礼仪结合起来。文明委成员单位人社厅也提到城市生活培训，每年的工作安排有一些重点，齐抓共管。妇联则要关怀留守儿童、亲情陪护。2005 年以来，拉萨市人力资源和社会保障局及县（区）人社局开展引导性培训，旨在帮助广大农牧民进一步了解现行优惠政策，增强法律意识，基本掌握城市生活常识、择业技巧和寻求就业岗位等方面的知识，增强了农牧民进城就业的自信心。[①] 当地老百姓生活习惯相对随意，家里亲戚走动或者要过林卡都会请假，有点事几个人就合伙不上班，致使内地企业用工很头疼。因此，每次办培训班时除了培训专业技能、讲解相关法律法规，还要进行职业道德教育。拉萨农牧民在家通常 11 点起床，不吃早饭，生产承包后除非农田灌溉有明确时间限制，其余也是自由时间，所以守时等职业道德的养成需要一个过程，一两次培训未见得能达到标准。大体上说，如果没经过义务教育阶段，往往就缺乏时间、纪律等观念，需要引导。在工种选择上，藏族务工人员多喜欢施工企业，可以边干活边唱歌、喝茶；或者愿意从事开车的工作，觉得无拘无束。一方面，需要培训务工人员加强自律、尊重合同的法律意识；另一方面，在企业文化的打造上也可以酌情考虑风土民情，例如专人烧甜茶等，顺应当地的生活习惯。

扶贫人口的劳动意愿也屡屡被提到。老百姓有求发展的愿望，但由于宗教文化的影响，拉萨民众拥有较高的满足感、幸福感，没有太多欲望：今年地里青稞收成好，有酥油茶喝，没有生活压力，就没必要外出务工，工厂就不去了。当前民众的心态——有了房子住，满足基本需求，孩子能上学、家人能看病、养老有保障就可以了——与内地比较，尚无明确的财富积累、扩大再生产的观念。过去是外来的菜农在务农、种植大棚；现在观念慢慢改变，本地老百姓开始从事温室种植业，开始出来务工。从政府部门基层干部的实践经验来看，拉萨民众发展愿望还是比较强烈的，只是找不到好的出路。尽管如此，他们骨子里善良，不会为了增收而不择手

① 此据 2014 年 8 月 12 日拉萨市人力资源和社会保障局介绍的工作概况。

段。因此，需要辩证地对待民众的满足感、幸福感。拉萨人就算就业时在外面打拼，很大一部分人还是要回来，本地藏族、汉族都不愿意出去工作，首选在家周边、哪怕是西藏地区其他地方；第二选择才是到西藏以外的地区工作。最终随着父母年龄增长，独子都要回来工作。他们的社会压力、人际关系压力小，特别看重亲情，老人需要照顾就必须留在家里而不外出务工，各方面的社会责任感和孝道值得提倡，这是一个民族传统文化需要珍视的东西。

拉萨的宣传工作卓有成效。除了全方位覆盖的大力度，身边典型人物的树立，双语宣讲等方面的工作而外，在传播渠道的选择上也注意根据不同地区和人群而进行多样化处理。例如在宣讲新农保、城镇居民社会养老保险时，各级新闻媒体大力投入、宣传报道：尼木县利用县电视台在晚20：30进行新农保政策的宣传，墨竹工卡利用乡（镇）、村（组）的高音喇叭在早中晚进行新农保政策的宣传，达孜县把新农保政策在广电局刻录成藏汉双语光盘发放到各村对农牧民群众播放。曲水县茶巴拉乡党委副书记达瓦次仁利用工作之外的时间，把新农保政策编写成手机短信发送给乡干部和村干部，使乡新农保参保率从32%提高到98%。[①] 有关部门认识到，争取人心的工作不能只靠灌输性的宣讲，教育群众需与群众自我教育结合起来，组织民间艺术团、农牧民宣讲队自行开展文化活动，“八看”[②]“一算账”[③]“一揭批”[④]“四增强”[⑤] 与感党恩、群众路线教育等活动紧密结合，强调新旧对比。民生工程、公共文化服务体系建设、文化惠民、社区文化室文化活动都很充分，内容丰富，形式多样，最终打牢反分裂斗争的思想基础和文化基础。

宣传讲究润物无声。藏族传统思想观念建立在佛教文化的基础之上，

---

① 此据2014年8月12日从拉萨市人力资源和社会保障局获得的材料。

② 一看“衣”的变化；二看“食”的变化；三看“住”的变化；四看“行”的变化；五看“文”的变化；六看“教”的变化；七看“医”的变化；八看“位”（政治地位、人格尊严）的变化。

③ 引导群众切实算好西藏民主改革前和现在人民群众在政治、经济、文化、生活等方面的对比账，通过对比找出真相，让群众深刻体会到今天的幸福生活来之不易，必须倍加珍惜。

④ 通过认识“3·14”打砸抢烧严重暴力犯罪事件的事实，深入揭批达赖集团祸藏乱教、制造动乱、分裂祖国的阴谋罪行及其政治上的反动性、宗教上的虚伪性、手法上的欺骗性，让各族群众真正懂得“团结稳定是福、分裂动乱是祸”的道理，牢固树立“三个离不开”思想，不断夯实反对分裂、维护稳定的群众基础。

⑤ 使群众进一步增强党的意识、国家意识、民族团结意识以及法制意识。

鉴于地方和民族的特殊情况，怎样与宗教倡导的东西相结合，使地方群众更易理解接受，仍在不断探索改进中。2012年开始全面推广的“道德讲堂”也存在困惑，即中华传统文化道德宣讲如何在民族地区准确找到合适的切入点。例如每年开展的节日主题活动包括春节、藏历新年、元宵、清明、端午、重阳等，从饺子、粽子、月饼入手谈习俗，而有些内容在藏族等民族当中不易得到共鸣。同样，由于民族地区语言不同，有些用汉语等语种写就的中华经典难以翻译成当地民众的通用语言，只能找浅显易懂的民间谚语来做教育。用藏语来讲读《萨迦格言》（Saskya-legsbshad，13世纪藏族大智者萨迦班智达撰写的充满哲理智慧的格言诗集）效果就很好。类似具有合理内核、可供挖掘思想价值的藏族传统经典还有不少，在藏传佛教中存在很多规范人之心性、举止的东西。拉萨各县区曾做过调研，探索寺庙精神文明建设工作，提出很多建设性的意见。

文明建设、道德宣讲可与民族传统思想观念教育相结合，集民族、社会力量使养成养正教育效果最大化。之前城市已经比较完善，目前还需要全面探索适合广大农村以及寺庙等特定环境思想品德建设的理想形式。中央文明办对道德讲堂流程的要求是“六个一”，① 拉萨在此基础上丰富了若干环节，弘扬正气，传播正能量。在核心价值观、中国梦、孝道、行善积德等精神文明建设相关宣传上，开展了公益广告征集活动，通过在贡嘎机场、大昭寺广场周边树立公益广告来宣传主题的做法，充分利用LED、建筑工地围挡、广播电视报纸等各种媒体媒介。实践者总结认为，各种宣传活动在落实过程中要分类，因材施教。西藏和内地有差距，在观念上抑或在习惯上，教育效果不应等量齐观。目前有些基础的东西还达不到，就以洗手、洗脸这样内地认为基本的生活卫生习惯为例，对城市居民和农牧民而言不应使用相同的指标。即便有些观念或宣传形式对拉萨民众来说并无冲突，但是理解既定、统一的宣传语汇和画面会有文化障碍。

（五）启示与建议

拉萨以文化为兴市战略，充分体现了认识上的提高，期待其实施效果，希望可与其他边疆民族地区互为借鉴。

---

① 即唱一首歌、诵一段经典、看一部短片、讲一个故事、谈一番感悟、献一份爱心。

在文化体育方面，拉萨2011—2014年历年得分在我国38个主要城市满意度排行榜上分别排名第二（81.47分，仅次于北京）、第二（72.67分，仅次于南京）、第一（67.72分）、第一（65.41分），非常靠前。①

表明拉萨文化事业的相关公共服务及其产品比较好地满足了拉萨各族民众的精神文化需要，这与拉萨各级政府的财政投入、公众服务能力建设以及拉萨目前的人口规模相对适当都有直接关系。2011年拉萨市各项基本公共服务力指标中，文化体育的满意度最高；然而，文化体育的满意度一直呈现下降趋势。

老年人热衷藏戏，但从现代学校教育中成长起来的孩子热衷看卡通和动漫。传统文化保护传承与多文化并存的局面必然会给社会带来冲击。拉萨正处于城市化、现代化的进程当中，政府主导的城镇化、援藏与外地农牧民自主来此定居、旅游与经商务工人员的增多等，都直接导致居民成分的复杂化。一方面，“公共文化服务供给主体的单一性一方面导致了公共文化服务产品、内容、形式上的单一”；② 另一方面，流动人口带来文化多样性，也会对文化生产和消费两极带来影响。以城关区为代表，流动人口多，新建小区多，出租房屋多——如何在这种情况下发展文化产业，提

① 见中国社会科学院马克思主义研究院经济与社会建设研究室与华图政信公共管理研究院共同发布的《中国城市基本公共服务力评价》（2010—2011年）、（2011—2012年）、（2012—2013年）、2014年相关部分。该书评价指标体系的相关指标为：

一级指标	二级指标	三级指标
文化体育	财政投入	财政投入占GDP比重*
		人均财政投入*
	场馆设施	问卷（参与文化活动便利程度）
		问卷（参与体育健身活动便利程度）
		问卷（参与体育健身活动满足程度）
	社区文体活动	每十万人口社区服务中心单位数（无工商）*
		每十万人口社区服务中心职工数*
		活动项目数*
		活动人次数*
	满意度	问卷（整体满意度）

注：*表示该指标为客观指标。

其中主观评价指标体系相关指标设定为（以2012年为例）：

一级指标	二级指标	三级指标
文化体育	体育建设	您的住所离最近的公共体育场馆或设施大概有多远？
		您周边的健身场所或设施是否能满足您或家人的日常健身需求？
	文化建设	您的住所离最近的文化活动场馆或设施大概有多远？

② 周鸿雁：《2013年中国公共文化服务发展报告》，载《中国文化发展报告》（2014），社会科学文献出版社2015年版，第26页。

供文化服务，可以作为试点展开调研与尝试。可以预见，伴随区内外外来人口的持续增加、公众对文化需求的多样化，精神文化需求在不断提高。为适应这种趋势，除了人口规划、城市规划的宏观调控，应致力于提高公众参与度，提高服务的精准度。

从硬件设施建设上看，美术馆等的缺乏有待填补。博物馆、图书馆等传统文化设施不是单纯地等待借阅参观，应建设为乡土教材、民族文化教育的重要阵地。通过举办讲座、学习班，进而利用多媒体手段，在社会上主动扩散影响。其积累的影音等多媒体材料将来可能作为牧区的远程教学和教学资源建设，对文化普及起到积极作用。

二　文化产业与现代化建设

内地很多城市发展过程中出现同质化，已经引起广泛反思。拉萨的现代化发展进程应引以为鉴，方不至于重蹈覆辙。目前的共识是不能走大投入、大产出、高能耗、高污染的重化产业化道路，应反其道而行之，侧重轻化产业化。拉萨具有深厚的文化积淀，在文化产业发展浪潮中呈现出鲜明而独特的自我面貌。特殊的历史背景、地理环境所孕育的特殊民族文化至关重要，成为发展文化产业的丰富资源，颇具潜力。老城区保护条例等的制定推出，旨在把拉萨打造为藏医药、唐卡、民族歌舞、民俗手工艺中心以及藏学研究的重镇，有望赢得突破性发展，从而在全国占一席之地。目前开展了发掘工作，但在弘扬传统、壮大文化产业方面仍有很多工作亟待开展，包括制定发展规划、产业发展措施，寻找政策支撑、资金支撑，以重点精品项目带动整个产业的繁荣。

拉萨位于藏羌彝文化走廊的核心区，力图打造知名品牌，促成文化和旅游、金融结合，实现产业发展的布局。2009 年，自治区将八家企业公布为首批文化产业示范基地，拉萨有五家单位名列其中，包括：拉萨岗地经贸有限公司、拉萨娘热乡民俗风情园、雅鲁藏布大酒店岗日民俗艺术馆、拉萨市城关区古艺建筑美术公司与拉萨市新华书店。它们具有自主创新和市场开拓能力，在文化产业方面做出显著成绩，在本行业中具有典型和示范意义。

岗地公司成立于 2001 年，坐落于堆龙德庆县乃琼镇，是一家集民族手工艺品生产、宗教文化旅游用品、特色文化旅游服务、民间艺术技能培训、餐饮娱乐、歌舞表演、商品流通为一体的综合性企业，2008 年 9 月

17 日被文化部命名为“国家文化产业示范基地”。[①] 下辖拉姆拉绰唐卡艺苑、西藏吞柏古藏香有限公司、西藏唐古拉风演艺中心等，生产制作的藏香和唐卡是目前市场认可度最高、销量最好的两种西藏文化产品。藏香生产仍采用传统手工工艺，沿用白檀木、冰片、丁香等香料，由藏香发源地——尼木县吞柏乡的工匠们手工用犀牛角，将和好的香料从犀牛角尖的小孔挤出，然后阴干包装。整个生产过程可供游客参观。

娘热乡民俗风情园是拉萨北郊的文化旅游景点，挖掘西藏农牧民独特的民风民俗作为资源而建造起来的，在 2004 年被国家旅游局评为“国家 AAA 旅游景点”和首批“全国农业旅游示范景点”，这在西藏还是第一家，具有独特的旅游内涵，形成了一定的旅游规模。

雅鲁藏布大酒店被视为中国首家藏文化主题博物馆式酒店，属下西藏岗日民俗艺术馆集文化、民俗和艺术品收藏、展示、传播、交流和销售为一体。

古艺建筑公司成立于 1980 年 3 月，初从事古建筑修复和维修，1989—1994 年公司承接并出色完成了世界历史文化遗产布达拉宫第一期维修工程，赢得良好口碑与业内信任，此后一直从事自治区内外古建筑的维修和修复工程、拉萨老城区的危房改造工程，2003—2005 年承接了西藏三大重点文物（布达拉宫、罗布林卡、萨迦寺）维修保护工程，此外在日喀则扎什伦布寺强巴佛殿、夏鲁寺，拉萨三大寺（哲蚌寺、色拉寺、甘丹寺）、大昭寺、小昭寺，山南桑耶寺，阿里托林寺等众多名胜古迹的维修和修复工程中也有出色表现，现已发展成为具有国家园林古建筑一级、古建筑文物维修二级、建筑二级资质等级的工程企业，业务范围广泛，涉及藏族美术与工艺美术的大部分领域，民族手工技术产品多达 300 种，包括藏式建筑与古建筑维修、现代藏式室内装修；金银铜雕、木雕、泥塑；唐卡绘画、矿植物颜料制作；编织、剪裁缝，等等。并设置古艺建筑研究所、业绩图片展览厅、工艺美术大师作品展示厅。2010 年 11 月 23 日拉萨市城关区古艺建筑美术有限公司等被命名为国家文化产业示范基地。[②] 目前是西藏唯一的古建筑维修及民族手工艺企业，作为龙头企业具有多方面的意义。现有国家级工艺美术大师一名，2007 年铜匠组传统工艺列入西藏自治区非物质文化遗产“雪堆白金属加工”保护名录，

① 中乐在线：《文化部关于命名第三批国家文化产业示范基地的决定》，2011 年 4 月 25 日。

② 文化部于 2010 年 11 月 23 日命名，共 70 家，命名文件为《文化部关于命名第四批国家文化产业示范基地的决定》。

2009年泥塑面具制作、木雕技艺、藏族矿植物颜料制作技艺等三项列入第三批西藏自治区非物质文化遗产保护名录。2007年，研究所编撰出版《西藏藏式建筑总览》,[①] 对藏式建筑历史沿革与特色、建筑分类、结构建造、工匠与材料、装饰工艺、现代藏式建筑装饰做了相当全面的介绍。

（一）文化旅游业

拉萨一直是西藏的政治宗教文化中心之一，历史悠久而辉煌。拉萨在藏传佛教金字塔式结构中居于核心地位，是藏传佛教文化保留最为完整的中心城市。拉萨是国务院首批公布的24座历史文化名城之一，近年来前往拉萨旅游的游客以每年25%的比例迅猛增长，达到近800万人次。

1984年3月，中央提出“西藏对外开放的一个重要内容是逐步发展旅游业”，1997年拉萨市人民政府制定《拉萨旅游发展五年规划》《拉萨旅游发展十年规划》，2000年8月18日印发《拉萨市旅游业发展“十五”计划和长远规划纲要》，将旅游业定位为拉萨主要支柱产业之一。[②] 2000年，拉萨市被国家旅游局评为“中国优秀旅游城市”。21世纪初拉萨旅游的突破发生在青藏铁路的开通：2001年2月8日宣布修建格尔木南山口至拉萨段，6月29日开工；2005年10月12日全线贯通；2006年7月1日通车，格尔木↔拉萨对开列车；同年10月初，上海↔拉萨、广州↔拉萨列车分别开始运行。2005年中央电视台春节联欢晚会上，《天路》经著名藏族歌手韩红演唱后即家喻户晓，广受听众喜爱，真实反映了拉萨交通状态的巨大跨越，也推动了拉萨旅游热潮的升温。然而，2008年“3·14”严重暴力事件重创了拉萨旅游业，直到反分裂斗争、局势稳定之后，旅游产业发展才重新成为拉萨的话题。

城关区旅游局表示，他们的职责在于监督管理、行业指导，定期组织开展从业企业到内地学习展销。近年旅游收入增幅维持在15%—25%范围内，而游客人数增幅超过25%，总的来看人均消费在降低。因此必须提倡理性消费，现在也出现了旅行社恶性竞争压价的情形，挂靠旅行社接团的比较多。城关区旅游旺季太旺、淡季太淡，每年12月至翌年5月宾馆

① 阿旺罗丹、次多、普次主编，西藏拉萨古艺建筑美术研究所编著：《西藏藏式建筑总览》，四川美术出版社2007年版。

② 《拉萨市地方志》编委会：《拉萨市志》（上册），中国藏学出版社2007年版，第676页。

处于歇业状态。很多内地相关企业和部门不了解高原，城关区的行政部门积极参加各地组织的旅游推介会展览会，消除误区，慢慢使旅游旺季得以延长。拉萨力图跻身世界旅游集散中心行列，重点放在特色化，提升服务，针对本地市民推出周边（如桃花沟等）一日游，与净土产业相结合，提高周边距离的旅游收入。而朝佛人员接待、国内外游客接待方面，对不同群体提供不同的服务和配套设施。提出“好客藏家邀您过藏历新年”、四季城关节庆游，报名人数和参与相当踊跃。

拉萨的自然景观不多，最大优势就是文化。过去到拉萨，“白天看庙、晚上睡觉”，现在晚上则可以观看大型实景剧《文成公主》。围绕文成公主准备出版书籍和光盘，目前继续搜集传说故事，将传说特别多的地点达孜—当雄—尼木……连缀成线路。旅游最忌讳走回头路，所以尝试设计环线，目前理论上可以设计出来，只是尚达不到旅游标准；例如到林周热振寺的路简直能把人抖散架，“十三五”要打通前往林周的路。在举世闻名的纳木错景区，由于海拔高（湖面海拔 4718 米，高于拉萨市区平均海拔约 3650 米）、气候条件变化剧烈，宾馆条件相对较差，很多游客觉得担心或者不便，目前绝大多数人都选择一日游，但其实湖边夜景非常美。景区的未来长远规划当中，设计有藏家小镇，周边藏族风情的不同地域特点都在这里集中呈现出来，服务区在文化体验和舒适度方面包括在自然风光的全天候欣赏方面，尤其是环线成型后将会有大幅度提升，对旅游深度更有帮助。通过时间拉长、体验加深，改善游客在纳木错的感受，即从悦目到动心。旅游服务设施逐渐完备，观景平台、停车场、游客服务中心等仍依赖政府投资。当前的重点是文化与旅游怎样紧密结合在一起，不是单独强调文化元素。

2006 年年底，全国人大常委会副委员长热地和全国政协副主席、中央统战部部长刘延东在北京交流讨论西藏的文化产业发展，指示西藏自治区要立足区内、面向国外，努力打造精品文艺节目，推动西藏文化产业快速发展，走出高原，走向世界。自治区领导张庆黎、列确和向巴平措对贯彻落实批示精神提出了明确要求，崔玉英、尼玛次仁等组成打造精品节目领导小组研究部署工作。由来自区内外的投资商、制作人和一批国内一流的艺术家组成阵容强大的创作群体，西藏各地区的“山歌王”“情歌王”“踢踏舞王”“六弦琴王”“热巴舞王”“鼓王”也被邀请到拉萨，共同创作了大型西藏原生态歌舞诗《幸福在路上》。2007 年 8 月 31 日，大投入、大制作的大型旅游文化常态演艺项目——大型西藏歌舞音画史诗《喜马拉雅》在拉萨民族艺术宫首演。这些创作活动旨在让西藏广大群众和国内外游客在最短时间内欣赏到富有西藏特色和时代气息的精品文艺节目，是拉萨乃至自治区开拓旅游演出市场、打造文化产业品牌的努力尝试。

拉萨的文化旅游业当前最引人关注的进展，当属大型实景剧《文成公主》的打造。过去很多西藏的高僧大德、历史人物都曾为祖国统一、民族融合、文化交流做出了至关重要的卓越贡献。这方面，深入藏族人心，并已取得明显成效的是唐代的文成公主。例如 2013 年 6 月 29—30 日，中共拉萨市委员会、拉萨市人民政府主办，中共拉萨市委宣传部、西藏青年报社承办的“首届文成公主主题论坛”在拉萨召开，共有 120 余位来自社会各界的专家参与研讨、交流。以文成公主入藏事件为线索，从点到面揭示出历史上藏汉民族的友好情谊、文化科技交流以及经贸往来。《文成公主》的上演不但成为旅游的新热点，而且也推动了吐蕃赞普松赞干布与文成公主所缔结的汉藏亲密关系进一步深入人心。在民间，青海、四川和西藏很多地方都流传着有关文成公主入藏的遗迹或传说，都具有可以深入挖掘的文化内涵与现实意义。

《文成公主》剧目涉及的大手笔包括西藏文化旅游创意产业园的建设与布拉达文化旅游公司的成立。拉萨布达拉旅游文化集团有限公司为拉萨市人民政府直属的国有独资公司，于 2012 年 2 月注册成立，注册资本金 1 亿元。公司成立的初衷是国资委成立一个国有主导文化产业的公司把握整个文化旅游。西藏离不开文化和旅游，特别是文化，但旅游离不开文化，后者是灵魂，要从产业化角度做大做强。公司旗下拥有纳木错景区保护开发有限公司、雪域明珠国际旅行社有限公司、布达拉文化传媒有限公司、布达拉古城古院保护利用有限公司和美布达拉文化创意产业发展有限公司等子公司，成为拉萨演艺界名副其实的龙头老大，也是国有旅行社中仅存的硕果。公司着重整合开发拉萨七县一区的旅游文化资源，力图将拉萨的旅游文化资源优势转化为经济优势。西藏的旅游文化尚未做大做强，要让老百姓吃上旅游文化饭，公司作为国有独资企业争取成为主导，让市场规范起来。深度开发文化产品的工作分两大块，一块是文化，另一块是旅游。

产业园区具有产业设施高度密集、配套平衡的特点，文化产业园区则集中文化、娱乐设施，结合文化生产和消费，提供艺术家的就业与居住，推动艺术创作于社区发展，产生孵化效应和整体辐射力。以文化吸引企业入驻，以景点凝聚游人集中、以文化旅游整体发展促进地块增值，2011年11月，在自治区第八次党代会上通过《中共西藏自治区委员会西藏自治区人民政府关于推动文化大发展大繁荣的决定》。以此为契机，拉萨市委、市政府创造性地做出了建设中国西藏文化旅游创意园区的重大决定，以传承弘扬藏民族特色文化，充分发挥首府城市首位度作用，建设团结、民主、富裕、文明、和谐的新拉萨。园区选址拉萨市城关区蔡公堂乡次角林（Tshe mchog gling，一作“策角林”“慈觉林”等）沟，地处拉萨市东南角，北与拉萨市区隔河相望，西临柳梧新区，东至拉萨大桥，南与山南贡嘎县接壤，规划可利用土地面积8.11平方公里，概算总投资逾300亿元，建设周期3—5年。园区以文化吸引企业入驻、以景点凝聚游人集中，以文化旅游为主导产业，集民俗文化展示、民族手工艺品产销、演艺娱乐、酒店休闲、商贸观光、生活服务、文化创意于一体。[①] 园区内已规划建设了《文成公主》剧目、雪顿古镇（恒丰祥集团投资开发，藏族民俗文化旅游区，2014年7月2日开工奠基）、西藏出版文化产业园文化坛城（自治区新闻出版局主办，西藏天力公司承办，2014年7月27日开工）等项目。其中，《文成公主》堪称龙头项目，已见成效。

2011年12月，拉萨市委、市政府提出打造大型史诗剧《藏传·文成公主》项目。2012年10月11日剧场版在国家大剧院首演。实景版于2013年8月首演；2014年的演出季为4月20日至10月31日，共演出175场，4000座位上座率（含赠票）可达到50%，接待观众30余万人次，收入达1.1亿元。文成公主入藏、唐蕃和亲的故事流传度非常高，意义重大深远，可以从政治、经济、民族、宗教、文化等多方面进行深入解读。此剧深入挖掘了历史文献及民间口头传说，将各地流传的文成公主的感人故事连缀为珠璧，生动展现了文成公主克服漫漫旅途中的种种艰难险阻与曲折心路历程，进藏与松赞干布联姻，带来唐土的文化，带来唐蕃之间的安宁，促进藏汉经济社会发展和民族文化相互交流的美好故事。此剧安排了剧场版、实景版两种呈现形式，其中实景版以星空为天幕，自然山水、布达拉宫等为背景，综合运用多种艺术形式，以高科技手段呈现卓（腰鼓舞）、果卓（圆圈歌舞）、打阿嘎、牛皮船、藏戏等非物质文化遗产，把戏剧、音乐、舞蹈和现代舞美手段熔为一炉，构成华美乐章。

---

① 参见拉萨市提供的调研资料《拉萨布达拉旅游文化集团有限公司运行情况介绍》，2014年8月。

次角林沟次角林村有居民289户1027人，相传《文成公主》剧组进藏后，随行人员就曾聚居于此。除三名文成公主演员来自内地而外，实景剧演出团队招募的逾700名演员乃至保安、保洁、导游、服务人员都是当地藏族，既有村民，也有来自拉萨其他地方、山南直到那曲的农牧民。征地补偿16万元/亩，表演中用到马、牦牛也都是村民所养。山劈开，修舞台。工程建设时老百姓包运输，家家户户两三台车，每户10万元收入是没问题的。2013年招募演员时全村发动，培训、排练三个月。11月停演到2014年春重新排戏。演员平均工资3000元/月、包吃住，民间艺术团从几个渠道获取资金，演员报酬才1200元/月。非演出季（主要是作为旅游淡季的冬季，11月至翌年4月）回家，补助是600—800元。尽管对年轻人的吸引力还不够、不愿意待，但总的来看，它在产业转型方面作用很大，"吃《文成公主》这个旅游饭的人太多了"。

《文成公主》的多方面价值也要通过旅游平台来实现。将文化元素开发出来并与旅游结合，从而更好地实现良性循环。《文成公主》集建筑、歌唱、非遗、神话、传说等多元素之大成，足以延伸到文化产品。游客会特别想知道，艺术中出现的东西、在生活中是怎样的面貌？在打造剧目之后，布达拉旅游文化集团有限公司二期的工作在次角林打造藏文化产业园区、艺术家村落，以前店后厂的形式布局非遗展示体验中心、藏家院体验中心，囊括餐饮、酒吧、藏香文化、非遗展示、博物馆等单元，将全西藏各地区的文化汇集其中。和文成公主直接关联的吐蕃赞普松赞干布出生在墨竹工卡县甲玛乡，此地具有浓厚的历史背景，展示了西藏历史的曲折变迁，也在旅游规划开发中。①

拉萨的文化产业要走向大发展、大繁荣，文化企业要做大、做强，目前仍存在多种条件制约，很多方面仍存缺陷。例如市场培育不可能一蹴而就；虽然已有1000多家文化相关企业，但罕见资产上亿元者。有一些做法具有可行性，例如北京的企业在拉萨开设分公司。《文成公主》实景剧为大手笔，由市政府主导，中国山水实景剧的创始者、已创作10台剧目的北京山水盛典文化产业有限公司打造，成都域上和美集团、拉萨市布达拉文旅集团斥巨资，可以观察到它人员众多，场面宏阔，效果震撼，宣传效果很好。尽管从各地运作的实践来看实景剧很难有收益，但《文成公

① 根据2014年8月10日与布达拉旅游文化集团有限公司的座谈。

主》实现了社会效益、经济效益，包括本地群众都想方设法去看。另外，从观众普遍反馈来看，《文成公主》仍有微瑕有待改进，如剧本情节尚显单薄，有关西藏当时的宗教和社会发展状况等细节有违历史真实；另外，它导致有些小的项目在竞争中惨淡，最终关门，包括上文提及的《幸福在路上》专场文艺演出（门票100元）和《喜马拉雅》。[1]

（二）唐卡产业

历史上由于拉萨是达赖喇嘛及其噶厦政府的所在地，也成为唐卡、壁画、造像、雕版印刷等门类的艺术中心，各大艺术流派都有重要匠师活跃于此。在根植于藏地传统的文化产业方面，近年来唐卡产业的发展势头值得关注，虽然产业规模还不大，但已获得了市场的认可，它代表了社会化的探索、尝试和未来的方向。唐卡的主要形式是在棉布上用矿物质颜料以工笔设色技法勾勒宗教人物、建筑、风景形象，通常表现宗教题材或者具有宗教内涵的吉祥题材，是西藏最具特色的艺术品门类之一。唐卡文物通过展览、拍卖等形式已经广为人知，文化意蕴、审美价值和经济效益均已呈现。唐卡画面富于装饰性，具有超越宗教内涵的审美趣味；装裱类似内地传统的卷轴画，便于携带运输，张挂方式可以与当代居室设计相协调……都是当代新唐卡作为文化产品打开销路的先天优势条件。而"新"则体现在审美、题材和创作方式的现代化，全面继承唐卡传统的各种元素并加以选择和重组以及商业维度的植入。精美的画册或其他印刷材料，充分的细节展示，传统藏族工巧明著作的整理出版，通过手机和互联网易于获得的传承知识和展览讯息，逐渐发达起来的交通条件，考古发现成果和公私、僧俗藏品的公开……"在互联网和资料库里，年轻人能见到很久远的文物级唐卡，也能见到偏远寺院的壁画照片，这是老一辈画师们在成长阶段无法接触到的。……在以前闭塞时代没法学习借鉴的优秀画作，在交通便利、网络发达的当下能很方便地观赏到"，这使中青年画师拥有突飞猛进的契机。[2]

西藏绘画有多种流派，勉唐（sman thang）、钦则（mkhyen rtse）、噶玛噶智（karma gar bris）、勉萨（smangsar，新勉唐）等画派最著。拉萨作为原格鲁派的核心地区，勉唐和勉萨画派最为集中。但是现在各地、各种流派的画师都渐渐会聚拉萨，体现出市场规律。拉萨唐卡从非物质文化遗产传承角度

---

① 此据2014年8月8日拉萨市文化局调研。

② 魏圣曜、索朗德吉：《西藏唐卡进入最好传承时期》，《人民日报·海外版》2015年4月6日。

看，既有西藏大学艺术学院等具有现代学院派传承特点的教育机构，也有密集的画院，包括传统的师徒传承的作坊和现代管理方式的唐卡画院。从文化产业发展角度看，目前各种画院蓬勃发展，是值得关注的主体。

丹巴绕旦的祖父和父亲曾为第十三世达赖和当时的西藏政府效力，15岁起进入色拉大乘学院学习因明、绘画理论和度量经，家学、传统的正规系统理论修习加上个人的勤奋钻研，最终成就他本人的创作和突破。他担任藏大教授（四川大学特聘教授），同时也是唐卡勉唐派国家级非物质文化遗产代表性传承人，还开办了自己的唐卡艺术绘画学校，获得众多的荣誉，包括在2014年8月28日在第四届西藏唐卡艺术博览会上获得西藏自治区文化厅授予终身唐卡艺术家“唐卡艺术大师”称号。西藏唐卡画院是在2000年创建的原堆觉白吉藏族传统美术室的基础上，于2012年1月6日在拉萨正式成立的，2013年作为西藏唐卡艺术传习基地揭牌，成为国家级非物质文化遗产项目“藏族唐卡勉萨派”的保护单位。

上文曾提及的拉姆拉绰唐卡画院（bod ljongs lha mo bla mtsho thang ga sgyu rtsal gling）创立于1998年。2012年，岗地集团董事长、画院院长年叙·多吉顿珠主创的《五方度母》唐卡以168万元被藏家拍走，创造了国内新创作唐卡的拍卖纪录；2013年其作品再拍出逾210万元。2014年9月，多吉顿珠近年来创作的60余幅唐卡在国家博物馆展出。多年来他致力于推动唐卡产业化，并革新传统唐卡创作理念，将唐卡的宗教功能和艺术审美功能从题材、风格上加以区分，尝试在理论方面创新，提出“多派唐卡”的概念：既保留了对民族传统价值观的尊重，又满足了市场需要和利益诉求，同时在题材与审美方面放开了传统唐卡画师在量度、仪轨方面的重重限制，提高审美创造的自由度，从而拓展了艺术空间。[①] 多吉顿珠创办的多派融会后弘初期卫藏画风、噶玛噶智画派，既与创造者多吉顿珠的名字有关，也暗指此画派的开放态度，主张风格多元、技法多元、题材多元。相对而言，西藏画派形成的历史过程中，噶玛噶智画派对内地工笔画派借鉴较多，构图舒朗，晕染精妙，设色含蓄，人物造型端庄，意境深远，最易为内地接受、欣赏。多派绘画近年来开拓的新绘画主题中，自在观音、笑佛（布袋弥勒）等都是内地最流行的题材，可见多派唐卡在开拓市场方面的用心。

---

① 周范才：《唐卡产业化：热潮不止搅动拉萨》，《瞭望东方周刊》2014年第47期。

除了《文成公主》而外，文化旅游创意园区也主推唐卡产业发展，专门建设创作基地与唐卡画廊。2014 年 3 月，岗地集团投资的“吞米岭·藏艺文博园”在拉萨达孜县破土动工。此项目以推广西藏传统文化、助推特色文化产业发展为目的，规划 2000 亩，总投资 12 亿元，计划分三期建设，其中一期规划的核心是唐卡艺术中心。该中心将由唐卡博物馆、唐卡交易中心、唐卡研究中心组成，未来园区二期、三期还将规划兴建唐卡艺术学校等。[①] 2014 年 9 月 25 日，“首届唐卡艺术节”在八廓街夏扎大院开幕。以唐卡为代表的西藏特色民族文化资源大有挖掘的空间，如何在注入产业观念的同时防止金钱笼罩下文化的异化，也是应该同步思考的。

（三）小型文化产业

拉萨的手工业多有鲜明的民族文化色彩，如卡垫、挂毯、地毯、藏式家具、民族服装、藏被和金银器、宗教用品、工艺美术等。这些产品多是实用工艺品而非文化娱乐消费品；但在拉萨旅游业发展现状中，除了需要解决旅游业态比较单一（直观地说就是游客“晚上去哪里”的问题）而外，也需要解决游客“买什么”的问题。事实上，旅游纪念品市场上，拉萨的自身产品并不占据优势；有一些饰物等实际上是内地生产的，对本地文化产业可能造成冲击。为加快民族手工业发展，传统手工作坊需演变成为现代小型文化产业，争取将其产品打造为“买什么”问题的备选答案。

在小文化企业的培育中，相当一部分工作是利用扶贫资金、以培训的形式完成的。例如 2005 年至今，拉萨市人力资源和社会保障局采取直接委托培训或由县（区）人社局委托培训的方式指导组织开办了各种技能培训班，包括民族歌舞表演的工种，形成对纺织、藏香、藏式家具、藏装、陶器、皮具等产业的扶持。[②] 这实际上在非遗保护的专项资金而外，形成又一种维系文化技能传承的动能。

城关区 2013 年民族手工业总产值 7751 万元，2010 年 4917 万元，同比增长 57.63%，但在工业总产值中的比重从 31.93%下降到 27.20%，体现出产业结构和产业层次的调整变化。[③] 城关区原有 21 家企业中 19 家是手工业，2014 年格局变化为 15 家工业企业、12 家手工业，经济和工业、

---

① 周范才：《唐卡产业化：热潮不止搅动拉萨》，《瞭望东方周刊》2014 年第 47 期。

② 此据 2014 年 8 月 12 日拉萨市人力资源和社会保障局介绍的工作概况。

③ 根据 2014 年 8 月 9 日城关区提供的《城关区经济社会发展情况汇报》第 2 页数据并计算。

技术呈现升级的态势。城关区古艺建筑美术公司劳动力转移项目中，以发展民族手工业为主，从老城区家庭作坊形式经营的小规模，在2013年申请到国家扶贫资金并自筹资金，搬迁到白定工业园区内，建立现代化的工业生产厂房、产品展厅，同时对区内外180名学员进行了唐卡绘画、各种民用金银铜器制作的培训。包括金银铜匠、木雕木工、唐卡绘画和古建筑彩绘、泥塑和研发设计的能力，范围覆盖手工业产品、唐卡、壁画彩绘、银雕木雕佛龛、各种金银铜器、鎏金技术、寺庙装饰、阿嘎土、石刻、矿植物颜料加工等。[①] 旅游业被定位为净土健康产业，除了把拉萨突出的自然生态、民族宗教文化和民俗文化作为特色旅游业打造的重点对象，集中连片打造以民俗藏家游为主的旅游扶贫示范区和休闲农业生态旅游区。城关区夺底乡洛欧庄园扩建项目以旅游观光、休闲、娱乐、餐饮为一体的庄园改扩建为内容，将原有的两层土木结构建筑维修加固后扩建为三层，包括民族歌舞观赏和民族文化体验展示厅。[②]

在尼木县，2012年，拉萨市财政第一批扶贫开发项目就投资尼木县普松乡曲水村经板雕刻厂建设，将曲水村分散、缺乏整体规划的经板雕刻集中起来，既满足群众的需求，传承传统手工艺，也丰富了旅游资源。[③] 尼木三绝之一的藏纸制作工艺也在恢复，和雕刻绘画、经幡印制结合起来，可望形成产业。城关区开展了贫困农牧民唐卡绘制技术、泥塑、木雕培训。

达孜县民族手工艺加工点的效益比较好。主打泥塑产品，比如藏戏泥塑等。上文提到的自治区非遗基地古艺建筑美术公司在唐卡方面实力突出，金铜器、木雕、古建筑、泥塑等也都齐备。在培训、劳动力转移等方面的带动能力非常强。唐卡、墨竹工卡刺绣唐卡，世界级。尼木三绝藏香、雕刻、藏纸，投资上千万元。达孜县雪乡扎西岗民间传统手工艺合作社主要制作布塑羌姆（'cham，戴面具的宗教仪式舞蹈）面具、布塑佛像、红珊瑚面具、藏戏服饰等，开发旅游纪念品。[④]

---

① 城关区扶贫（农发）办公室：《城关区2013年扶贫开发项目实施情况简介》，2014年5月，第3、7—8页。

② 城关区扶贫（农发）办公室：《城关区2013年扶贫开发项目实施情况简介》，2014年5月，第3、6—7页。

③ 尼木县扶贫开发办公室：《西藏拉萨市尼木县2012年度扶贫开发项目实施情况简介》，2013年5月，第31页。

④ 达孜县扶贫开发领导小组办公室：《达孜县2013年扶贫开发项目实施情况简介》，2014年6月5日，第9页。

堆龙德庆县在扶持圣香海螺藏香项目中，将国家财政扶贫资金 220 万元作为该村 110 户贫困群众的股份，2012—2013 年户均分红 1200 元，并带动 60 名群众通过就业实现增收。①

需要注意的是，藏香、木雕、唐卡等主要针对西藏本土消费者。因此这些小文化产业的发展，除了自身的发展壮大、改良创新而外，也有赖于当地消费者消费能力的提高。

（四）其他产业中的文化元素

拉萨的文化产业发展，不仅仅停留在直接的文化产品生产和娱乐消费，文化产品、概念应该有更广阔的空间，在其他产业发展的时候，同样应发现文化底蕴，倚重文化元素。

现在提倡的净土健康产业，字面上看，净土健康产业指农牧业产品在高原独特环境下环保、绿色、纯净、少污染的特性，契合当下民众普遍为食品安全而焦虑担忧的现状；更深层次地体味“净土”概念，它来自佛教，佛所居之佛国刹土清净无染，但有众乐、无有诸苦，故众生无不向往。西藏民风淳朴，乐善好施，信仰虔诚，不弄虚作假，不唯利是图，因此往往被国人视为心灵净土。这种观念可以转化为商品的附加值。

净土健康产业的根底之一是传统的藏医藏药文化。以藏医药为例，1696 年拉萨药王山医学利众院（热其卓盆林）制剂室成立。噶厦政府时期设立的门孜康（sMan rtsis khang）是藏族天文历算与医药机构，今西藏自治区藏医院的前身，古建大院至今犹存。1996 年堆龙德庆县乃琼镇建成雄巴拉曲神水藏药厂，同年江苏省投资援建西藏藏药股份有限公司并有藏药材生产基地，1999 年拉萨建成西藏自治区藏药厂。②

净土健康产业的另一方面强调拉萨的神山圣水。西藏天地绿色饮品发展有限公司（由拉萨啤酒厂与西藏国资委共同出资组建）的啤酒产品中，拉萨啤酒厂生产的听装拉萨纯生啤酒上标示“青稞酿造”“圣地圣水”，与西藏青稞啤酒上面“来自西藏高原的啤酒”这一宣传语相比，后者为比较客观的描述，而前者则显然具有主观态度，强调人文内涵。《拉萨啤酒之歌》中唱道：“圣地、圣水，佳酿干一杯。”“圣地圣水”宣传创意继

① 参见拉萨市提供的调研资料《拉萨市扶贫（农发）办“十二五”以来工作情况》，2014 年 8 月。

② 《拉萨市地方志》编委会：《拉萨市志》（上册），中国藏学出版社 2007 年版，第 579—580 页。

承了原拉萨啤酒的文字，主要在自治区内销售比较多，也是目前该厂家最为畅销的产品。西藏雪山矿泉水有限公司出品、水源地为拉萨市城关区夺底乡的“梵冰藏域冰泉”，藏文商品名“念青神泉”（gNyan chen lha chu），具有类似的创意。

奇圣牦牛文化AA级旅游景区也是旅游纪念品大卖场，大张旗鼓宣扬牦牛文化和茶马古道概念，在旅游产品中融入文化元素，直接起到促销牦牛肉、茶叶及周边产品的作用。实际上西藏的砖茶多来自四川雅安或云南，对砖茶的生产和销售国家有专门的保护政策。它被包装为“藏茶”，“茶马古道”，茶产业不仅是商品交换，也具有民族团结内涵和历史底蕴。

位于拉萨老城区核心地带的56座古建大院的保护与开发利用引人瞩目。始建于1873年的贵族宅邸邦达仓改建为客栈。2011年9月23日公布为文物保护单位的赤江拉让（khri byang bla brang），现在经营为赤江拉让藏式宾馆、拉萨娜玛瑟德（Namaste）餐厅一分店。雅鲁藏布大酒店——中国首家藏文化主题博物馆式超豪华酒店——雅鲁藏布大酒店及所属西藏岗日民俗艺术馆，鲜明地打出了“世界上唯一能住的博物馆式酒店”旗号，亦可见经营中对文化元素的倚重。

大昭寺旁、八廓街上的玛吉阿米酒吧至今仍在游客中享有盛誉。除了优越的位置，它的知名度极大程度上来源于传说这栋小小的黄房子是第六世达赖喇嘛仓央嘉措（Tshangs dbyangs rgya mtsho，1683—1706）当年夜里幽会情人的地方，玛吉阿米就是情人的名字。然而这个所谓的“传说”却是消费时代的创造或“捏造”。[①] 仓央嘉措已成为被误读、被消费的一个西藏文化符号。在生平事迹而外，对待他的创作同样如此：学界公认的仓央嘉措原创诗作为60—70首，但是系于其名流传的远不止此数，包括被误植于其名下的《见与不见》[②] 等。这些现象的根本在于对藏文化的好奇与无知相掺杂，浪漫想象的投射甚至是强加。

（五）非物质文化遗产

2005年国务院办公厅《关于加强我国非物质文化遗产保护工作的意见》文件标志着非遗保护工程的启动。拉萨在“保护为主、抢救第一、

---

① 沈卫荣：《玛吉阿米：一个被捏造出来的情人》，《东方早报》2014年4月27日。2014年8月12日的座谈中，拉萨市政协文史委的委员们也特别强调：“黄房子从来没有过玛吉阿米。”

② 扎西拉姆·多多：《班扎古鲁白玛的沉默》，出自其2007年创作的作品集《疑似风月》。

合理利用、传承发展”的工作方针指导下，同步全面启动非物质文化遗产普查、挖掘、整理、申报、传承、保护、开发等工作，迄今走过十年历程，成效显著。① 截至2014年12月11日，拉萨市共有非物质文化遗产项目76项，其中国家级非遗代表作20项，自治区级31项，市级项目25个；非遗传承人66名，其中国家级传承人12人、自治区级21人、市级33人。②

截至目前国务院先后公布的第一批（2006年5月20日）、第二批（2008年6月7日）、第三批（2011年5月23日）、第四批（2014年11月11日）国家级非物质文化遗产［代表性项目］名录中，有一些因广泛存在而以西藏的名义申报，拉萨同样有传承，其中不少还有突出的表现，如《格萨尔王传》、藏族唐卡（勉唐画派、钦泽画派、噶玛嘎孜画派）、藏族邦典和卡垫织制技艺、藏族造纸技艺、藏族天文历算。还有一些则是拉萨的特色文化传统。现将相关国家级自治区级的项目摘要如下（见表6-1）。

表6-1　拉萨相关国家级非物质文化遗产（代表性）项目列表

分类名称	编号	项目名称	申报地区或单位	批次
民间文学	Ⅰ-27	格萨（斯）尔	西藏自治区	第一批
传统音乐	Ⅱ-138	佛教音乐（直孔噶举派音乐）	西藏自治区墨竹工卡县	第二批
		佛教音乐（雄色寺绝鲁）	西藏自治区曲水县	第四批时扩展
传统舞蹈	Ⅲ 22	羌姆（直孔嘎尔羌姆、曲德寺阿羌姆）	西藏自治区墨竹工卡县、贡嘎县	第三批时扩展
	Ⅲ-80	宣舞（普堆巴宣舞）	西藏自治区墨竹工卡县	第二批
	Ⅲ-81	拉萨囊玛	西藏自治区拉萨市	第二批
	Ⅲ-83	谐钦（拉萨纳如谐钦）	西藏拉萨市城关区	第二批
	Ⅲ-85	嘎尔	西藏自治区	第二批
	Ⅲ-89	廓孜	西藏自治区曲水县	第二批
	Ⅲ-105	协荣仲孜	西藏自治区曲水县	第三批
传统戏剧	Ⅳ-80	藏戏（拉萨觉木隆藏戏）	西藏自治区	第一批
		藏戏（尼木塔荣藏戏）	西藏自治区尼木县	第三批时扩展

① 冯骥：《十年，写下精彩答卷——我区非遗保护工作综述》，《西藏日报》2015年6月12日。

② 王珊：《拉萨市“非遗”保护工作重实效》，《西藏日报》2015年4月7日。

续表

分类名称	编号	项目名称	申报地区或单位	批次
传统体育、游艺与杂技	Ⅵ-43	赛马会（当吉仁赛马会）	西藏自治区拉萨市	第二批
传统美术	Ⅶ-14	藏族唐卡（勉唐画派、钦泽画派）	西藏自治区	第一批
		藏族唐卡（墨竹工卡直孔刺绣唐卡）	西藏自治区墨竹工卡县	第二批时扩展
		藏族唐卡（勉萨画派）	西藏自治区	第三批时扩展
	Ⅶ-64	藏文书法（尼赤）	西藏自治区	第四批时扩展
传统手工技艺	Ⅷ-21	藏族邦典、卡垫织造技艺	西藏自治区山南地区	第一批
	Ⅷ-47	拉萨甲米水磨坊制作技艺	西藏自治区	第一批
	Ⅷ-69	藏族造纸技艺	西藏自治区	第一批
	Ⅷ-88	风筝制作技艺（拉萨风筝）	西藏自治区拉萨市	第一批
	Ⅷ-141	藏香制作技艺	西藏自治区尼木县、墨竹工卡县	第二批
	Ⅷ-199	藏族矿植物颜料制作技艺	西藏自治区拉萨市	第三批
传统医药	Ⅸ-9	藏医药（拉萨北派藏医水银洗炼法和藏药仁青常觉配伍技艺）	西藏自治区	第一批
		藏医药（藏医外治法、藏药炮制技艺、藏药七十味珍珠丸配伍技艺、藏药珊瑚七十味丸配伍技艺）	西藏自治区藏医学院、西藏自治区藏医院、西藏自治区藏药厂、西藏自治区雄巴拉曲神水藏药厂	第二批时扩展
民俗	Ⅹ-31	雪顿节	西藏自治区	第一批
	Ⅹ-121	藏族天文历算	西藏自治区	第二批
	Ⅹ-131	藏历年	西藏自治区拉萨市	第三批
	Ⅹ-145	望果节	西藏自治区	第四批

表 6-2 拉萨相关西藏自治区级非物质文化遗产项目目录

类别*	项目名称	申报/保护单位	项目所在地**	批次
传统音乐	直孔噶举派音乐	墨竹工卡县直孔替寺民管会	—	第二批
	藏族儿歌	自治区民族艺术研究所	—	第三批
	佛教音乐（雄色寺绝鲁）	拉萨市文化局	拉萨市曲水县雄色寺	第四批
	拉萨扎念弹唱	西藏大学艺术学院	拉萨市	第四批
	阿谐	拉萨市文化局	拉萨市城关区	第四批

续表

类别*	项目名称	申报/保护单位	项目所在地**	批次
传统舞蹈	宣舞（墨竹工卡县普堆巴宣舞）	墨竹工卡县门巴乡	—	第二批
	拉萨朗玛	拉萨市娘热乡	—	第二批
	嘎尔舞	西藏自治区群艺馆	—	第二批
	直孔嘎尔羌姆	墨竹工卡县直孔替寺民管会	—	第二批
	贡嘎县曲德寺阿羌姆	贡嘎县曲德寺民管会	—	第二批
	拉萨纳如谐钦	拉萨市城关区藏热乡	—	第二批
	曲水县“郭孜”（牛皮船舞）	曲水县俊巴村	—	第二批
	谐钦（甲玛谐钦）	拉萨市墨竹工卡县文化局	—	第三批
	羌姆（桑阿林羌姆）	拉萨市达孜县文化局	—	第三批
	协荣仲孜	拉萨市曲水县文化局	—	第三批
	拉萨堆谐	拉萨市文化局	拉萨市	第四批
传统戏剧	拉萨觉木隆藏戏	拉萨市文化局	—	第一批
	尼木塔荣藏戏	拉萨市尼木县文化局	—	第三批
曲艺	拉萨喇嘛玛尼说唱	西藏自治区群艺馆	—	第二批
	米拉热巴古尔鲁（道歌）	墨竹工卡县直孔替寺民管会	—	第二批
传统体育、游艺与杂技	藏族骰子游戏	自治区群艺馆	—	第三批
传统美术	藏族唐卡—卫藏勉唐派	西藏大学	—	第一批
	藏族唐卡—后藏钦泽派	西藏大学	—	第一批
	藏族唐卡—前藏噶玛噶赤派	西藏大学	—	第一批
	藏族唐卡—勉萨派	勉萨派唐卡艺术发展中心	—	第三批
	藏族唐卡（拉萨堆绣唐卡）	拉萨市文化局	拉萨市城关区	第四批
	藏族传统绘画写实派	安多强巴传统美术学校	—	第三批
	藏文书法（兰匝、乌尔都、琼赤）	西藏嘎吉林旅游开发有限公司	西藏自治区	第四批
	藏文书法（尼赤）	西藏自治区图书馆	西藏自治区	第四批
	藏族壁画绘制技艺	西藏唐卡画院	西藏自治区	第四批

续表

类别*	项目名称	申报/保护单位	项目所在地**	批次
传统技艺	西藏藏纸	拉萨市城关区民族手工艺研发中心	—	第一批
	西藏拉萨甲米水磨坊	拉萨市城关区娘热民俗园	—	第一批
	西藏拉萨风筝	自治区群艺馆	—	第一批
	拉萨墨竹工卡制陶工艺	拉萨市文化局	—	第一批
	尼木吞巴藏香制作技艺	尼木县吞巴乡	—	第二批
	直孔藏香制作技艺	墨竹工卡县直孔替寺民管会	—	第二批
	墨竹工卡直孔刺绣唐卡制作技艺	墨竹工卡县扎雪乡	—	第二批
	尼木县藏纸制作技艺	尼木县达荣镇	—	第二批
	拉萨雪堆白金属加工技艺	拉萨市城关区古艺建筑美术公司	—	第二批
	藏族面具制作技艺	西藏自治区群艺馆	—	第二批
	“门孜康”藏医院（老字号）	西藏自治区藏医院	—	第二批
	拉萨泥塑面具制造技艺	拉萨市城关区文化局	—	第三批
	藏族矿植物颜料制作技艺	拉萨市城关区文化局、西藏大学	—	第三批
	藏族矿植物颜料制作技艺	拉萨市城关区文化局、西藏大学	—	第三批
	普松刻板制作技艺	拉萨市尼木县文化局	—	第三批
	雪拉鼓制作技艺	拉萨市尼木县文化局	—	第三批
	曲水柳条编织技艺	拉萨市曲水县文化局	—	第三批
	藏族文房四宝	勉萨派唐卡艺术发展中心	—	第三批
	俊巴皮具制作技艺	拉萨市曲水县文化局	—	第三批
	俊巴鱼烹饪制作技艺	拉萨市曲水县文化局	—	第三批
	白纳锻铜技艺	拉萨市达孜县文化局	—	第三批
传统技艺	古荣糌粑制作技艺	拉萨市堆龙德庆县文化局	—	第三批
	藏香制作技艺（优·敏芭古藏香制作技艺）	西藏尤格仓工贸有限公司	拉萨市	第四批
	藏香制作技艺（楚布净化香制作技艺）	西藏朗达商贸有限公司	拉萨市	第四批
	奔孜苏巴泥塑制作技艺	奔孜苏巴泥塑艺术中心	拉萨市	第四批
	藏族传统画笔制作技艺	西藏唐卡画院	西藏自治区	第四批
	阿嘎土制作工序	拉萨市文化局	拉萨市城关区	第四批
	藏靴制作技艺	拉萨市文化局	拉萨市	第四批
	藏族玉雕（西藏黑玉石雕刻技艺）	拉萨市文化局	拉萨市	第四批
	拉萨布质面具制作技艺	拉萨市文化局	拉萨市	第四批
	西藏红陶烧制技艺	拉萨高原母亲工贸有限公司	拉萨市	第四批

续表

类别*	项目名称	申报/保护单位	项目所在地**	批次
传统医药	拉萨北派藏医水银洗炼法和藏药仁青常觉配伍技艺	西藏藏医学院	—	第一批
	藏医外治疗法	西藏自治区藏医学院	—	第二批
	藏药炮制技艺	西藏自治区藏医院	—	第二批
	藏药珊瑚七十配伍技艺	西藏雄巴拉曲神水藏药厂	—	第二批
	藏药七十味珍珠丸配伍技艺	西藏自治区藏药厂	—	第二批
	曼唐	西藏自治区藏医院	—	第二批
	藏医扦棍疗法	西藏自治区藏医学院	—	第三批
	直贡藏医	拉萨市墨竹工卡县文化局	—	第三批
民间知识	天文历算	西藏自治区藏医院天文历算研究所	—	第二批
民俗	拉萨雪顿节	拉萨市文化局	—	第一批
	拉萨萨嘎达瓦节	拉萨市民宗委	—	第一批
	拉萨风马旗	拉萨市民宗委	—	第一批
	当雄县“当吉仁”赛马会	拉萨市文化局	—	第二批
	藏传佛教转世灵童金瓶掣签	西藏自治区博物馆	—	第二批
	拉萨藏历年	拉萨市群艺馆	—	第三批
	望果节（堆龙望果节）	拉萨市堆龙德庆县文化局	—	第三批
	堆龙春播习俗	拉萨市堆龙德庆县文化局	—	第三批
	藏族婚俗（拉萨婚俗）	拉萨市群艺馆	—	第三批
	嘎玛堆巴（沐浴节）	拉萨市文化局	拉萨市	第四批

注：* 为不同批次分类或有不同。** 为仅第四批公布有“项目所在地”一栏。

2008 年年底，拉萨提出了第一批市级非物质文化遗产代表作名录，包括 23 项非遗，逐步建立、完善代表作名录体系，迄今为止已评选五批并制作档案，选定各级传承人。

拉萨市非遗保护与传承工作从多维度开展。除了常规的文化局执行的非遗项目，濒危的抢救性记录，如前所述的扶贫渠道，公司等营利性机构的推广，民间自发的传习，渗透学校和校外教辅结构，设立非物质文化遗产传习基地。保护工作中开始采用数字化手段，以文字、音频、视频等多媒体数据形式呈现。有些非遗项目的申报机构本身就活跃于文化产业，“生产性保护”。

拉萨市文化部门正在推动非物质文化遗产进学校进课堂。2014 年

《西藏自治区文化厅、西藏自治区教育厅、西藏自治区财政厅关于开展非物质文化遗产进校园工作的意见》正式出台，继承和弘扬民族优秀传统文化，构建社会主义核心价值体系，加快推进西藏自治区建设“重要的中华民族特色文化保护地”。部分县（区）已经在中学开办传统绘画、民族手工艺等培训班。包括西藏大学专家学者在内编写的非物质文化遗产乡土教材，正在进行终审，计划将出版后在拉萨各学校推广普及。这些富于乡土气息的活动使青少年从小对家乡文化遗产有基本认识，从而为现代教育体制下非物质文化遗产的传承打下人力资源的基础。

在这方面，拉萨城关区雪小学已经做出很有成效的尝试。小学原位于布达拉宫下，遂得名“雪小学”，“雪”是藏语“下面”的意思。它创建于1959年11月，现有逾千名学生，包括藏、汉、回、蒙古、水、白、撒拉、纳西等民族的孩子。而藏戏“扎西雪巴”是古老流派“白面具”的庆典开场舞，它起源于雅砻河谷的山南乃东县昌珠镇扎西曲登村，历史悠久。1960年，城关区雪居委会就曾组成雪藏戏团，这个传统被雪小学接过，1993年3月组建少儿扎西雪巴艺术团，在课外教授藏戏（以及热巴即藏舞），逐渐形成学校特色，从最初的7名团员发展到目前200多名队员的表演方队，参加过各级文艺表演和庆典活动，受到广泛关注和好评，多次获奖。[①] 这是素质教育的一种尝试，学生张扬了自己的个性，并进而使学校的氛围透露出文化底蕴。

非遗保护的理想境界不是勉力维系一种文化传统或技艺的存在，而是创造条件让它成为鲜活的、富于生命力的文化，代代相传。自2003年10月17日联合国教科文组织在巴黎会议通过《保护非物质文化遗产公约》（*The Convention for the Safeguarding of Intangible Cultural Heritage*）以来，前期（2003—2006）国内研究主要聚焦基础理论，后期（2006年至今）则开始聚焦非遗的保护、开发与利用等方面的探讨。[②] 非遗如何服务于现实需要，如何在当代社会寻找到更多资源和传承的推动力，是急需研究并实践的课题。具体就拉萨而言，文化兴市战略下的非遗保护与传承正探索与文化旅游业的发展相结合，互为支撑。拉萨文化、旅游部门齐心协力，合作推出了《拉萨朗玛》《传承文化见证历史》等文化旅游书籍和光

---

① 赵丽娟：《雪域高原上的雪小学》，《中国德育》2013年第19期；《热烈庆祝拉萨市城关区雪小学“少儿扎西雪巴”建队20周年》，《西藏日报》2013年5月27日。

② 张林波：《拉萨非物质文化遗产旅游开发研究文献综述》，《商》2013年第18期。

盘，并在旅游旺季开展藏戏大赛、藏戏展演、唐卡展览等非遗展示活动，作为旅游的重要内容环节，展示高原魅力和民族文化内涵。在雪顿节等全社会和各地游客关注度很高的时机，集中展示非遗和藏药材等土特产品。2013年，拉萨尼木县利用吞巴（吐蕃时期藏文创制者吞米·桑布札故居）的丰富历史文化和自然资源，建成西藏首个非物质文化遗产完整展示区，在传承优秀民族文化的同时惠及当地百姓。这里有全国首座藏文字主题博物馆，也以藏香、藏纸、雕刻而闻名，由国家级、自治区级非物质文化遗产继承人现场演绎着藏香、藏纸、藏雕刻、藏戏、藏靴、藏鼓、藏陶、藏书法等精湛技艺，吞巴景区、浮巴湖景区以及拉萨市第二大高峰琼穆岗嘎景区的先后开发，将使尼木县形成三条环形旅游线路，最终让走进旅游市场的吞巴人在发扬文化的同时增收致富。[①] 目前设计的这些思路，包括《文成公主》在内，以在较短的时间和行程内集中展示多种非遗项目的形式面貌为主，有走马观花的特点。而将非遗“深耕细作”，使观众能够在深度体验中真正领会一种文化传统的内涵，理解它形成、演化、交融的历史积淀，拉长游客的游历时间，增加游客深入理解西藏独特地理人文的途径，丰富相应的感观认知与心灵触碰，应是旅游业发展的下一步长远之计。

（六）启示与建议

拉萨作为反分裂前沿，面对严峻形势，文化工作肩负深入揭批的特殊任务，有时导致对文化发展的重视不够，成为一个薄弱环节。拉萨发展文化产业、推进现代化进程的前提，是意识形态和文化安全。因此在扫黄打非、版权保护等多方面，文化市场执法检查工作的任务仍将长期持续。例如音视频方面，藏族歌舞很有魅力，也吸引着游客等广大人群，但在互联网时代如何树立版权意识，有效实现版权保护，包括创作的积极性和有关权益，目前还缺乏足够的经验。

由于产业发展刚起步，体制机制不活，人才严重缺乏，不能很好地服务于当前文化服务的发展趋势。在信息网络化、社会化、市场化、资本化等方面仍有提升的空间。就产业发展模式而言，多方仍寄望于援藏专业技术人才，寄望于内地乃至国外的高端创意团队、资金、管理等方面的投入

① 原杰、德庆白珍：《西藏首个非物质文化遗产完整展示区传承文化普惠百姓》，2013年8月3日。

与引进，从而形成软实力，在尽量高的平台上施展。同行业范围内比较，拉萨的从业人员收入相对较低，难以吸引优秀人才。需形成尊重人才的氛围，在引进人才的同时才能留住人才。当然本地人才同样需要努力、磨砺。

政府文化部门当前面临的一项新形势、新任务、新要求是推进文化体制改革，释放文化发展的活力，培育动力，最终推动文化产业发展成为拉萨发展的重要一极。全国的普遍做法是将文艺团体推向市场，而拉萨目前仍采取国家出资的做法。就此拉萨市委专设文化体制办公室和领导小组办公室，截至我们调研时机构刚开展工作一个多月。他们表示不能盲目举措，还在制定中长期发展规划：以 2017 年、2020 年为两个重大时间节点，在相关事业单位征求意见，边探索边改进。持慎重态度的一个主要原因也是因为在拉萨团结稳定是第一位的，改革需慢慢由浅入深。根据国有企业改革的相关文件精神，2009 年 8 月 8 日起，拉萨市新华书店顺利完成了改制，由自收自支事业单位转企改制为有限责任公司，努力把公司改造成“自主经营、自负盈亏、自我约束、自我发展”的法人实体和市场主体。如前所述，拉萨市民和游客的购书途径正在多样化，除了新华书店以及民营书店、报刊亭等之外，网络电商的份额也在增加。因此，拉萨市新华书店虽然是目前改革试点比较成功的典范，但它的收入部分来自房产出租，这是不能忽视的。当下只能做到不靠政府、推向市场，还不能像内地一样市场化。将来准备借鉴北京和江苏的经验，组建拉萨文化传媒集团，成为一个面向市场的多元经济实体，改变现在单一的格局，在产业升级上多下功夫。

文化产业发展与非遗传承是可以互相促进的良性循环。文化产业必然要在现代条件下开展，充分利用现代化条件创新，满足当下的文化需要。但是传统文化始终是最丰厚的资源，具有最独特的魅力。非遗保护并非博物馆式、标本式保护，秉承传统精神、利用当代条件而进行传承，以及发扬光大、创造求新，与文化产业开发相结合是一条路径。

旅游开发如不能充分注入文化元素，则无灵魂且不能长久。旅游部门的建议是任何建设都要从旅游角度进行规划，任何一个工程（桥梁、水坝、建筑）将来都可能成为景点。拉萨及郊县已罕见西藏传统的铁索桥，这些桥往往附会着大量的传说故事，例如会追溯到 15 世纪香巴噶举派大成就者唐东杰布（Thang stong rgyal po），这位对藏戏和桥梁建设功莫大焉、颇具传奇色彩的人物。高原建设固然地质条件复杂、极端气候多，导致高成本、施工难度大，但目前兴建的桥往往只是简单的水泥桥，灰色、生硬、面目雷同，在大好河山中显得非常不协调。另外，具有藏民族文化特色的旅游文化商品或者简单粗糙，缺乏观赏或者馈赠的价值；或者体积过大、包装不便，难以带走。在观念、工具、工艺等多方面，文化产业还需细化要求。

西藏旅游从小众文化发展到以世界旅游目的地为目标，旅游业面对的消费群体在扩大化、复杂化；相应的吃、住、行、娱、购、乐都应优化，提供更多选择和更优质服务。过去很多游客是怀抱浪漫想象的年轻人，消费能力和水平不高，但对藏族文化有理想化的热情；随着交通条件的不断便利，各种人群，包括全家人自驾游的情形越来越多，对文化消费者的培育也应提上日程。2014 年 8 月 9 日，两名外地来藏工作的员工非法捕杀珍贵、濒危的国家一级保护动物藏野驴，并将血腥照片发微信朋友圈炫耀，网上舆论一片哗然。[①] 此外，恶意利用藏族的善良进行搭车穷游，对天葬的独特民俗的无节制好奇与无知傲慢，也造成很多不良影响与后果。这些事例相对极端，但类似的情形还可举出不少，很大程度上伤害了藏族群众的感情，破坏了民族团结和谐的局面。总的来看，在旅游者（包括在藏、援藏的干部和务工者）中宣传西藏自然条件和本地藏族等人群的民俗是必要的。另外，年轻人热衷的“穷游”攻略和业界已经深受其害的“低价购物团”虽然不能等同，但都存在各种隐患，如不能正确引导和有效抑制，无法保证拉萨旅游业的成熟与可持续发展。

对拉萨旅游规模的预判和合理规划也很重要。目前拉萨旅游的季节性非常强，旺季的交通住宿都有很大压力，而冬季几乎没人，业界人士在探索延长旅游季，在此基础上规划开发住宿接待和航线。有必要切实制定细致可行的措施，在发展旅游的同时确保生态文明。国内城市中，旅游业兴旺发展、超出生态承受力并敲响警钟的例子并非不存在。

作为西藏首府城市乃至藏区的文化中心，拉萨具有很强的吸引力，起到榜样示范作用；从另一个角度看，也需要防止人才和市场的过分集中，

---

① 参见李海霞《“8·9”非法猎杀藏野驴案犯罪嫌疑人被逮捕》，《西藏商报》2014 年 9 月 12 日；廖卫华、王杰学《西藏虐杀藏野驴案一审开庭》，《法制日报》2014 年 11 月 29 日。

导致拉萨周边地区不但不能受到辐射而繁荣起来，反而变得荒漠化。从人口来看，拉萨市区人口增长，而七郊县则呈现负增长，从人力资源上已经出现苗头，需要谨慎对待。

三　传统文化的保护与弘扬

“拉萨”（lha sa）传统上是藏族心目中名副其实的圣土，文化的旗舰和风向标。因此，拉萨对传统文化保护工作任务艰巨、意义重大，国家和社会高度关注、高度投入。

（一）文物古迹的保护与利用

关于文物普查与考古挖掘的概况，在第三次文物普查过程中，拉萨有很多新发现，有待深入调查挖掘。以哲蚌寺为试点开展了可移动文物普查，据参与调查人员反映，在古籍普查中也存在将古籍塞到柜子下面去、新书摆上面的情况，尚需争取收藏者（主要是寺院）的理解、支持与配合。古迹发掘方面，最重要的考古点是拉萨北郊的曲贡遗址，20世纪80—90年代曾经试掘（后已回填），出土物被判定有4000年的历史并于西藏博物馆展出，自治区境内在昌都卡若遗址之后，这是第二个经过科学调查和试掘的新石器时期的文化遗址。在有足够的人力物力进行考古发掘之前，目前需要解决不同单位争地的问题，严格按照规范加强对遗址保护区的保护。2000—2013年拉萨市共计发生不到20起文物丢失案件，文物流失和走私的情况较“文化大革命”前后、改革开放前后缓解。

21世纪初，西藏文物保护进入新阶段。2000年11月，大昭寺被联合国教科文组织列为世界文化遗产布达拉宫建筑群（1994年UNESCO批准）的扩展项目，2001年12月，市西郊的罗布林卡也分享了这一荣耀。这样，拉萨现有世界文化遗产一处；拉萨本身是国家级历史文化名城（1982年公布），八廓街为国家级历史文化名街（2009年公布）。此外，拉萨市现有16个国家级文保单位，自治区级86个，市县级167个。在21世纪初公布的三批（2001年6月25日公布第五批，2006年5月25日公布第六批，2013年3月5日公布第七批）全国重点文物保护单位当中，拉萨市成功列入的文物古迹有十项（见表6-3）。

表 6-3　第五至第七批全国重点文物保护单位中列入的拉萨文物古迹

批次	单位名称	类型	年代	位置
第五批	小昭寺	古建筑	公元 641 年	拉萨市城关区
第六批	卓玛拉康	古建筑	1274 年	曲水县聂塘乡
第七批	拉让宁巴	古建筑	明	拉萨市城关区
	邦达仓	古建筑	明至清	拉萨市城关区
	桑珠颇章	古建筑	清	拉萨市城关区
	冲赛康	古建筑	清	拉萨市城关区
	拉鲁颇章	古建筑	清	拉萨市城关区
	喜德寺	古建筑	清	拉萨市城关区
	门孜康	古建筑	1916 年	拉萨市城关区
	中央人民政府驻藏代表办公处旧址	古建筑	1965 年	拉萨市城关区

其余进入自治区级的文物保护单位名录的则更多（见表 6-4）。

表 6-4　西藏自治区第四、第五批区级文物保护单位中列入的拉萨文物古迹

批次	单位名称	类型	年代	位置
第四批	拉萨关帝庙	古建筑	1792 年	拉萨市城关区北京中路
	默如宁巴寺	古建筑	唐	拉萨市城关区北京中路
	下密院	古建筑	18 世纪初	拉萨市城关区北京中路
	琉璃桥	古建筑	清	拉萨市城关区宇拓路
	布旦康萨	古建筑	17 世纪	拉萨市城关区八廓街内
	帕邦喀	古建筑	唐	拉萨市城关区娘热乡
	达龙寺	古建筑	1180 年	拉萨市林周县旁多乡
第四批	那兰扎寺	古建筑	1424 年	拉萨市林周县卡仔乡
	朗唐寺	古建筑	1093 年	拉萨市林周县甘曲镇
	甘曲寺	古建筑	1100 年	拉萨市林周县甘曲镇
	热擦寺	古建筑	11 世纪	拉萨市堆龙德庆县亚达乡
	吞米桑布扎故居	古建筑	唐	拉萨市尼木县吞巴乡
	止贡梯寺	古建筑	12 世纪	拉萨市墨竹工卡县门巴乡

续表

批次	单位名称	类型	年代	位置
第五批	唐加寺	古建筑	唐	拉萨市墨竹工卡县唐加乡
	切卡寺	古建筑	1165 年	拉萨市墨竹工卡县扎西岗乡
	塔巴朗卓林寺	古建筑	1161 年	拉萨市墨竹工卡县工卡镇
	艾玛日寺	古建筑	1339 年	拉萨市墨竹工卡县尼玛江热乡
	措麦寺	古建筑	7 世纪	拉萨市堆龙德庆县马乡措麦村
	乃朗寺	古建筑	1333 年	拉萨市堆龙德庆县古荣乡
	热玛强康拉康	古建筑	1015 年	拉萨市林周县卡孜乡
	喜德林	古建筑	9 世纪	拉萨市城关区八廓街内
	吉彩洛定	古建筑	17 世纪	拉萨市城关区

与前四批相比，拉萨市在进入 21 世纪以来评选的全国重点文保增长幅度是显而易见的，几座明清时代古建大院和具有特定历史时代烙印的建筑的入选也引人瞩目。一方面它们表明，除了宗教建筑而外，世俗文化遗存也具有重要历史、文化价值，它们见证了拉萨城的创建与历史变迁，应予关注和保护；另一方面，从一些历史文物上，可以清晰地看到拉萨乃至西藏政治联系、民族团结的逐步加强，有一些是近现代重要的革命史迹。举例来说，相传桑珠颇章始建于 1642 年，专门为蒙古和硕特部固始汗（Güshi Khan，1582—1655）修建，是和硕特部汗王在西藏建立的、长达 80 年之久的甘丹颇章政权的遗迹，1720 年为七世达赖父亲所有，后长期为该家族使用，也因此得名“桑珠颇章家族”。冲赛康始建于清代，据传六世达赖喇嘛及拉藏汗曾住过，后米旺颇拉将房子赠予驻藏大臣作为其最初的衙门，并改名为冲赛康。拉鲁颇章始建于 17 世纪末，曾为六世达赖喇嘛行宫，后归入拉鲁庄园管辖；中华人民共和国中央人民政府驻藏代表办公处于 1964 年由中央人民政府拨专款修建，整个建筑群落成后，中央人民政府代表楼为张经武的住所，将军楼为谭冠三将军的住所，会议室和工委办公院为工委领导开会和办公的地方。这些文物的抢救修复也是卓见成效的。①

为了直观展示西藏属于中国的历史事实，展示中央政权对西藏行使的

① 参见黎华玲、索朗德吉《西藏抢救修复一批见证汉藏团结的历史遗迹》，《拉萨晚报》2015 年 3 月 24 日。

管理和治藏方针策略，拉萨老城保护工程特别恢复了驻藏大臣衙门，并设计为陈列馆，2013 年 3 月 16 日至 7 月 2 日施工完成。清雍正五年（1727），清政府派遣内阁学士僧格、副都统马喇“往藏办事”，驻拉萨“总理”“内藏事务”，开创了驻藏大臣制度，开创了中央派遣官员长期驻藏、直接管理西藏事务的制度，后沿袭成为定制，直至 1912 年中华民国设西藏办事长官、蒙藏事务局取代其职能。清朝的这第一座驻藏大臣衙门（冲赛康扎康）与拉萨腹心之地大昭寺仅一街之隔，无论是游客还是沿着八廓街转经的居民们，都会路过这座已有近三百年历史的古建筑，它以醒目的方式见证了历史。另一个标志性的举措则是重修关帝庙。关帝作为中华传统忠义精神的象征，也是保佑行军作战之神，在汉族、蒙古族包括当时的满族都有广泛信仰。在西藏他被比附于史诗中的大英雄、战神格萨尔，对他的崇信也相当普遍，其中拉萨磨盘山上的关帝格萨拉康规模最大也最为知名，乾隆五十六年（1791）廓尔喀人入侵西藏，福康安（1753—1796）奉乾隆皇帝之命率军入藏，他主持择地修建了这座关帝庙，而翌年凯旋之时还在庙内立碑（即“磨盘山新建关帝庙碑”）纪功。2007 年拉萨市文物局等开始修复关帝庙，同年公布为区文物保护单位。这些举措都有着深远的现实意义。

西藏第一家省级博物馆西藏博物馆与罗布林卡相望，保管设施和展览条件现代化，馆藏众多珍贵文物，正式开馆于 1999 年 10 月 1 日，当年《西藏历史文化基本陈列》就入选全国博物馆十大精品陈列，已经成为拉萨传播历史文化、举办各类讲座、拓展学童兴趣的一个基地，作用突出。专题博物馆或公益性公共文化机构逐渐出现，如牦牛博物馆，作为北京市对口支援拉萨市的一项重要文化创意工程，2014 年 11 月 14 日博物馆在拉萨河南岸柳梧新区正式对公众免费开放。另外，私人力量筹办博物馆不但是公立文物收藏机构的有益补充，还标志着民间力量对本土本民族历史、物质、精神文化遗存的自觉与热情，是令人倍感鼓舞的现象。2013 年 4 月 12 日，墨竹工卡人群觉在家乡的甲玛乡赤沟村建立的甲玛兵器博物馆正式破土动工，现已对外开放参观。①

文物档案数字化管理方面，2013 年拉萨“数字化文物保护工程”启动，包括文物数据资源规划和数据库建设、馆藏文物信息管理系统建设等

① 何秋平：《一个农民收藏家的建馆梦》，《西藏日报》2013 年 4 月 15 日。

工作，希望在10年期间建立起完善的文物调查、信息采集以及电子化管理系统，实现拉萨数字化文物保护全覆盖，形成一个可移动的文物数字化管理平台，具备珍贵文物的数字化共享利用能力。这对于全面了解、掌控、传播、利用文化遗产，为文物修复等提供档案依据，防止盗窃盗卖替换等文物犯罪等，都具有积极的意义。目前已在国家级文保单位大昭寺、小昭寺开展寺藏文物、建筑壁画等原始信息的采集、存储和录入工作。[①] 这也是用现代科技和文物、美术史知识重新认识拉萨文物的机遇。

古建维修工作方面，相关项目需要提前评估、事后提交工作报告。住建局主持了古城居民大院的维修活动，其中文物级大院一定要严格按照相关要求，修旧如旧，条件成熟时才进行。拉萨几大引人注目的维修工程进展顺利。2002年6月26日至2009年8月23日、历时7年投资3.8亿元的西藏三大重点文物保护维修工程全部完工并通过专家组验收，其中除了位于后藏的萨迦寺而外，布达拉宫和罗布林卡均位于拉萨。布达拉宫位于红山顶，是拉萨的地标性建筑群之一。这些维修工程传播了现代"修旧如旧"的文物保护理念，包括原形制、原结构、原材料、原工艺等准则，以"最少扰动"为目标，增加了现代化条件下的防火设施等；同时尽量遵循传统观念，如2003年3月18日8时20分，藏历水猪属相的喇嘛挥动金镐，由此宣告罗布林卡维修工程正式动工，工程开工的时间和破土人选等系请西藏自治区藏医院天文历算研究所按西藏传统的天文历算推算选定。[②] 也因充足的资金支持、浩大的工程量、各级部门的重视而为地方培养了熟悉传统工艺的能工巧匠，壮大了木匠、石匠、画匠、泥瓦匠的队伍，阿嘎土、边玛墙以及壁画修复、古建维修的专业队伍，保证了传统工艺的传承，潜在的意义是不可低估的。在"十一五"期间列入保护工程的则有大昭寺、小昭寺、哲蚌寺、色拉寺、关帝庙等拉萨著名的重点文物。防木构件虫蛀、墙体倾斜、屋顶漏雨，电路、消防的改造升级，开裂、泛碱、起甲等壁画病害，拆除违章，整治环境，排除隐患和险情。布达拉宫五世达赖灵塔殿号称"南赡部州唯一庄严灵塔殿"（mchod sdong'dzam gling rgyan gcig rten gtsug lag khang），不但在藏传佛教信徒心目中地位崇高，而且具有很高的技术难度，在维修中以传统工艺与现代技术相结合，以高强

① 扎西：《西藏文物建数字档案计划十年实现全覆盖》，《人民日报·海外版》2013年7月15日。

② 《世界文化遗产罗布林卡开始维修》，《中国文物报》2003年4月2日。

度玻璃纤维对梁进行加固处理，在传统的阿嘎土之下铺设柔性防水层，在不断的尝试和实践中促进西藏建筑工艺的传承与发展，防腐处理、灌浆加固等技术都在探索及总结经验过程中。

拉萨河流域文化生态保护，文物古迹保护，恢复八廓街小商品市场……多年生活在这里的市民自豪地说，现在走一圈，感觉到何为历史文化名城。驻藏大臣衙门和根敦群培纪念馆就在八廓街转经的必经之路上，一改前些年八廓街给人留下的商圈印象，从直观的界面上体现出文化氛围。文物古迹的保护中，八廓街的变迁始终处于核心位置，富于话题性。回顾以大昭寺、八廓街为核心的拉萨老城，近年来其变迁的历史令人回味：

1985 年，国家投资 850 万元开辟大昭寺广场，建成包括商店、饮食店等在内的新建筑群。[①] 但是八廓街面貌的改变随之而来，流动商贩等造成氛围的改变，诸多问题常引发意见。

拉萨列入历史文化名城后，1999 年国务院批准的《拉萨市历史文化名城保护专项规划》中提出了“东延西扩，跨河发展”的城市发展战略。老城区的改造既要适应拉萨作为自治区首府、世界旅游目的地等多重身份，要便利居民的现代化生活，更要保护维修古建筑，延续这座名城的历史文化之血脉。

2000 年 10 月 16 日，市政府颁布实施《拉萨市老城区保护管理暂行规定》《拉萨市八廓街历史文化街区保护管理暂行规定》。

2000 年 11 月 30 日，大昭寺被联合国世界遗产委员会确定为世界遗产，列入《世界遗产名录》。

2008 年“3·14”事件中，暴徒在八廓街聚集，这里也成为打砸抢烧的重灾区之一。

2009 年，八廓街参加文化部和国家文物局批准、由中国文化报社联合中国文物报社举办的评选推介，入选第一届中华历史文化名街。同年，《拉萨市城市总体规划（2009—2020）》颁布。21 世纪初拉萨城区居民和干部职工的一个感受，就是拉萨还不是大城市，但已经有了“城市病”。大班额的问题，房价飞涨，交通拥堵，环境恶化，供水供电紧张，安全隐患突出，人口剧增，上学难就医难，等等。除了出台各种应对措施，这些

---

① 《拉萨市地方志》编委会：《拉萨市志》（上册），中国藏学出版社 2007 年版，第 714 页。

问题首先在城市规划中就要有缜密的论证和周到的规划。在江苏的支持和援助下，拉萨市政府2009年颁布的《拉萨市城市总体规划（2009—2020）》当中，专门规定了“历史文化保护”，对这座历史文化名城市域的各种文物古迹与非物质文化遗产的保护做了阐述，争取从城市整体到街区以及具体的古迹形成不同层次的保护体系。这样从城市整体发展规划上，对维护文化遗产的历史原真面貌、保持环境景观的完整、保证传统功能的延续都做了原始的设计。涉及水系、环境、建筑群落、交通等多方面的要素，并要控制历史城区和文保单位周边新建筑的高度以及建筑样式，以保证拉萨环境与建筑的传统特色。对此总体规划，国务院在2009年3月12日的批复中给予原则同意并要求：

重视历史文化和风貌特色保护。要统筹协调古代文明与现代文明、旧城区与新城区、人文资源与自然资源的关系。按照整体保护的原则，切实保护好城市格局，控制建筑的高度、体量、色彩和形式，维护城市传统风貌特色。重点保护好八廓街等历史文化街区，布达拉宫、大昭寺、罗布林卡等世界文化遗产，小昭寺、哲蚌寺等文物保护单位及其周边环境。在城市及其周边尽量保留和新建一定数量和规模的林地、草地，保护和传承“林卡”文化。注意依法保护必要的宗教活动场所，满足信教群众的宗教生活需要。①

2013年，《拉萨市八廓古城保护条例》的立法工作紧锣密鼓地进行，经与社会各界以及专家座谈修改之后，6月17日市第十届人民代表大会常务委员会第九次会议审议通过，对老城区管理机构的职责从法律层面进行比较明确的界定。

拉萨文保下一步比较大的举措将是拉萨古城申遗。以整个老城区作为本体进行申报，即东起林廓东路、西至朵森格路、南达江苏路、北到林廓北路，以大昭寺为中心、面积达1.33平方公里的空间，区域内包括多家国家级重点文物保护单位。申遗工作目前处于申遗文本制作阶段，委托给北京国文信文物保护有限公司（中国文物信息咨询中心）编制。以此为契机，将来以八廓街、大昭寺为代表的拉萨古城的保护与开发或将开创新局面。商铺等建筑的外立面、超高建筑等问题都要按照申遗要求、历史面貌、民族传统等标准进行整改，更重要的则是古城居民、转经等生活传统与现代发展的有机融合，避免重蹈某些古城中居民被置换出去、商业氛围

① 参见拉萨市提供的调研资料《国务院关于拉萨市城市总体规划的批复》，2014年8月。

过分浓重的覆辙。①

文物保护主要靠国家投资维修，大部分项目是寺庙。前些年，宗教场所被开发、承包给个人或以营利为目的的机构，全国范围内蔚然成风。最终被要求清退。由于西藏宗教势力较大，这方面遇到的问题较少，较好地维护了拉萨作为宗教圣地的地位。然而宗教场所普遍收门票，个别场所只对特定族群的信众免费开放，这个问题有待研究。除了重大的社会意义，就文物古迹的利用而言，古建大院的开发与利用引人瞩目。2000 年，城关区自筹资金 390.9 万元改造两座大院，面积 5798.3 平方米，安置居民 54 户。② 此后，古建大院的维修工作陆续进行中。《关于老城区 56 处古建保护大院进行合理保护的意见》《拉萨市文物保护工作情况报告》中做了相应的陈述。八廓街过去人员较杂，生活方面的基础设施差，很多以前的古老大院已经不在了，消失了，个别的古老院落也取了新的名字。2012 年 9 月开始，拉萨市文物部门对八廓街内的古建大院进行了全面普查和登记，最终将 56 处古建大院列为拉萨市级文物保护单位，2013 年由城关区垫资、住建局牵头进行了市政设施改造后，统一了外观，电线等管线入地，专留有信徒磕长头的通道。按照《条例》，古城内即便是私房改造，也应该经过文物局、国土资源局才能进行，但由于执法队伍力量的问题，存在民众私自整改房屋的特殊情况。在整体改造过程中，有的产权收回市里。56 个古建大院的产权情况是比较复杂的，原来新兴单位就安排在贵族大院里，部分属于城关区，与公司合营。如邦达仓做成了旅游酒店，客栈、咖啡吧、图书室、放映室等使用功能与藏式雕梁画栋融合无间；赤江拉让产权归属电影公司，租出去做藏式宾馆。这批古建筑院落过去或是贵族府邸，或是活佛私宅，也有寺庙僧舍、官员办公地和巨贾民居，经过系统的修缮保护，既具备现代化便利生活条件和消防等安全设施，又重现昔日风采，以其厚重历史底蕴成为拉萨旅游的新热点。③ 拉萨布达拉旅游文化集团有限公司成立了布达拉古城古院保护利用有限公司，设想以体验式餐饮娱乐为发展方向，将这些院落改造成集家庭旅馆、藏式甜茶馆、藏

① 参见史卫静、李影《拉萨古城申遗工作启动》，《西藏商报》2014 年 12 月 15 日。

② 《拉萨市地方志》编委会：《拉萨市志》（上册），中国藏学出版社 2007 年版，第 715 页。

③ 许万虎：《拉萨古建大院成西藏旅游“新名片”》，《拉萨晚报》2014 年 5 月 30 日。

式咖啡吧等独具藏民族特色的文化旅游场所，展现拉萨的历史积淀与人文情怀。不过，尽管获批拥有56个古建大院的开发权，但由于院子产权情况复杂、很多权责尚不明晰，目前这方面还未真正去做。

由于文物古迹的不可再生性，文物保护工作中曾经的教训应该牢记并垂鉴将来。尼木县的铁索桥有600多年历史，传说是唐东杰布所建，在两根盘子粗的铁链上架设木板，再用铁索作为扶手，20世纪90年代被拆除，现在尼木县志书中仅存黑白照片。墨竹工卡和林周的铁索桥则因建设止贡水电站等工程的原因移动了位置。[①] 近年来拉萨发展较快，城市规模不断扩大，在基础建设过程中一定要严格遵守、坚决执行文物保护的各种规定。在柳梧新区等新城市开发建设过程中，竖立过著名的吐蕃时期兴佛盟誓碑（噶琼寺建寺碑）的噶琼寺（skar chung rdo rje dbyings）曾未能及时得到有效的保护。此碑文首次以盟誓的方式规定以后赞普之子孙及王室成员要从小以比丘为师，吐蕃人民都应学习佛法，在西藏思想、宗教、文化发展史上都具有里程碑意义。其长时间断落散置，令人心痛。

（二）历史文化的记载、整理与展示

藏文古籍浩瀚，其珍贵是不言而喻的。在第三次文物普查中，在寺庙中着重开展了文物古籍的普查工作，很多珍贵古籍或版本首次被发现或得以披露。如首度公布的极具学术价值的元代官版、元世祖皇后察必施刊的因明学著作《量理宝藏》（tshad ma rigs pa'i gter，大学者萨迦班智达著，拉萨哲蚌寺乃久拉康藏），不但改写了藏文典籍雕版的历史，而且有助于深化对蒙藏关系、西藏与中央政权关系的认识。[②]

政府的重视和投入、民间力量的加入以及藏语文计算机信息处理技术的进步等，令21世纪初藏文古籍的整理出版成绩斐然，覆盖历代名人传记、藏医藏药、天文历算、因明学、格萨尔传、书信集、建筑学、典籍目录、苯教经书等领域。全区的古籍保护工程于2007年正式启动；2011年西藏自治区古籍保护中心成立，负责全区各地市和部分古籍收藏单位的古籍普查登记工作；2013年，西藏自治区文化厅出台《关于加强我区古籍

① 此据2014年8月12日在拉萨市政协文史委的座谈。

② 西热桑布：《藏文“元版”考》，《中国藏学》2009年第1期；熊文彬：《元代皇室成员施刊的藏文佛经》，《中国藏学》2009年第3期。

保护工作实施意见》。拉萨市文化局整理并出版了寺院藏品目录[①]和图录。[②] 布达拉宫的珍贵古籍目录已经出版，不仅仅是达赖喇嘛的格鲁派典籍，其他教派的古籍也收藏极丰。[③] 西藏自治区已有158函珍贵古籍入选第一至第四批《国家珍贵古籍名录》，2014年再将500多部申报列入第五批名录。[④] 目前来看，拉萨在古籍保护整理方面走在西藏各地市前列，自治区入选“全国重点古籍收藏单位”的四家单位也都坐落在拉萨，即西藏博物馆、布达拉宫管理处、西藏档案馆与罗布林卡管理处。2014年年底，这四家单位与哲蚌寺以及萨迦寺启动重点古籍收藏普查工作，希望摸清各处收藏的古籍底数，逐步建立比较完善的古籍保护工作体系。[⑤]

民间机构团体开展的传统文化保护活动呈现出良好态势。坐落在拉萨市江苏东路居民区内的西藏百慈藏文古籍研究室是由著名藏族学者土登尼玛（Thub bstan nyi ma）先生组织，专门从事古籍文献抢救、研究、整理和出版保护的非营利性的民间机构；2011年3月，由该研究室在国内外公私藏家手中收集、汇编、整理了很多手抄本、孤本等珍贵古籍，将过去的一些文集补全，大部分为首次出版，逐字对勘，由中国藏学出版社出版的藏文古籍大型系列丛书《先哲遗书》131卷。此丛书被列入新闻出版总署“十一五出版规划”（原名“历代藏族学者选集”），并于2011年荣获第二届中国出版政府图书奖。[⑥] 在色拉寺原印经院的基础上，由色拉寺和大昭寺联合出资成立色昭古籍整理室，2012年，这个民间组织被正式纳入西藏自治区古籍保护工作管理序列，已对3000余函藏文古籍进行了抢

① 拉萨市文化局编，罗桑编译：《拉萨古籍目录》，西藏古籍保护系列丛书，西藏藏文古籍出版社2014年版。

② 拉萨市文化局编，罗桑编译：《拉萨古籍目录》，西藏古籍保护系列丛书，西藏藏文古籍出版社2014年版。

③ 西藏自治区文管会布达拉宫文保所编：《布达拉宫典籍目录》（gsung'bum dkar chag），西藏人民出版社1990年版；布达拉宫管处文物研究室编：《布达拉宫藏噶举派典籍目录》（pho brang po ta lar tshags pa'i bka'brgyud pa'i gsung'bum dkar chag bzhugs so），西藏人民出版社2007年版；同波·土登坚参编：《布达拉宫馆藏格鲁派典籍目录》（po ta la'i gsung'bum dkar chag），民族出版社2013年版；布达拉宫古籍文献整理室编：《布达拉宫馆藏萨迦派典籍目录》，西藏人民出版社2015年版；《布达拉宫藏宁玛派典籍目录》。

④ 尕玛多吉：《西藏158函古籍入选国家〈珍贵古籍名录〉》，《光明日报》2014年2月21日。

⑤ 刘洪明、许万虎：《西藏6家单位开启重点古籍收藏普查——以藏文文本为主体的普查对保护西藏文化和科研等具有重要意义》，《拉萨晚报》2014年12月5日。

⑥ 本刊记者：《中国藏学出版社〈先哲遗书〉丛书荣获第二届“中国出版政府奖”图书奖》，《中国藏学》2011年第S2期。

救性保护、整理和编辑，并合作出版发行了450多函珍贵文献。百慈和色昭卓有成效的工作标志着西藏古籍保护工作逐步迈向社会化，调动各种社会力量开展古籍普查、整理、保护、修复、出版工作。

地方史志著述方面，拉萨市政协文史委依靠各界委员的力量收集资料，是最早成立的部门，以补档案和地方志之缺、更正史书之误为己任。1964年最早成立“文史资料学习小组”，会聚了很多老一辈工作者，力量比较强大。最初八县区的文史资料是铅字印刷的藏文内部资料，近年在其中城关区版的基础上翻译成汉文本《老城史话》并出版，获得全国政协优秀文史资料提名奖，现在准备出版藏汉文合订的校对本。前几年出了《拉萨文史》（藏汉合订），收集到的委员“三亲”（亲历、亲闻、亲见）资料都是藏文，尚需高质量的翻译、核实、丰富与校对工作。如原拉萨市歌舞团原团长、西藏曲协原主席、拉萨市和西藏自治区两级原政协常委、中国曲艺家协会原副主席土登（1934年出生）口述《艺术路上追梦一生——我的艺术亲历》等。这些老人是历史的见证者，他们对自身经历、成长过程的回忆往往是珍贵的资料，有些资料对于揭批达赖、还原历史也具有重要意义。民俗方面的资料已经整理和翻译的有《民俗节日》等，旧时使用的农用器械等的相关资料也在收集整理过程中。除了文字记录和整理之外，还可以尝试留下更多的音像资料。

拉萨市政协文史委正协调相关部门，准备将本部门的甲日巴·洛桑朗杰、白马洛珠等老先生掌握的藏族传统计算技艺“迪吾”（rde'u）申报为自治区级非遗，并在区内外开展传承工作。[①] rde'u在藏语中大意为“小石子”，因此亦可称“石算法”，实际上小石子、小木棍、核桃壳等都可以用。以前西藏地方政府的僧俗官员都要在孜康（相当于现在的统计局）学习，学的第一项就是石算法，用于税收、统计，其历史可以追溯至上千年前，规范至今也有360年的历史。它有歌谣一般的口诀，能算到一粒麦子的1/6。往上可以用到亿，亿之上还有60位，都可以算。

---

① 相关传统著作有《统计学理论提炼金鉴八章》（rde'u'i rtsis gzhung la sarga brgyad la dag ther byas pa rab sbyangs gser gyi me long）。参见拉萨市政协文史民族宗教法制委员会《西藏传统统计学概述——藏族传统计算技艺“迪吾”》，2014年版。对这一技艺的介绍还可参见Nor brang o rgyan：“《rDe'u'i rtsis gzhung sarga brgyad la dag ther byas pa rab sbyangs gser gyi me long》skor la dpyad pa”，载同氏：*gSung rtsom*，中国藏学出版社2006年版，第42—70页。

文史委当初 17 人之一的甲日巴·洛桑朗杰（Bya rigs pa Blo bzang rnam rgyal，1940—　）① 先生是拉萨市政协委员、西藏非遗专家委员会委员、藏族著名民俗专家，在 20 世纪 80 年代撰写了关于甘丹寺和察雅寺历史的书。另外老先生撰写出版了专著《甘丹赤巴史》《西藏传统建筑概述》（bod kyi ang las skur cung zad brjod pa mthong ba brgyud pa′i lag len，西藏人民出版社 2007 年版），最近出书介绍拉萨周边的尼姑庵、上下密院。现在还是藏大名誉教授，受邀在拉萨办免费公益讲座，前后讲了八次，包括山水文化、甘丹赤巴等题目，每次都大受欢迎。统战部门、古城管委会、藏大邀请老先生讲藏式建筑和拉萨城市历史。每年藏历年之前或期间，西藏台都放老先生讲藏族节日的讲座。藏语栏目访谈对话节目，也经常请他老人家作为嘉宾。西藏图书馆 2014 年倾力推出的免费开放活动之定期举办的“西藏记忆”系列讲座，以传统文化和非遗传承人为主，首期讲座即特邀他主讲“拉萨山水文化”。② 洛桑朗杰先生强调自然资源与人文资源紧密结合在一起。例如，拉萨的三座神山被认为是三怙主的居所。墨竹工卡县扎西岗乡斯布沟被称为“加杂吉”（brgya rtsa brgyad，意为十八座佛塔）；日多乡思金拉措意思是“具有威力的神湖”，被认为是财主百龙之王居住的神湖，东边的山上形如驻有十六尊者，南边的山脉犹如供奉曼荼罗，西边山脉如大象背负的宝座，周围的小湖也都各具传说，东面五个小湖象征五飞天，南面六小湖象征六趣，西面八小湖象征莲师八相，背面三小湖象征三怙主。③ 老人特别提醒，固然要以经济建设为中心，但在发展的同时也要注意保护历史文化遗迹。拉萨周边山体自然形成吉祥八宝图案（西藏文化传统中“自生”有着特定的意义），其中自生莲花图案在老水泥厂山脚下，莲根被采石挖掉，黑色石头，应引起重视。有些县领导干部不理解这是不可移动的文化遗产，老人不在了、新干部不

---

① 相关事迹详见达瓦《记录历史传之后代——甲日巴·洛桑朗杰先生访谈记》，《西藏大学学报》（汉文版）2005 年第 3 期。

② 附带提到，和“西藏记忆”一起轮流开讲的公益讲座还有“西图讲坛”，邀请西藏大学、西藏社科院、拉萨政协的专家学者们，以讲授社会主义核心价值观，传播先进文化，弘扬主旋律的专家、学者的科研成果介绍为主。挖掘本土文化，更能抢救性地保护民族传统文化，给民族学者、文化传承人一个平台，让大众了解本民族的文化，这也是西藏图书馆在践行中央第五次西藏工作座谈会上提出的“要把西藏建设成为重要的中华民族特色文化保护地”的精神。见晓勇《西藏图书馆公共讲座引发热潮：从聆听祖先的故事开始》，《西藏日报》2014 年 4 月 23 日。

③ 《拉萨市地方志》编委会：《拉萨市志》（上册），中国藏学出版社 2007 年版，第 680—681 页。

懂，破坏非常可惜。[①]

地名文化凸显城市形象。2009 年 9 月《拉萨市地名管理条例》（以下简称《条例》）出台，结合《条例》，以全市大发展、大建设为契机，以挖掘保护地域文化遗产为基础，起草《保护拉萨地名文化实施意见》，最大限度地体现文化内涵、增加文化元素、传承文化特色、彰显文化底蕴。同时，推进地名标志的规范化、标准化设置，2010 年以来，制作安装道路指示牌 682 个，更换道路指示牌 175 个，安装门牌 50894 个，完成北京路、扎基路等 58 条市内道路、41 个公园、拉日铁路拉萨段 7 个站名和 17 个隧道等名称的命名工作。今年，召开了市人大、市政协、市委宣传部、市发改委、市规划局等 14 个地名工作领导成员单位参加的拉萨市地名工作协调会，切实推进地名工作的规范化、标准化和科学化进程。[②] 拉萨的城市化与现代化提出了新的文化规范，也是适应世界旅游目的地的现实需要，藏文标识、[③] 英文地图的标注等同样需要关注。地名文化的挖掘整理，每个地名后面都有故事，例如拉萨（lhasa）原名逻些，取自山羊背土填湖建造大昭寺的传说故事，这些都可以成为文化旅游的资源。

（三）固化为民俗的民族宗教文化的保护

拉萨很多民俗的起源，与佛教、苯教等宗教文化有着非常密切的关系。随着时间的流逝、社会的变迁，这些民俗已经根植于拉萨民众的日常生活，必须予以相应的尊重与照顾。

拉萨传统节日当中，藏历新年、雪顿节等最为重要。追溯雪顿节的今昔饶有趣味。雪顿节（zho ston）的本义是酸奶宴，柳梧大家族为迎接宗喀巴大师前往哲蚌寺而为全体僧众设酸奶宴，故名。过去开始时间固定在藏历六月三十日，在哲蚌寺展佛拉开序幕，先表演藏戏敬佛；第二天（藏历七月初一）在达赖喇嘛夏宫罗布林卡，也是敬演藏戏。七月初三登场的是仁木县“江噶尔”却宗（寺名）藏戏团；七月初三演出团体是昂仁县藏戏团；七月初四的藏戏团来自日喀则的南木林县；七月初五觉莫隆藏戏团演出。除了以上主要的演出队伍之外，客串演出的还有山南雅砻的白面具藏戏、琼结黄面具藏戏团、尼木塔隆藏戏团、曲水县牛皮船和牦牛

① 此据 2014 年 8 月 12 日在拉萨市政协文史委的座谈。

② 参见拉萨市提供的调研资料《拉萨市民政工作调研汇报材料》，2014 年 8 月。

③ 2014 年 8 月 12 日在拉萨市政协文史委座谈时了解到的例子如，某些地方将冲赛康的藏文名字 khrom gzigs kkhang “观街台”错写成“通司康”，而“通司（事）”是翻译的意思。

舞，等等。从最初以藏戏表演为最主要内容，也逐渐增加舞蹈，即宫廷的歌伴舞（卡巴、克鲁）。来自农区的藏戏团过了藏历七月十五必须回去，因为农忙季节来临。现在的文化活动为满足群众需要，从罗布林卡转移到龙王潭（宗角禄康公园）演出。[1] 2012 年 7 月 24 日，拉萨市节庆管理协会成立，由市政府办公厅为业务主管单位；办公场所设在市政府，针对雪顿节，由政府官员牵头、民间人士积极参与，以该协会名义开展雪顿节的各项组织工作。每年的雪顿节，通过弘扬藏民族传统文化，也可以作为民俗节日教育活动。雪顿节纪念宗教大德，庆祝丰收，促进和谐、交流，外面的人来到拉萨了解拉萨，本民族通过参加、展示传统文化特色，促进和内地的交往。与藏历新年相比，雪顿节正好处于拉萨的旅游旺季，很多游客慕名接踵而至，经常一票难求，已成拉萨旅游市场最具号召力的品牌之一。从 2015 年雪顿节活动方案来看，传统的哲蚌寺、色拉寺展佛仍然占据举足轻重的地位，罗布林卡、宗角禄康公园将展演优秀藏戏；第五届西藏唐卡艺术博览会展出 35 幅精品唐卡、145 件参赛作品，并将从理论和实践两方面开展技艺大赛，为优秀唐卡画师评定等级，校订唐卡的传承方针。除上述传统民俗文化内容而外，还有一些新的活动加入雪顿节当中，包括：第二届藏族音乐研讨会和“绿色家园”商业演唱会、拉萨市第二届“体彩杯”足球联赛、第九届拉萨纳木错国际徒步大会、净土健康产业招商引资项目推介会及净土健康产业展销会。那些穿着节日盛装、在看完藏戏后久久不散的人群，令人深深感受到雪顿节等传统民俗文化的强大魅力。

另一个突出的方面涉及葬俗。当地民众习惯天葬、水葬及土葬。近年来在公务员、汉族等特定人群中推行火葬；在藏族中宣传过殡葬改革，有一些人改为火葬，拉萨市现有一座公墓园，纳金乡藏热村还有汉族古墓地。2010 年以来，在公墓园安葬 67 人。但至今天葬这一殡葬形式的重要性仍无可取代。目前遇到的困难是多方面的。一者，天葬师是祖传的职业，社会地位不高，愿意子承父业继续从事这个行当的人比较少。二者，就是天葬台的保护。拉萨市有天葬台 91 处，其中经常使用的有 36 处。[2] 然而近年来随着游客和外来人口的增多，有人的做法超出规范，爬

---

① 此据 2014 年 8 月 12 日与拉萨市政协文史委的座谈。

② 《拉萨市地方志》编委会：《拉萨市志》（上册），中国藏学出版社 2007 年版，第 268 页。

到白塔、煨桑炉上照相等，甚至将天葬全过程在网络传播，对民族信仰的破坏性很大。除了应加强对游客等进行当地民俗、礼仪与禁忌的多渠道介绍而外，拉萨政协提案加强天葬台管理工作，以确保西藏千百年来形成的丧葬习俗得以传承和延续。经开展调研工作，上报《拉萨市天葬台管理暂行办法》，拟成立拉萨市殡葬管理事务中心。投资维修改造墨竹工卡县直孔梯、城关区色拉、堆龙德庆县其米龙三所天葬台。城关区原先有两座天葬台——帕绷喀和色拉，但色拉寺游客越来越多，秃鹫就不落下来了，导致该天葬台已经荒废。城关区统筹安排1000余万元，实施夺底乡色拉天葬台周边环境整治工作，建网围栏等，全力保护天葬这一藏族传统丧葬习俗，受到广大群众和天葬师的一致好评。① 目前初显成效，2014年4月8日正式启用，每年可以处理三四百具遗体。

城区的很多老人自小养成转经、朝佛的习惯，红白喜事总要请喇嘛念个经。城关区利用福利彩票资金建设老人福利院，各方面设施条件相当好（养老公寓定价3300元/月，区外老人3600元/月）。但老人的精神生活以转经为主，即便福利院旁就有寺院和转经的地方，仍然不愿意去。此外，人去世后在寺中点灯超度、转山（尤其是马年转冈仁波齐）等，都已成为根深蒂固的民俗。维系这些民俗的正常开展除了传统文化、民族情感等多方面的重要意义而外，无疑对社会的长治久安将有积极的作用。

（四）民族文化传统与精神的弘扬

在学校、国家机关、企事业单位以及社会开展精神文明教育、道德宣讲时，宗教观念和传统文化是必须直面的问题。从国家角度看，应以正面引导为主，选择与社会主义核心价值观融为一体的思想观念进行宣传、为我所用。拉萨富于藏文化积淀，需要做的是将包含藏传佛教在内的西藏思想文化传统中的道德观念与核心价值观、与公民教育结合起来，从而达到最好的效果，即以社会主义核心价值观为灵魂，以民族、地域文化为特色。对此西藏大学丁玲辉教授曾有总结：西藏历史文化的精华中，包含不少很好的价值观念。比如，松赞干布时期制定的《十六净法》有“报父母恩，敬重有德，运虑高瞻，饮食有节，不听邪说，自持主见，担当重任，宽宏大度”，《礼仪问答写卷》有为人之道的10个道德规范与做人的标准，《萨迦格言》则有全社会共同尊崇的与人为善、遵守诺言、诚实守

① 参见拉萨市城关区提供的调研资料《城关区经济社会发展情况汇报》，2014年8月。

信、尊老敬贤的道德规范以及《格萨尔王传》和藏医学中的伦理思想等，蕴含着丰富的思想文化内涵，不失为中华民族传统美德在藏民族身上的具体体现，是仍可汲取丰富营养的精神文明遗产。①

当前的产业发展，对传统文化、宗教精神有一些主动借鉴，例如“净土”健康产业。“净土”既指青藏高原上干净的土壤、空气与水，也指这里纯净的人文环境。其产业发展思路就是水、土壤、空气、人文环境“四不污染”，特别注意“不污染人文环境”这一点。佛教教徒对“净土”的憧憬向往、至诚追求支撑起净土健康产业的文化理念，从而形成对现代产业、环保事业的推动。

与此同时，也应积极引导宗教与社会主义社会相适应。启动实施以学习历代高僧大德“爱国爱教、遵法守纪、弃恶扬善、崇尚和谐、祈求和平”为主题的法制宣传教育活动，教育引导广大僧尼自觉弘扬藏传佛教优良传统，爱国爱教、守法持戒、精进学识、净化思想。

对传统文化相关产业的从业人员而言，善于利用现代化的科技手段是开阔眼界、提升自己的捷径。举美术和工艺美术行业而言，精美的画册或其他印刷材料，充分的细节展示，传统藏族工巧明著作的整理出版，通过手机和互联网易于获得的传承知识和展览讯息，逐渐发达起来的交通条件，考古发现成果和公私、僧俗藏品的公开……一改雪域高原对外交通相对缓慢的节奏，创造了便捷有效的学习条件。“在互联网和资料库里，年轻人能见到很久远的文物级唐卡，也能见到偏远寺院的壁画照片，这是老一辈画师们在成长阶段无法接触到的。……在以前闭塞时代没法学习借鉴的优秀画作，在交通便利、网络发达的当下能很方便地观赏到”，这使中青年画师拥有突飞猛进的技艺。② 换个角度看，在技巧丰富完善、工艺精益求精的同时，还应把握时代脉搏，发扬藏族善于虚心学习、勇于革新创造的精神，使藏文化成为中华文化中富于特色、充满凝聚力、活跃而和谐的一脉，在不断改善物质生活条件的同时保持对“净土”的精神追求。

---

① 丁玲辉：《发挥核心价值观的引领功能》，《西藏日报》2014 年 4 月 12 日。

② 魏圣曜、索朗德吉：《西藏唐卡进入最好传承时期》，《人民日报》（海外版）2015 年 4 月 6 日第 4 版。

第七章

就业与劳动力市场建设

就业是一项牵涉民生和社会稳定的大事，在西方发达国家，就业率是衡量一届政府政绩的重要指标，因此素来受到民众和国家的重视。在我国，就业工作从计划经济时代发展到市场化时代，经历了很大变化，但一直是国家和政府的工作重点。时任国务院总理温家宝在 2012 年的《政府工作报告》中指出“要千方百计扩大就业”，“各级政府务必坚持就业优先战略，继续实施更加积极的就业政策”。习近平主席在各种场合也多次强调就业工作的重要性，他说：“就业是民生之本，也是世界性难题，要从全局高度重视就业问题。”① “就业是永恒的课题，更是世界性难题。我国每年新增 1000 多万就业人口，必须大力促进就业创业，一是要集中精力抓发展，二是要把就业再就业工作做实，三是劳动者要转变观念。行行出状元，只要是劳动就值得尊重，大家都要尊重劳动。”② 中央的指示为西藏的工作指出了重点和方向。

由于牵涉社会稳定和民心的向背，就业工作一直得到了极大的重视，是自治区工作的重点之一，也是拉萨市的战略重点之一。为学习、贯彻并落实好中央的重要指示精神，2012 年 3 月 22 日，自治区总书记陈全国对做好自治区就业工作做出重要批示，指出：“就业是民生之本。各级党委、政府要牢固树立以人为本、执政为民理念，切实把做好就业工作作为关系西藏发展稳定大局的关键之举，作为保障和改善民生、提高各族人民群众生活水平的头等大事，作为促进民族团结进步的重要措施，作为全面实现小康社会宏伟目标的战略任务，摆在更加突出的位置，下更大的决心，想更多的办法，采取更有力的措施，切实把就业工作抓紧抓好抓出成

① 《习近平：就业是民生之本》，《法制晚报》2013 年 5 月 16 日。

② 《习近平：就业是永恒课题》，新华网，2013 年 8 月 30 日。

效。”这“四个作为”将西藏就业工作摆在了前所未有的重要位置，充分体现了自治区党委对就业工作的高度重视。陈全国书记来藏不久就深入一线调研就业情况，并多次对做好就业工作做出重要指示，提出了使西藏籍大学毕业生实现全部就业的目标，在全区引起了强烈反响。

一　拉萨市的就业形势与趋势

拉萨市作为西藏的首善之区，其就业工作堪为全区的表率，因此受到了特别的重视。下面我们就借助图 7-1，来看一看拉萨市历年来的就业状况。

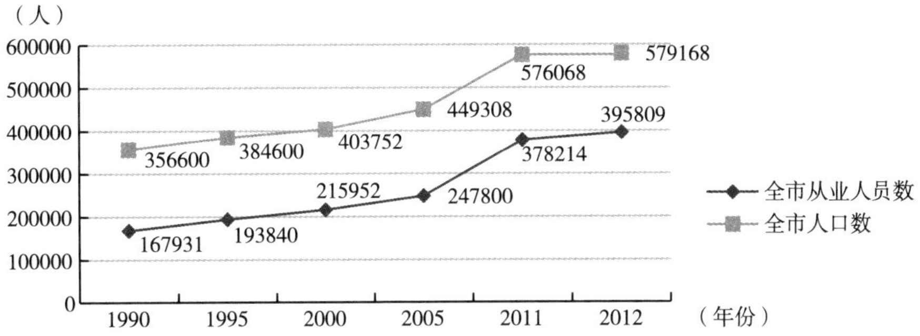

图 7-1　拉萨市全市历年人口数与就业人员数

数据来源：拉萨市统计局国家统计局调查队编：《拉萨市统计年鉴（2013）》，第 19、22 页。

从图 7-1 中我们可以看出，拉萨市的就业人数一直在上升，而以 2005 年后上升尤为迅猛。这个数据的意义，需要我们结合全市人口数来解读。根据上一条曲线，我们可以发现，拉萨市的就业人数的历年趋势与全市人口数的增长趋势是一致的，也就是说，人口的增加为就业队伍扩大提供了人员基础。但除此之外我们更要看到，就业人口占全部人口的比重是一直在上升的。由于无法得到适龄劳动人口数值，我们姑且将全市就业人口数与全市总人口数做一比较，虽然不能直接视为就业率，但应该是能反映大趋势的。这一数值 1990 年为 47.1%，2000 年为 53.5%，2012 年为 68.3%，比 1990 年增加了 21.2%，比 2000 年增加了将近 15%，如果将人口基数换成劳动力数，相信这一提高还会更为明显。这显然应该归因于自治区对于就业工作的重视，是市政府在这方面取得的重大成绩。

事实上早在 2007 年，拉萨市就曾创下纪录，通过增加 600 个公益岗位，成为中国首个无“零就业家庭”的省会城市。①“十一五”期间，拉萨市积极贯彻落实《就业促进法》，通过创新机制，完善落实政策，强化服务等举措，多渠道增加就业岗位，扩大就业，促进再就业，取得了显著的成绩。“十一五”期间，全市培训并转移就业12025人，发放失业救助金170余万元，通过职业介绍实现就业27060人，就业率达到78%，城镇登记失业率控制在4.29%以内。②

2011年，自治区政府采取了有力措施，实现了西藏籍应届高校毕业生全就业，受到了社会各界和人民群众的普遍赞誉。在一系列政策的支持下，2011年，西藏籍高校毕业生12407人，就业率达99.31%；2012年，西藏籍高校毕业生12574人，就业率达98.36%；2013年，西藏籍高校毕业生14379人，就业率达99.17%。至此，西藏已连续三年实现应届高校毕业生基本全就业。③

2014年，拉萨市新增城镇就业15550人，完成全年目标任务15000人的103.7%，同比增长47.3%；消除零就业家庭14户，共14人，继续保持零就业家庭动态清零；全市城镇登记失业率控制在2.2%以内。开发就业岗位15794个，其中公益岗位2120个，完成全年目标任务的315.9%。④

根据2015年的计划，拉萨市将实现新增城镇就业人数15000人。实际上仅上半年，全市就实现新增就业7600人，完成全年任务目标1.5万人的50.7%，城镇失业率控制在2.2%以内，继续保持城镇零就业家庭动态清零；开发就业岗位8331个，完成全年任务目标6500个的128.2%；开展职业介绍8486人次，介绍成功4555人，职业指导13364人次，分别完成全年任务目标的102.2%、109.8%和148.5%；实现农牧区劳动力转移就业5.8万人、8.1万人次，转移就业实现收入2.09亿元，分别完成全年任务目标的55.2%、42.6%和52.9%；开展技能培训24期，培训农牧民和城镇失业人员1353人，完成全年任务目标的32.3%，培训后实现就业975人，就业率达72%。开展实用技能培训650人次。另外，市政府积极制定《2015年拉萨市就业援助工作实施方案》，并成立拉萨市就业援

① 西藏新闻网：《拉萨成为首个无“零就业家庭”省会城市》，2007年11月29日。

② 王珊：《铺筑民生路　打开致富门》，《西藏日报》2010年11月5日。

③ 新华网：《西藏连续三年实现西藏籍应届高校毕业生基本全就业》，2014年3月23日。

④ 中国西藏新闻网：《拉萨今年将实现新增城镇就业人数15000人》，2015年3月28日。

助工作领导小组，统筹开展全市就业援助帮扶工作，围绕方案组织开展以“送温暖、送岗位、送信息、送政策、送培训”为主题的一系列就业援助活动，着力解决就业困难人员、零就业家庭和农牧区富余劳动力的就业问题。从上述数据来看，2015 年完成预计的 15000 人的目标应该是可以达到的。①

与就业人员总数同样重要的是就业人口的产业分布，详情见图7-2。

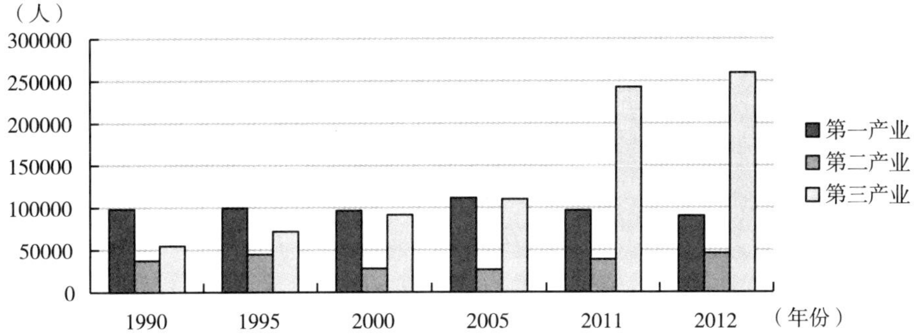

图 7-2　历年来拉萨市三大产业产值变化情况

资料来源：拉萨市统计局国家统计局调查队编：《拉萨市统计年鉴（2013)》，第 22 页。

从图 7-2 中我们可以看到，第一产业的从业人员稳中有降，不仅在从业人口中所占的比例一直呈下降趋势，而且连绝对数值也从 1990 年的 98270 人下降到了 2012 年的 90103 人，而与此同时依然能保持农牧业的生产稳定发展，这不能不说是一个重大的成就。第二产业的就业人口有着缓慢的增长，从 1990 年的 14894 人增长到 2012 年的 45992 人。与之形成鲜明对比的是第三产业的蓬勃发展，尤其是在进入 21 世纪之后，就业人口数从 2000 年的 91395 人猛增到了 2012 年的 259714 人，增长两倍半。

其中增幅最猛的四个行业，分别为批发和零售业、住宿和餐饮业、建筑业、公共管理和社会组织。批发和零售业从 2005 年的 12329 人增加到了 2012 年的 79915 人，住宿和餐饮业从 2005 年的 11701 人增加到了 2012 年的 27318 人，建筑业从 2005 年的 12992 人上升到 2012 年的 22159 人，公共管理和社会组织的从业人员则从 2005 年的 22857 人增加到了 2012 年的 31576 人。这样迅猛的增幅显然不是人口自然增加能解释的，必然涉及大量外来人口的涌入。在 20 世纪 90 年代就有学者指出，从自治区内外地

① 中国西藏新闻网：《今年上半年拉萨市实现新增就业 7600 人》，2015 年 7 月 29 日。

向拉萨流动的人口中，最常见的动机是找工作，拉萨人口迁移的特点是农民进城转入非农行业，而在这些移民中成为各类工人和商人、手艺人的居多。[①] 这一特点看来延续到了当下，因此批发和零售业、建筑业就业人员的增幅才会如此之高。而住宿和餐饮业的就业人员增加则与拉萨市大力发展旅游等第三产业的经济战略有关。至于公共管理和社会组织的从业人员增加，则或许与2011年以后自治区拨出大量公务员岗位以容纳应届高校毕业生有关。

二 拉萨市促进就业再就业的手段

拉萨市委、市政府历来高度重视就业再就业工作，将其作为“安民工程”和“德政工程”来认真推行。从2012年开始，拉萨市启动了“四业工程”，把“以业育人、以业安人、以业管人、以业富人”作为工作重点，在推动城乡劳动力稳定就业、持续增收等方面成效显著，到2014年8月为止，全市实现转移就业近3万人、组织劳务输出3.4万人，分别促进增收2.6亿元和2.5亿元，可以说取得了重大的成就，但其中也存在一些待突破的难点。下面，我们就依照不同的措施和手段，来考察拉萨市政府在促进就业再就业方面所做的努力以及所面临的问题。

（一）就业培训

这一策略主要面向的是广大农牧业的就业和再就业人员。在低端劳动力市场上，拉萨市现在面临着两难，其一有人找不到工作，其二是有岗位招不到人。前者的表现是政府一直在狠抓就业率，要达到充分就业，这说明一直都有未就业的人口。后者的表现是很多岗位的人员流动性太大，往往无法留住适合的人才。而两者之间的矛盾，其实是传统的农牧业生产生活方式与现代工作制度之间的龃龉。

在传统藏区，并不太强调现代化的职业素养和职业道德。老百姓的生活比较随意，尤其在集体划时代结束，农田承包到户之后，除了灌水的一天之外，其他时间都可以归农户自由支配，因此养成了自由安排劳动节奏的习惯。例如藏族爱喝茶，无论田间劳动还是放牧牛羊，煮茶、喝茶的时间总要留出来的，还要安排专门的人手来烧茶。而这些习惯，在现代企业

① 北京大学社会学人类学研究所、中国藏学研究中心合编：《西藏社会发展研究》，中国藏学出版社1997年版，第245—246页。

制度中得不到容许。因此农牧区来的藏族尽管有很好的体力和韧性，但对于单调而严格的建筑工和保安等工种并不能很好地适应，在调查组考察期间，有用人单位表示，招到的这类工人总是做不长久。

除此之外还有劳动技能的问题，这个问题拉萨与内地一样，广大牧民并未受过专门的劳动技能训练，因此在劳动力市场上需要从头学起。单靠企业来解决这个难题显然是缓不济急的，需要政府大力投入，有所作为。

授之以鱼不如授之以渔，为了让广大城乡劳动者掌握一技之长，拉萨市实施了“农牧区劳动力技能培训转移就业计划”，针对广大农民工开展技能培训，采取突出重点、招标认定培训机构、强化培训过程，监督、规范培训工种、时间和资金使用管理等方式。在拉萨市人才交流大厅，工作台上方悬挂着政策咨询、就业登记、职业培训、失业登记等牌子，为有求职愿望的人提供一条龙服务。全局干部职工把就业服务工作摆在重要位置，全力做好就业服务工作，并采取扎实的措施抓落实。

为了把就业扶持政策落到实处，市人力资源和社会保障局通过开展送政策、送岗位、送技能、送服务为主要内容的活动，通过宣传就业政策、提供就业信息、免费职业介绍、技能培训和鉴定等形式，为农牧区劳动者进城务工营造了良好环境。

拉萨市在推进“四业工程”中，突出“加大技能培训力度，不断提高劳动者素质；积极改善就业环境，实现劳动者充分就业”两个重点；同时，做大做强农牧民经营组织，增强市场竞争能力；广泛深入地发动群众，充分发挥群众的主体作用；建立和完善工作激励机制，充分调动多方积极因素；认真总结工作经验，用典型经验引路导航；不断完善工作机制，提高工作效率和质量。

从拉萨市启动“四业工程”到2014年8月为止，全市共培训城乡劳动力7万余人，其中，实用技术培训合格率达95%以上，转移就业培训就业率达90%以上，创业培训创业成功率75%。全市实现转移就业近3万人，集中组织劳务输出3.4万人，成功创业718人，创业带动就业2000余人，就业规模和质量不断提高；近4万名农牧民普遍提高了一产收入，转移就业增收2.6亿元，劳务输出增收2.5亿元，农牧民人均纯收入增长20.45%。可以说，“四业工程”对于提高农牧民的职业素养，开拓就业渠道起到了积极的作用，效果显著。

据相关部门的干部介绍，培训效果较好的是针对企业的订单式培训，比如酿酒、藏毯和驾驶员等企业需要的专业技术人员，针对其需要进行专门的招募。部分培训费用由政府补贴资金，这样的培训基本每个季度都有，完成之后能保证就业，而且相对待遇较好，因此效果更为明显。这种形式可以说是将职业介绍与职业培训结合了起来，因此受到了用工方和劳动者双方的欢迎。

为切实做好 2015 年培训工作，拉萨市扶贫办向市“四业工程”办公室上报了 2015 年的培训计划，计划开展培训 34 期，培训 1371 人，计划投入培训资金 425.7 万元。结合市场需求开设培训课程，培训技术主要为：贫困妇女羊毛手工编织、奶牛养殖技术、农机具维修、唐卡制作、民族传统服饰制作、民间传统手工艺加工、摩托车维修、农畜产品加工、压面技术、民族歌舞、藏餐制作等。下一步工作中，拉萨市扶贫办将继续把农牧民实用技术、增收技能的培训工作作为重中之重来抓，逐步扩大培训规模和内容，进一步提高培训质量，为实现“转移一人、脱贫一户”总体目标，为建设社会主义新农牧区奠定坚实基础。

（二）职业介绍

为更好地搭建就业服务平台，全市各级人力资源和社会保障部门较快地把握国家的政策导向、政策机遇，及时出台各项政策。用市人力资源和社会保障局局长徐海元的话来说，就是“全力搭建就业服务平台，以服务对象为中心，努力落实优惠政策，积极开发就业岗位，全力帮助困难群体实现就业，让他们充分感受党和政府阳光政策的温暖”。

早在 2008 年，为了维护正常的劳动力市场秩序和广大求职人员的合法权益，拉萨市劳动和社会保障局就出台了《拉萨市职业介绍服务与管理试行办法》（以下简称《试行办法》），并于 8 月 1 日开始实施。《试行办法》规定，开办职业介绍机构，必须要有固定的职业介绍场所和相应的办公设施设备；有 2 万元以上的注册资金；有 2 名以上具有职业指导资格证书的工作人员。申请开办职业介绍机构，必须提供场地的产权证明或经公证的租用合同或协议书，且场地租期不得少于 3 年。为避免职业介绍机构推卸责任，《试行办法》还明确了职业介绍机构的相关义务：例如，职业介绍机构应依照《劳动合同法》的相关法律规定，督促用工双方签订劳动合同。以签订劳动合同使用期开始之日起视为职业介绍成功。当然，如果一次介绍不成功，职业介绍机构也可在求职者自愿的情况下提供两次或两次以上职介服务，但后续服务不再收取任何费用。为了维护求职人员的合法权益，《试行办法》除规定职介机构应当向求职人员提供真实准确的用工需求信息外，还要求职介机构必须在服务场所明示营业执照、职业介绍许可证、服务项目、服务标准、收费项目及标准、监督机关名称和监督电话等信息。对于未明示职业中介许可证或监督电话的职介机构，劳动保障行政部门将处1000元以下罚款，意在禁止用人单位、职介机构、求职人三方中任意两方串通，侵害第三方合法权益。

可以说，《试行办法》是拉萨市在就业工作市场化方面迈出的一大步，对于当时就业市场的规范化，促进职业介绍工作的稳步前进起到了积极的作用。此后，市人力资源和社会保障局继续主动帮助企业排忧解难，千方百计扩大就业。2010年年初，当得知拉萨几家知名企业需要招工时，该局立即行动，为这几家企业发布招工信息，并举办了专场招聘会，集中组织求职者与企业当面洽谈，为这些企业解决了招工难题。面临新形势下就业工作，该局还积极改进作风，提高服务水平，局领导班子明确分工，各自负责一条线，帮助企业排忧解难；组织人员深入各类用人单位和街道社区进行宣传，发放宣传材料6万多份；对困难人员家庭的情况进行了全面调查统计，建立档案，实行动态管理，并有针对性地采取措施进行援助。

在2013年以前，拉萨市是全国唯一没有建立人力资源市场的首府城市，虽然自治区职业介绍服务中心、拉萨市职业介绍服务中心以及一些民营职业介绍所，为用工单位和求职者搭建了人力资源平台，但不能满足劳动用工双方的需求。“十二五”规划将拉萨市人力资源市场列入了自治区重点建设项目，市场于2014年年底投入使用，投资1107.14万元，总建筑面积4454.6平方米。为拉萨市人力资源的相关工作提供失业登记、求职登记、职业指导、就业培训、合同签订、劳动保障事务代理、劳务输出等多项服务功能。

在不断开创新的就业服务载体中，拉萨市狠抓职介工作，积极搭建信息平台，强化企业对接服务。相关部门积极开展各类大中小型人力资源洽谈会，据了解，仅2015年上半年，就开展了职业介绍6407人次，介绍成功3874人，职业指导11407人次。

拉萨市紧紧围绕净土健康产业、旅游文化产业、“二区四园”和国家重点项目，提前介入，主动上门收集空岗信息，上半年共开发就业岗位7129个，并将开发岗位信息汇总，编制《拉萨市2015年上半年企业用工岗位信息手册》，通过多种方式和途径进行发放，为群众求职提供了便利。①

拉萨市人力资源和社会保障局在职业介绍工作中充分注意到各阶层、各类型的人才需求和企业需要，为从农牧民、应届毕业生、各类专业技术人员和内地援藏人才举办了类型不同的人才招聘会，针对本地企业、内地企业和类型不同的用人单位举办了相应的人力资源洽谈会。在“西藏自治区劳动就业服务网”和“西藏自治区人力资源和社会保障信息网”上，按照工种、层次、地区划分的招工信息和就业信息常年滚动，各种招聘会的信息及时发布，并有相关政策、法规和条例的介绍，虽然是政府网站，却为人才供需双方搭起电子时代的网络平台，充分利用了新媒体，值得称道。

（三）公益性岗位

自2006年到2015年，自治区人民政府先后五批购买了27000个公益性岗位，用于解决特殊困难人员的就业。拉萨市及各县（区）范围内就有6170余人。公益性岗位是以政府支持为主导，通过政策扶持、政府投资和社会筹资等方式，以实现公共利益和安置就业困难人员为主要目的，从事公共管理和社会公益服务的岗位。公益性岗位是政府帮扶就业困难人员的一项援助措施，是对就业困难人员托底安置的阶段性、过渡性政策，不同于正规就业。公益性岗位从业人员也不能长久地在公益性岗位就业，在规定的就业援助期限内，应退出公益性岗位，并通过转岗实现稳定就业。②

为了让公益性岗位更好地服务于目标人群，自治区政府2014年9月印发了《西藏自治区公益性岗位开发管理暂行办法》（以下简称《办法》），《办法》明确规定，公益性岗位安置对象为具有自治区城镇户籍（大中专毕业生不受我区城镇户籍限制）且有劳动能力和就业愿望者，并办理了《就业失业登记证》且经同级劳动就业服务机构认定的就业困难人员。这九类人员包括：（1）国有企业关闭破产需要安置的“3545”人员（所谓“3545”人员是指年满35周岁的女性和年满45周岁的男性）；（2）城镇零就业家庭成员；（3）城镇持《残疾证》的残疾人；（4）享受

① 中国西藏新闻网：《今年上半年拉萨市实现新增就业7600人》，2015年7月29日。

② 《拉萨市公益性岗位从业人员达6000余名》，http://www.xizang.gov.cn/xxs/85266.html。

城镇居民最低生活保障待遇的人员；（5）自失业登记之日起连续失业6个月以上未能实现就业的城镇失业人员；（6）军烈属、现役军人配偶、复员退役军人（不包括自主择业的军转干部）；（7）城镇抚养未成年子女的单亲家庭成员；（8）登记失业的大中专毕业生；（9）城镇规划区内的被征地失业农牧民。

《办法》规定，公益性岗位根据开发性质和服务范围分为四类，分别是政府部门行使公共管理职能开发的辅助性基层社会管理和公共服务岗位；单位开发的公益性岗位；政府补贴、社会开发的适合安置就业困难人员的其他服务性岗位和为安置适合自治区生源登记未就业大中专毕业生由政府开发的具有一定专业性、技术性的公益岗位。公益性岗位政府补贴由岗位补贴和社会保险补贴两部分组成，岗位补贴标准为自治区最低工资标准的120%，

在劳动合同期限内符合下列8种条件之一的从业人员要退出公益性岗位：通过招考，被录用为公务员和事业单位工作人员的；具备一定专业技能和工作经验，在编制范围内被用人单位录用为劳动合同制工人的；通过其他合法途径实现就业并取得稳定收入的；在工商行政部门实名注册从事经营活动的，或者通过小额担保贷款从事经营活动的；在公益性岗位从业劳动合同期限届满的；户口迁出公益性岗位所在地的；达到自治区规定领取养老保险待遇年龄，已享受基本养老保险待遇的；因情况发生变化，不再符合就业困难人员认定条件的。

交通协管员、社区协理员、绿化保洁员……这些公益岗位一方面保障了就业困难人群的工作和生计，另一方面也缓解了社会矛盾，维护了社会和谐。公益性岗位是拉萨市政府在解决就业问题，保障社会稳定方面做出了一次有益尝试，取得了良好的效果。

当然，在具体实施中也有一些问题存在。据调查中了解到的情况，有些公益性岗位被占据达八年尚未推出的情况也有，大大超过了岗位设置阶段性、流动性的初衷。还有些群众对公益性岗位性质不了解，认为是政府非编制内的正式用工，只要踏上公益性岗位工作就一劳永逸。对社会养老保险缴纳制度不了解、对公益性岗位人员要求条件不了解的情况也有存在。这些问题都需要在未来的工作中进一步改进。

（四）内地就业援藏

需要指出的是，为了解决西藏的就业问题，内地各省市也做出了积极

的贡献。为支持西藏经济发展，多年来中央政府采取一系列援藏措施，就业援藏作为援藏内容之一，为西藏高校毕业生就业提供了就业保障。如今在各援藏省市和援藏企业的帮助下，越来越多的西藏籍毕业生开始走出高原，到内地历练能力，寻求更广阔的发展空间。

为认真落实中央第五次西藏工作座谈会提出的“对口支援省市、企业每年吸纳一定数量的西藏籍高校毕业生就业”以及习近平总书记、李克强总理近期对促进高校毕业生就业工作一系列指示精神，2012 年 2 月，就业援藏正式启动。北京、上海、重庆、江苏等省市面向西藏籍高校毕业生专场招聘、网络招聘、推荐区外就业等方式，拉萨市已实现区外就业 500 余人，遍及成都、北京、重庆、上海等地及中国神华、中国石油等中央援藏企业。2013 年，北京市、江苏省高度重视，积极响应党中央、国务院号召，分别与拉萨市人民政府签订就业援藏框架协议，每年各为西藏籍高校毕业生提供 100 个就业岗位，引导扶持西藏籍高校毕业生实现区外就业。到 2014 年，两年多的时间里，各援藏省市、援藏央企为西藏籍高校毕业生提供就业岗位 1.7 万余个，共有 2800 余名西藏籍高校毕业生到区外实现就业。[①]

就业援藏拓宽了西藏高校毕业生就业渠道，丰富了就业形式。这项举措也可以造就一大批懂技术、善管理、符合现代化事业需要的人才和技术骨干，为西藏经济社会发展提供强大的人才支持和智力保障。因此，受到了西藏应届毕业生的欢迎。

阻碍就业援藏的主要因素，一是一些毕业生浓重的家乡观念。据一位地方官员介绍：“西藏出去就业的，大部分人最终还是要回来。我们之前组织了一次定点招大学毕业生，解决户口就业，拿出 200 多个职位，最终签协议的只有不到 20 个。不论本地藏族汉族干部，都不愿意再出去工作，首选在周边解决。哪怕在西藏也好过内地。哪怕出去的，打拼几年还是要回来。”这种观念一方面防止了西藏人才外流，对于西藏本地的发展有正面作用；另一方面，也阻碍了本地人才与外地的交流，阻碍了本地主动学习内地先进观念和技术，从长远来看，或许需要得到有关部门更多的重视。二是人才素质。内地企业需要的人才本身起点较高，很多职位要求研究生以上，专业要求工程建筑、临床医学等，本身就是西藏短缺的专业。

① 国际在线专稿：《就业援藏助 2800 余名西藏籍高校毕业生实现区外就业》，2014 年 8 月 20 日。

这方面如果能有合理的人才流动机制，能够保证拉萨市的人才一方面吸收内地先进技术和理念，另一方面也能服务本地，或许会更好。

（五）公共管理岗位就业

上面我们提到，公共管理和社会组织是就业人员增长最为迅猛的四个行业之一，从2005年的22857人增加到了2012年的31576人。事实上，最迅猛的增长基本上是在一年间完成的，即从2011年的27601人增长到了2012年的31576人，增长将近4000人，增幅高达14.4%。2013年，数字增加到3.6万人。① 而在2008年，拉萨市一年招收的公务员不过百余人。这突飞猛进的数字背后，是自治区就业模式方面发生的一次大转变。

2011年10月，西藏自治区党委、政府在全区部署开展“创先争优强基础惠民生”活动，连续三年每年派出两万多名驻村干部，4人一个工作队，进驻全区5464个村（居）委会。驻村干部与当地各族群众同吃、同住、同学习、同劳动，建强基层组织、维护社会稳定、拓宽致富门路、开展感党恩教育、办好实事好事等重点任务。同时，把加强和创新社会治理的理念引入寺庙管理领域，把寺庙作为基本社会组织，照群众的说法：“过去是干部动嘴，群众跑腿；现在是群众动嘴，干部跑腿。”

从2011年年底开始，西藏自治区党委、政府立足强基固本、长治久安，通过深入调研论证，提出全面推行城镇网格化管理模式，在拉萨市率先启动便民警务站建设，并于年底在拉萨市区首先建成135个便民警务站，每个站平均配备37名干警。②

从2012年开始，拉萨市分两批从市、县、乡三级机关事业单位选派267名干部到村（居）党支部担任第一书记，从2013年4月15日至5月19日，西藏拉萨市利用35天时间，采取专题讲座、经验传授、案例分析、现场观摩和研讨交流等方式，对全市267名村（居）党支部“第一书记”进行集中轮训，提升“第一书记”的综合能力。到目前全市已实现全覆盖，每个村和社区都配备了相应的“第一书记”。③

驻村工作队、驻寺工作队、便民警务站、第一书记……所有这些维稳

① 数据来源：中国统计数据库（www.infobank.cn）《中国2013年地级以上城市按行业分组的单位从业人员统计》。

② 西藏在线：《平安是西藏最大的政治》，2014年2月14日。

③ 中国新闻网：《西藏拉萨市集中轮训“第一书记”》，2014年2月14日。

工程都需要巨大的人力投入，为容纳这些人员，则需要提供大量公务员岗位。除了人力报酬之外，还有相应的福利、社保和工作经费。这些维稳举措一方面极大地增进了包括拉萨市政府在内的各地政府在基层的维稳能力，另一方面也吸纳了大量的本地劳动人口。

三 就业形势分析与劳动力市场发展建议

进入21世纪，拉萨市在就业方面取得了突飞猛进的成绩，尤其是从2011年以来，全市在各部门的努力下，始终保持了极低的城镇登记失业率，为社会稳定、经济发展、民族团结做出了重大贡献。总结起来，其重要经验有以下几条：

其一是政策设计有大局观。从政策层面来看，自治区将就业放到西藏维稳的高度来抓，体现了寓就业于社会，寓就业于政治的整体发展观。拉萨市通过贯彻这一政策，消除了零就业家庭，实现了高校毕业生基本全面就业，保证了社会的稳定，连续7年没有出现过大的骚动和混乱局面，大、中、小事三不出，这一成绩本身就证明了自治区政策的前瞻性和有效性，也说明了拉萨市对政策的执行有力、到位。

其二是自治区奉行的全面就业政策，通过保证西藏籍高校毕业生全面就业，充分利用了本地人才资源，为本地的行政和经济部门注入了新鲜血液，也保证了社会稳定和民族团结。国际经验证明，失业率与社会动荡有着明确而直接的关系，从20世纪30年代的经济危机引发的欧洲社会动荡，到近年来巴黎、伦敦的骚乱，都与社会失业率升高，大量青年人无法就业有关，而自治区的全面就业政策正是消除这一诱因的有力措施。通过全面就业，特别是上述的维稳型就业，本来有可能成为治安隐患的青年人被吸纳到了体制之内，成为维稳队伍中的有机组成部分。

其三是配合城镇化和产业结构调整，深入开展农牧民就业技能培训、就业引导培训和职业介绍等活动，为城乡居民增产增收，不但提升了人民收入，也稳定了基层社会组织。“有恒产者有恒心”，社会的稳定，民生是根本，拉萨市是西藏经济发展的火车头，是周边农牧民就业的主要流入地。在需要优先保障生态环境和政治稳定，经济发展退居其次的政策环境下，拉萨市积极依托西藏水、土壤、空气、人文环境“四不污染”的独特优势，大力发展以食品、饮品、药品、饰品等“四品”为拳头产品的净土健康产业。拉萨市不断完善“两区四园”（拉萨经济技术开发区、柳梧新区，中国西藏文化旅游创意园、达孜县工业园、曲水县工业园和堆龙德庆县工业园）的园区载体功能，提升基础设施、产业配套、物流配送等综合服务能力。与此同时，拉萨市放手发展非公经济，创造更多就业机会，致力于通过各种各样的培训提升劳动力素质，让广大居民公平参与到市场经济发展过程中，共创发展业绩，共享发展成果。这也是拉萨市在就业维稳工作中值得注意的一条成功经验。

其四是注重与内地的人才交流，大力引进内地人才，同时通过就业援藏输出本地人才。在国家的支持下，内地各省市为西藏输入了行政、管理、商业、医疗和旅游等各方面的专业人才，迄今已经有八批援藏干部进入拉萨市的各个岗位，援藏干部引进了内地的先进理念和工作经验，为拉萨的各项事业做出了巨大的贡献。与此同时，内地省市对西藏籍高校毕业生的就业支持也帮助拉萨市消化了部分就业压力，利用内地的先进经济和管理经验提升了劳动力素质。援藏干部和就业援藏加强了拉萨市与内地的信息和情感联系，对于维护本地的社会稳定，增强中华民族向心力起到了重要的作用。

在看到上述成绩的同时，我们也要看到，西藏的就业工作还存在着许多不足和需要改进之处，对此有必要加以正确认识。

不足之一是公共管理岗位就业的不可持续性。从上述经验中我们可以看出，将大量应届毕业生吸纳进政府和社会管理领域中来是拉萨市消化新增就业人口的一个重要措施，然而这一做法从长远来看是无法持续的。

首先，伴随着西藏社会治安状况的整体好转，强基惠民政策也走到了需要进行调整的重要关口，众多驻村、驻寺干部撤出基层社区，回到原先的岗位上，除了保留一定比例的驻基层干部之外，整个行政体系势必要回归常态运作。随着各级干部从基层回到县、市一级，大量人员的冗余难以避免。未来几年，拉萨市是否还能如以往一样提供维稳工作的岗位来吸纳毕业生，是很成问题的。其次，公共管理岗位就业需要大量行政开支，拉萨市本身的经济规模无法支持，全靠财政拨款，这样由外来经济维持的就业模式，恐怕难以长久。最后从长远来看最为重要，就是这样的就业难以反映本地经济发展需求，与社会和经济的发展规律背道而驰。在内地，自主就业，由市场主导的人才配置模式是早在20世纪90年代就已经完成的重大改革，在西藏自治区，由于社会经济发展的滞后，直到21世纪才开始这一改革。据高校就业中心的官员介绍，2007 年以前西藏高校毕业生主要是包分配政策，走向公务员岗位。2007 年搞了两次考试，少部分人员成为公务员，大部分推向市场。这在当时是经历了很多问题的，上访的群众为了表达意见，甚至堵住了自治区政府的大门，当时的区政府做了很多工作才理顺了其中的关系，结果由于 2008 年“3·14”事件发生，公务员招录的名额和范围重新扩大了，80%的毕业生都考取了公务员和事业单位人员，另外的人通过“三支一扶”，最终大部分也流向了公务员和事业单位。这种做法虽然短期内解决了就业问题，但是制约了各企业单位的发展，使它们难以招到合适的人才。毕业生就业工作从市场主导又倒退回政府主导，这样从长远来看，并不利于人力资源的合理配置和人才的合理流动，或许会对西藏的社会经济发展造成损害。

不足之二是与内地的人才交流中出现的一些问题。

首先来看内地援藏人才与西藏本地人才之间的关系。拉萨市的自然环境在西藏自治区而言堪称优越，但相对内地，从总体上来说还是海拔高、气候差，各种生活条件不便，因此政府给援藏干部提供了各种优厚的福利待遇。但随着社会经济的发展，这些待遇渐渐又难以追及物价上涨和生活成本上升的趋势。不少援藏干部对课题组抱怨，如今的援藏补助虽然就绝对数而言有提高，但远远比不上最初几批援藏干部的待遇。

其次，本地干部对于援藏干部的特殊待遇也有些意见。一些祖籍内地，生长于西藏的汉族干部本身就是在老一代革命者“献了青春献终身，献了终身献子孙”的情怀感召下走上工作岗位的，是西藏本地行政人才的中坚力量，但对比援藏干部获得的待遇，这批干部在晋升机会、待遇、子女教育等方面都有着不小的差距，因此难免心存芥蒂。本地的藏族干部也表达了能轮换到内地，学习内地先进经验的希望，他们认为不但外地干部来援藏，西藏的干部也应该走出去，开阔眼界，增长才干，这样才是正常的双向交流。

再次，是内地就业援藏与本地争夺人才的问题。与许多落后地区的人才纷纷流向东部发达地区不同，西藏籍的高校毕业生多半倾向于留在西藏就业，这本身是留住本地优秀人力资源，发展地区经济的好事。就业援藏政策的本义是通过学习先进地区的经验，提高本地人才的素质，出发点是好的，但是在短时间内，与本地企业、社会组织的用人需求形成了竞争关系。课题组在调查期间，有官员建议应该建立起流动的人才交流机制，像援藏干部一样，让本地的青年人也能通过几年在内地发达地区的工作，积累经验，增长才干，然后回乡，更好地服务于拉萨的经济发展。这个愿景当然是有些理想化，但如果能通过设计一套可行的机制付诸实施的话，或许对西藏的经济发展和社会变革会起到比短期维稳更为有效的作用。

基于以上分析，我们认为西藏未来劳动就业制度的改革或许可以从四个方面入手。

其一，大力发展地方经济。就业问题的根本是经济问题，发展经济，提供更多就业岗位才能从根本上解决就业问题。在现有的政策环境下，我们建议拉萨市地方政府进一步改进经济结构，大力发展净土产业和旅游业，为地方经济注入强劲活力。另外可以注意在引进内地投资时，规定其必须雇用一定的本地劳动力，以增加本地人的就业机会，促进本地就业率可以持续地维持在一个高水平。

其二，就业技能培训。拉萨市政府要带动全社会建立起“终身培训”的观念来，对劳动力的培训持续关注，跟踪服务，建立起系统完善的劳动力信息数据库。培训要面对各层次的劳动者和高低不同的就业市场，有针对性、有系统性地展开，要注意不同阶层的需求，注意结合本地文化和社会情况，更有效地引导民众适应现代工作。

其三，大力改进就业观念。一方面，政府应该有针对性地引导民众，进一步打破铁饭碗、终身制的工作观，建立起能出能进，能上能下的工作观念。针对懒散、舒缓的传统劳作方式的不利影响，则应倡导积极进取，务实肯干的劳动观，发挥民众创造财富、追求幸福生活的主观能动性；另一方面，政府自身也要打破政府主导的就业观，避免将宝贵的公共财政资源用在吸收无穷无尽增加的劳动力队伍上，注意发挥市场的人力资源调配作用，逐渐将就业的主导权移交到市场手中。

其四，对劳动力的流动进行有序管理。地方政府应尽力完善各种劳动力市场监管体制，倡导契约精神，用法治的方式调节人才流动中产生的各种问题，调解各种劳动纠纷，对劳动力的流动建立起一套行之有效的管理方式来。

第八章

住房保障

拉萨市自 20 世纪 90 年代末加快城镇化脚步，1995—2007 年拉萨市城镇化水平年均增长 1.7 个百分点，2007 年城镇化水平达到 57.6%。[①] 在此背景下，拉萨市于 2007 年大力推进住房保障进程。拉萨市住房保障取得的成就是显著的，形成了具有不同于内地的“政府保障性强”和“保障房以公共租赁为主体、以实物配租为主要供给方式”的突出特色。

一　拉萨市提供住房保障的重要意义

国内外住房保障建设历程反映出国家和地区住房保障特色深受经济社会发展阶段的影响。当社会结构呈橄榄形正态分布时，住房商品化和市场化才具备充分条件。拉萨城乡经济仍处于初步发展阶段，社会结构呈“倒丁字形”分布。在此发展阶段，弹性城镇化模式的潜在发展需求，和房地产市场发育不完善、家庭建房购房能力不足、独特的地理文化环境等因素，决定了拉萨市必须给城乡民众提供住房保障。

（一）“弹性城镇化”模式导致短期内人口住房需求剧增

住房保障是解决城镇化过程中短期聚集大量人口产生的住房问题，因此城镇化道路选择深刻影响地区住房保障建设。拉萨市产业结构特征与政策引导城镇化之间的张力产生“弹性城镇化”。

弹性城镇化是拉萨市城镇化的必然选择。所谓“弹性城镇化”，是指农村劳动力在城乡之间可回复性流动，[②] 实际上拉萨市已初步实现弹性城

---

① 丁志刚：《特色城镇化道路的研究和探索——以拉萨为例》，《城市规划和科学发展——2009 中国城市规划年会论文集》，2009 年。

② 廖桂荣：《弹性城镇化：中国转型期农民工反贫困的现实路径》，《人口与经济》2009 年第 2 期。

镇化。根据2014年中国社会科学院民族所大调查有关数据统计，上一年度农村有25.95%的居民有进城务工经历，其中43.9%—78.05%的农民工当年既从事城镇非农工作，也参与了农村农业劳动。即同一年度往返于城乡之间工作。这种“弹性城镇化”特征对拉萨市城乡发展需求具有高度契合性：一是拉萨市整体地广人稀，人口密度不足，地区经济社会发展便是无本之木、无源之水。农村流动人口有规律地往返于城乡既符合拉萨市第三产业季节性的密集特征，也不过于影响第一产业的生产力，即在必要时间段将人口聚集在某一共同空间，优化配置人力资源，形成细密分工并提高生产力。既避免人口长期聚集对城镇化水平较低的拉萨市区的持续压力，也加速城乡融合。二是避免农村“空心化”对边界国防具有重要意义。拉萨边境地区多为农村，居民居住边界、军队驻扎边界和国家之间勘定边界是国境线的三个标准，其中居民长期居住的边界是国际上认可度最高的边界。而事实上西藏边境线上的村民为巩固边防安全、防止境外势力渗透已做出重大贡献。三是农村安居有利于保护地区生态。拉萨生态脆弱，而长久以来农村居民对山水树木等自然资源均有深切崇拜，环保意识较强。农村安居工程可避免农村“空心化”，保护地区生态平衡。

当前拉萨市城镇化存在弹性不足问题。城镇化过程的核心机制是基于生产方式变革的职业分布结构对地区人口的优化配置。有学者认为，城市化的根本在于经济生活空间的转移，人口集中是城市化的表面特征，生产方式的变更才是城镇化的内在动力。[①] 拉萨产业结构对城镇化的推动作用不同于主流社会，因此城镇化路径也异于主流社会的城镇化。拉萨市生产方式变革进程缓慢，以2006年为例，在第一产业方面，当年拉萨市农村从业人员14.07万人，城镇从业人员17.35万人，第一产业从业人员比例（占就业人数的43.5%）与生产总值贡献比形成较大反差（占三大行业的13.9%），说明农村转移剩余劳动力能力有限，对城镇聚集人口的推力不足。在第二产业方面，2006年全市工业企业完成产值20.23亿元。其中重工业产值61.3%，过于侧重发展重工业使得第二产业就业门槛高，且部分轻工业分布在乡镇。因此，拉萨市第二产业对于农村剩余劳动力的拉力也不足。在第三产业方面，2006年拉萨市城市商品零售业占第三产业生产总值52.5%，旅游业占26.5%，对外依赖性强，在政治环境、经济

① 朱铁臻：《城市现代化发展的几个理论问题》，《中国经济时报》2002年12月21日。

大势影响下波动大（见表 8-1、图 8-1），加之拉萨第三产业发展季节性突出，第三产业对吸引城镇人口具有一定弹性和不确定性。整体来看，拉萨市农村劳动力转移就业空间小，对城镇化产生根本阻力，城镇化的弹性不足。

表 8-1　　拉萨市城镇消费品市场零售增长情况

	2006 年	2007 年	2008 年	2009 年	2010 年
城市零售（亿元）	34.68	44.60	50.67	59.04	83.86
增长率（%）	17.78	28.90	13.72	16.52	16.30

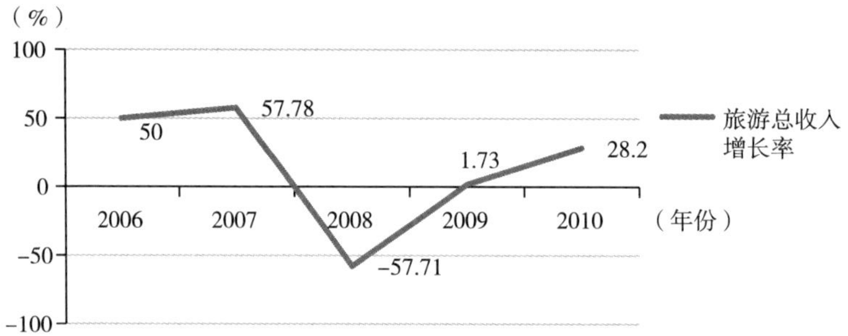

图 8-1　拉萨市旅游总收入增长

满足城乡居民基本住房需求，是拉萨市发展“弹性城镇化”的必由之路。一方面，弹性城镇化需要为城镇流入人口配置基本住房条件，增强城镇对外来人口的拉力。拉萨市城镇化道路在市场自身动力不足的前提下选择了由政府主导、市场辅助的路径。[①] 以加大政策倾斜力度，引导农村人口向城镇转移为主要策略的城镇化，产生了超过市场承载能力的人口聚集。2007 年，拉萨城镇外来人口达到 13.9 万人，占拉萨常住总人口的比例达 23.2%，其中拉萨中心城区外来人口占 95.6%。[②] 急剧增加的城镇人口需要城镇住房领域提供足够的住房。另一方面，弹性城镇化也需要农村安居工程促进农村劳动力转移，增强农村对剩余劳动力的推力，也为农民工返乡提供便利的居住条件。一是增强农村劳动力转移动力。纵观我国农

① 丁志刚：《特色城镇化道路的研究和探索——以拉萨为例》，《城市规划和科学发展——2009 中国城市规划年会论文集》，2009 年。

② 丁志刚：《特色城镇化道路的研究和探索——以拉萨为例》，《城市规划和科学发展——2009 中国城市规划年会论文集》，2009 年。

民造城、工业兴镇、农业发展城镇化、综合发展城镇化四种城镇化模式，无不涉及农村劳动力区位转移、职业转化、收入增长的变化。拉萨市农村安居工程实施期间迅速发展起来的农民建筑队、采石队、运输队、绘画队和建筑建材公司等，既可以吸纳就业增加收入，又能够提高劳动技能和勤劳致富意识。2006 年在安居房建设一开始，各县区就把规划重点放在小城镇建设、公路沿线、旅游景点开发等重点地区。[①] 由此完成城镇化过程中农村劳动力初次转变。二是解决转移就业的后顾之忧。非典型二元结构发展曾使拉萨市城乡发展隔离程度远远高于内地，尽管近年来城乡户籍藩篱有所松动，但长期处于传统封闭的社会网络结构中的农村劳动力需要政策机制引导输送，解决家庭居住、疾患等生存问题，才能链接上城镇就业场域。三是需要便利的住行条件，解决农村劳动力返乡的后顾之忧。拉萨市产业发展季节性强，为防止外来人口在城镇产业发展淡季滞留于城镇带来的公共服务压力，及时发挥返乡劳动力对农业重要作用，必须充分考虑农村居住条件和返乡交通便捷程度的重要影响，由此对农村安居工程提出优化居住格局、改善居住条件的需求。

（二）供房市场“砖头不足”，决定政府在住房建设领域的主导地位

拉萨市房地产业起步晚、发展很不成熟，还存在以下问题：一是市场规模较小，居民购房需求不足。拉萨市人口密度约为 28 人/平方公里，远远低于全国平均值 143 人/平方公里，因此对商品房需求数量有限。根据统计，2014 年拉萨市 74.6%的居民已拥有自有住房。二是投资总额不足。2013 年，房地产投资总额 18.35 亿元。仅占全市固定资产投资总额的 5%，远远低于当年全国平均水平 27.4%。三是政策不够配套。房地产开发企业受信用评级、信用担保、自有资金比例等影响，很难获得银行融资支持。四是管理体系不健全。拉萨市城市建设用地储备少，压缩了土地供应市场化空间。房地产信息系统建设相对滞后，相关政府职能部门监管服务能力有待进一步提高，部门之间协作不完善。五是房地产开发企业队伍实力不强。截至 2014 年 8 月，拉萨市登记注册的房地产企业共 97 家，其中多为刚发展起来的民营企业，抵御市场风险能力不足。

市场只是配置资源的一种手段，当市场配置失灵时，需要政府承担住

① 杨正林、王杰学：《拉萨市农牧民安居工程建设稳步推进》，《西藏日报》2006 年 7 月 15 日。

房领域的相应责任。拉萨市原有的产业结构基础差、结构不合理，未能给外来流入人口提供稳定的就业岗位和足够的住房，随之产生住房短缺，即“砖头不足”、生活污染、环境恶化等问题也非市场所能消化。政策引导下的“弹性城镇化”要求政府必须承担人口剧增带来的住房问题。由此加强政府住房保障规划，支付城镇化过程中的社会成本和环境成本，为弹性城镇化过程中的剧增人口提供住房公共服务。

（三）家庭购房或建房能力不足，突出政府提供城乡住房保障的必要性

城镇商品房价格飙升与城镇居民收入不高对冲导致城镇家庭购房能力不足。尽管近年来拉萨市城镇化速度加快，且城镇居民人均可支配收入增加幅度较大，但超过半数以上的家庭仍旧不具备购买商品房的经济能力。世界银行认为，“房价收入比”处在一般家庭年收入的4—6倍是合理的，超出6倍以上，就说明房价或住房费用是负担不起的。[①] 根据拉萨市城镇居民收入水平和商品房均价，半数以上家庭负担不起购房费用。世界银行这一指标未将物价指数考虑在内，西藏受区位、海拔、交通和自身生产能力弱等因素制约，物价成本通常高于其他地区，如2009年、2012年、2013年三年西藏居民消费指数均高于全国平均值。因此考虑消费因素，拉萨市城镇居民购买商品房的能力更弱，住房市场的有效需求不足。

表8-2　　拉萨市城镇居民住房收入比

	2007年	2008年	2009年	2010年
城镇居民可支配收入（元/年）	12376	13941	15114	16567
人均消费支出（元/年）	9744	10444.14	11083	14500
当年商品房均价（元/平方米）	2900	2900	3200	3300
住房收入比	7.3	6.4	6.6	6.2

注：住房收入比=当年商品房均价×31×3/城镇居民人均可支配收入×3。其中“31”为2010年拉萨市城镇居民人均住宅面积（人/平方米），“3”为根据有关调查结果假设的家庭平均人口数。

农村家庭收支结余过低导致家庭自建房能力不足。如果按照自建房每套成本均价10万元计算，以2010年拉萨市农村居民人均收入为准，具有

① 王宏哲：《住房权研究》，中国法制出版社2008年版，第23—24页。

3 个劳动力的家庭的住房收入比值为 6.67，也超过了世界银行划定的家庭住房负担能力界限。可以说，拉萨市农村家庭在自建房方面普遍存在资金短缺问题。即使到 2014 年，拉萨市仍有 42.4%农村家庭没有自建住房能力。

表 8-3　　拉萨市农村居民收入支出情况

	2006 年	2007 年	2008 年	2009 年	2010 年
农村人均收入（元/年）	2825	3250	3732	4149	5003
农村人均生活费支出（元/年）	1337	1633	1605	2047	2367
收支结余（元/年）	1488	1617	2127	2102	2636

（四）地理文化环境独特，决定拉萨城镇居民保障住房需求偏好实用性

就常住人口而言，从各民族分析拉萨市城镇居民住房群体，根据表 9-4 可以发现汉族和回族家庭自有住房率极低，均不足 15%。拉萨汉族居民主要从事商业和服务业，其次是国家机关事业单位人员。回族居民几乎全部从事商业和服务业。受高寒缺氧、地广人稀、交通不便及生活习惯差异的影响，汉回两族居民大都在退休后回内地生活，将来安置地和目前工作地出现分离的现象非常普遍，人口流动率高，这可以较好地解释这部分居民自有住房拥有率低的问题。这部分居民一般不需要购买商品房，但又有住房的客观需求，因此以政府为主体，提供多个住房保障项目，能够覆盖和满足拉萨居民特殊的住房需求。目前拉萨市城镇户籍藏族居民自有住房拥有率达到 87.2%，以老城区的世居房为主，需要购房的藏民所占比例较小，因此拉萨市城镇藏族群体整体购房需求不足。由此，以“租赁”性质为主的廉租房、公租房既能满足无自有住房藏民的居住需要，又能适度降低住房保障成本。

对流动人口而言，拉萨市区独特的地理文化特征增强了居住时限具有很强的不确定性。有关研究表明，拉萨市区流入人口中表示不确定居留时间的占 54.34%，计划常住定居的仅占 6.65%。[①] 因此，流动人口住房时间不确定性导致拉萨市住房保障政策不能如同内地住房保障政策侧重帮助

① 胡洁：《拉萨市新型城镇化过程中人口管理的新思考》，《西藏大学学报》（社会科学版）2014 年第 4 期。

居民购买自有住房，而是以租住房屋为保障主体。

表 8-4 拉萨市城乡户籍家庭自有住房拥有情况 单位：%

	0套	1套	2套	3套
汉族	82.5	14.0	0.0	0.0
回族	92.9	7.1	0.0	0.0
藏族	9.3	85.7	2.5	0.3
其他民族	37.5	62.5	0.0	0.0
农村	42.4	51.9	2.5	0.6
城镇	10.7	85.5	1.7	0.0
合计	23.3	72.3	2.0	0.3

资料来源：中国社会科学院民族学与人类学研究所于2014年开展实施的中国社会科学院创新工程重大专项“21世纪初中国少数民族地区经济社会发展综合调查”数据库。

二 拉萨市住房保障取得的成就及其特色

自2006年以来，拉萨市全面启动住房保障计划，在中央和自治区的大力支持下，在拉萨市县两级住房保障部门和发改、财政、国土等有关部门的协同努力下，截至2014年拉萨市住房保障体系已初步建立，住房保障规模不断扩大，基本满足城镇中低收入家庭的住房需求。在此过程中形成了突出的住房保障特色。

（一）拉萨市住房保障取得的成就

截至2013年，拉萨市城乡人口约为83万人，拉萨城乡住房保障对城乡常住居民的覆盖率达到47.5%。若以城乡户籍人口（2011年为57.61万人）为基数，拉萨市城乡住房保障覆盖率为68.4%。城乡居民人均住房面积由2005年的25.37平方米/人增加到2012年的35.75平方米/人；农村居民人均住房面积由2005年的21.28平方米/人增加到2012年的31平方米/人。①

1. 城镇住房保障体系初步建立，各保障项目均衡发展

2013年年底拉萨市已建立起完善的城镇住房保障体系，包括干部职

---

① 拉萨市统计局、国家统计局拉萨调查队编：《拉萨市统计年鉴（2013）》，方志出版社2013年版。

工周转房、廉租房、公租房和棚户区改造。2007—2013 年，拉萨市保障性住房投资总额达到 21.37 亿元，已解决 1.8 万户居民的住房问题，2010 年实现城镇居民人均住房建筑面积为 31 平方米。① 如果结合 2012 年拉萨市城镇常住人口 26.63 万人，以及拉萨市家庭人口数保守值 3 人，② 可以计算出近几年拉萨市住房保障政策惠及约 20.3%的城镇人口。“十二五”规划提出全国要在 2016 年之前实现城镇住房保障覆盖率 20%，拉萨市已率先完成这一指标。根据抽样调查结果（见表 8-4）可知，拉萨市城镇居民无房的比例约为 10.7%。可以说拉萨市城镇住房保障除了解决户籍困难人口住房问题，主要的保障对象是流动人口。此外根据表 8-5 的投资额和建房数目来看，拉萨市保障住房体系的各子项目取得了相对均衡的发展。

表 8-5　　2007—2013 年拉萨市城镇保障性住房建设情况

	保障房（总）	干部职工周转房	廉租房	公租房	棚户区改造	周转房维修	廉租补贴
户数	18062	3862	3996	5479	3725	1000	5365
建筑面积（平方米）	1387521	286046.95	255331.3	227442.82	543700	75000	-
总投资（亿元）	21.37	6.76	5.46	6.42	2.69	0.045	0.23

资料来源：整理历年《拉萨市政府工作报告》而得。

2. 农村安居房建设规模宏大，推动城乡住房公共服务均衡化

自 2006 年起，拉萨市就建立了包括游牧民定居工程、地方病搬迁工程、农房改造工程在内的安居工程。2006—2010 年，拉萨市安居工程总投资额已达到 23.99 亿元。到 2013 年拉萨市共完成安居房改造建设 6.18 万余套，惠及 34 万农牧民，覆盖率接近 100%。总体来看，拉萨市农村安居房建设在资金投入、建设规模、覆盖比例、人均住房面积等相关指标上，均超过城镇住房保障体系所达到的程度。由于 20 世纪末拉萨市城乡发展具有突出的非典型二元结构特征，城乡基本公共服务两极化极为严重，21 世纪以来对农村安居房建设侧重的政策导向有力地缩小了城乡住房保障供给差距，促进城乡基本住房公共服务均衡。

① 拉萨市人民政府网站：《拉萨市 2010 年国民经济和社会发展统计公报》，2011 年 4 月 19 日。

② 次仁央宗：《问卷解读拉萨市居民家庭状态》，《中国藏学》2011 年第 3 期。

（二）拉萨市保障性住房的特色

1. 政府保障性强

一方面，商品房建设进程和规模不如城镇保障性住房建设。2013 年拉萨市房地产开发商投资建设商品住房共 1739 套。而同年拉萨市保障性住房建设共 4878 套，保障性住房年投资额超过商品住房的 50%，解决居民困难住房的能力远远超过商品住房；另一方面，保障性住房建设力度高于全国平均水平。当年全国住房保障支出占总财政支出 3.4%,[①] 拉萨市相关数据为 3.9%,[②] 高出全国平均水平 0.5 个百分点。同时，全国城镇住房保障体系结构和保障重点均与拉萨市存在较大差异，例如住房公积金和经济适用房商品性强于干部职工周转房的商品性，且部分享受经济适用房保障的群体并非中低收入者。由此可知，拉萨市住房保障效果远远高于全国平均水平。

2. 城镇保障性住房以公共租赁住房为主，住房供给形式以实物配租为主

我国住房保障经历了 1949—1978 年的“福利期”、1978—1998 年的“商品期”、1998 年至今的“人权期”。[③] 目前已建立了包括住房公积金、经济适用房、公租房、廉租房为主要项目的住房保障体系。其中住房公积金和经济适用房所对应的住房的所有权为“自有”住房，公租房和廉租房是“租赁”住房。而拉萨市的城镇住房保障体系包括干部职工周转房、廉租房、公租房、棚户区改造。其中没有经济适用房这一项目，住房公积金也仅针对干部职工群体，规模较为有限，2013 年完成公积金归集额 5.26 亿元；除棚户区改造项目属在原属自有住房基础上的维修改造外，其余住房保障项目的所有权均为政府所有，保障对象只享有以“租赁”为条件的居住权，由此形成区别于内地的以“公共租赁”为主的住房保障特色。

城镇保障房供给包括租金补贴、实物配租、租金减免三种供给方式。就我国整体住房保障而言，保障房供给以租金补贴为主，实物配租和租金减免为辅。而拉萨市城镇保障房供给却是以实物配租为主，租金补贴和租金减免为辅。根据表 8-5 各保障住房项目的总投资额有关数据可知，拉

---

① 国家统计局：《中国统计年鉴（2014）》，http：//www.stats.gov.cn/tjsj/ndsj/2014/indexce.htm。

② 所得数据结合当年拉萨市政府工作报告及经济社会发展公报计算。

③ 王宏哲：《住房权研究》，中国法制出版社 2008 年版，第 184—207 页。

萨市住房保障用于租赁住房建设的资金远远高于廉租补贴额，廉租补贴仅占保障住房总投资的1%左右。以实物配租为主要供给方式成为拉萨市住房保障体系区别于内地的又一特色。

3. 农村安居房建设具有“保障性”和“发展性”双重特征

首先，拉萨农村安居房具有“保障性”特征。安居房本义是指为直接以成本价向中低收入家庭出售而建设的住房。安居服务的供给主体是政府，对象是农村种地收入家庭，方式是依据政策组织协调筹资主体筹资、规划涉及用地、兴建或改造农村住房，目的是实现居民安居乐业，过程具有突出的经济福利性和社会保障性。其次，拉萨农村安居房建设具有“发展性”特征。从政策预期来看，拉萨市安居工程要实现“三个结合”：安居工程与农牧民增收紧密结合；安居工程建设成果与社会主义新农村建设的具体要求结合；安居工程建设与创新国家园林城市相结合。三个结合无不凸显“发展”要求。具体来看，安居工程主要包括农房改造工程、游牧民定居工程、地方病搬迁工程。农房改造工程资金主要来源于政府财政预算，这对家庭用于农房改造的消费具有“挤出效应”，防止农村中低收入家庭发生支出性贫困，且大规模农房改造就地吸收农村剩余劳动力，初步实现农民向工人转变。游牧定居工程主要针对拉萨游牧区人口密度低、居住分散给发展带来的阻滞问题。一个居无定所、完全靠游牧的地区或民族不可能实现现代化，游牧民定居是一个民族走向文明的重要标志。① 游牧民定居工程可发挥人口规模效益，促进畜牧业产业化，转变生产方式以实现反贫困。高寒缺氧的地理气候环境造成高原病盛行，部分农牧区地区高于人类生存海拔警戒线，居住条件极差，加剧了疾病发生的可能性。地方病搬迁工程将不适宜人类居住地区的农牧民，转移到通风、卫生、空间适度的安居房，既预防地方病，也提高区域人力资本。总体来看，安居工程具有促进人口聚集、转移就业、预防疾病等重要功能，由此对农村发展具有重要意义。

三 拉萨市保障性住房建设的重要举措

拉萨市保障性住房得以飞速发展，根本的保证在于保障性住房政策执行路径明晰化，包括住房政策价值偏好明显导向公平，政策高度操作化，

① 巴合提娜孜·比克什：《游牧民定居是实现草原畜牧业现代化的保障》，《商品与质量》2011年第4期。

政策执行工具高效稳定，政策评估标准和流程清晰。

（一）拉萨市住房政策价值偏好公平

价值偏好是政策的灵魂。如果缺少价值规范，仅仅着眼于制度本身极易造成制度实施过程中制度迷失。在效率和公平的政策天平上，拉萨市住房保障政策价值取向一直偏向公平。从国外经济发展实践看，政府住房保障支出水平在一个国家或地区通常随社会经济的发展呈现出一个倒“U”形曲线。在曲线拐点之前，政府保障支出随社会经济发展而提升，拐点之后，随社会经济发展而下降。① 美国拐点为人均 GDP 达到 33000 美元。以此为参照，2013 年拉萨市人均 GDP 仅 38674.7 元人民币，2014 年中国人均 GDP 为 7575 美元，均处于倒“U”形曲线的拐点之前，因此政府住房保障支出将在较长时间内处于不断增长趋势，价值偏好应以维护社会公平为主。

内地和拉萨市在住房政策方面有着明显不同的价值偏好。一方面，内地地方政府在住房领域更偏好效率。尽管近年来保障住房政策不断完善，但城镇住房制度改革以后，房地产业成为城市支柱产业之一，土地出让收入成为市、县财政的重要来源之一，政策价值偏好由应然“公平”转向实然“效率”。内地农村受计划生育和农民工长期在外打工因素影响，刚性城镇化发展速度较快，农村空心化严重，由此农村保障住房也未得到应有的重视。另一方面，拉萨市政府住房政策价值明显偏向公平。究其原因，一是特殊的政治国防地位决定拉萨市住房政策必须偏好公平。家是连接个人和社会的桥梁，住房是家的空间载体，是重大的民生问题，既是个人心理的依附和归属，也是社会稳定的基石。孙中山对民生问题的论述“独详于衣食行，而未遑及于住”②。拉萨处于维稳前沿阵地，以维护社会稳定为主要政治偏好，因此在住房市场不完善的情况下以促进社会公平为政策价值。二是拉萨市住房领域受限于市场规模小、居民购房能力有限、房地产市场不成熟等因素，缺少追求“效率”的现实性。基于不同的政府政策偏好，拉萨市与内地发展出不同的住房保障执行路径和住房保障特色。

① 贾康：《我国住房保障模式选择与政策优化：政府如何权衡“倒 U 曲线”演变中的机会公平与结果公平？》，《财政研究》2012 年第 7 期。

② 中山文化教育馆：《中山文化教育馆成立二周年暨新馆落成纪念刊》，1935 年。

（二）拉萨市住房保障政策目标指标化

政策目标指标细化有利于约束政策执行过程中的偏离行为。尽管我国其他地区也有保障房政策，一方面缺少住房保障法作为明文约束；另一方面房地产作为地方支柱产业形成强烈的财政收入刺激。许多省市将住房保障公平仅仅封存在中央文件解读中，对住房领域商品房投资和保障房投资比例缺乏清晰的划分，政策接受随意性强，简单地将住房市场化等同于政府责任的退出。商品房过度挤压保障房，住房保障政策落实过程中出现“变通执行”或“象征执行”，致使保障房建设没有起到应有的保障效果。

自治区政府对拉萨市城镇保障住房和农村安居房建设项目、规模和资金投入均设有具体指标。例如 2013 年西藏自治区下达拉萨市的各类保障性住房建设指标为 7071 套（户），其中廉租房 964 套，公租房 4324 套，棚户区改造 1385 户，周转房维修 400 套，项目总投资 7. 17 亿元（含县配套资金）；2011 年拉萨市政府安排 6000 户农牧民安居工程建设任务，其中游牧民安居工程 1500 户，农房改造 4500 户，财政预算 1. 65 亿元。政策目标细化体现了住房保障的重要性和政府的重视程度，树立政策权威，帮助政策执行者和政策对象形成政策预期，提升政策执行合法化。为缺乏住房保障建设历史经验的拉萨市提供鲜明导向和明确指导，健全住房保障服务传递机制。

（三）政策执行工具高效稳定

1. 部门协同奠定坚实的组织保障基础

住房保障的一个重要特征是政府占据主导地位。完善住房保障组织系统是政府开展住房保障工作的必要手段。以政府为平台，构建盘活各个部门、各级组织的工作机制，对奠定地区住房保障工作格局具有深刻影响。在“长治久安”政治目标引导下，拉萨市委、市政府在城镇住房保障方面构建了以住房和城乡建设局为牵头单位，以发改、财政、国土、规划等部门协同作战的工作机制。各部门分工有序、全力配合：发改部门负责争取项目制订计划；财政部门设法资金筹措管理；国土部门积极解决用地指标，优先安排建设用地；规划部门从项目选址到精心规划，密切配合；住建部门投入大量人力物力对建设质量进行全程监管；民政部门提供保障对象的相关信息资料。同时通过目标管理，明确市县职责。在农村安居房建设方面，拉萨市政府明确一位常务副市长具体负责协调指挥安居工程建设，各县区均成立安居工程领导小组，设立安居工程办公室，落实人员、经费、办公场所，专门负责指挥、组织、协调安居工程建设各项工作。安居工程的组织保障在组织负责的基础上突出领导问责，系统的组织结构和明确的职责划分为拉萨市城乡住房保障政策执行奠定坚实的组织基础。

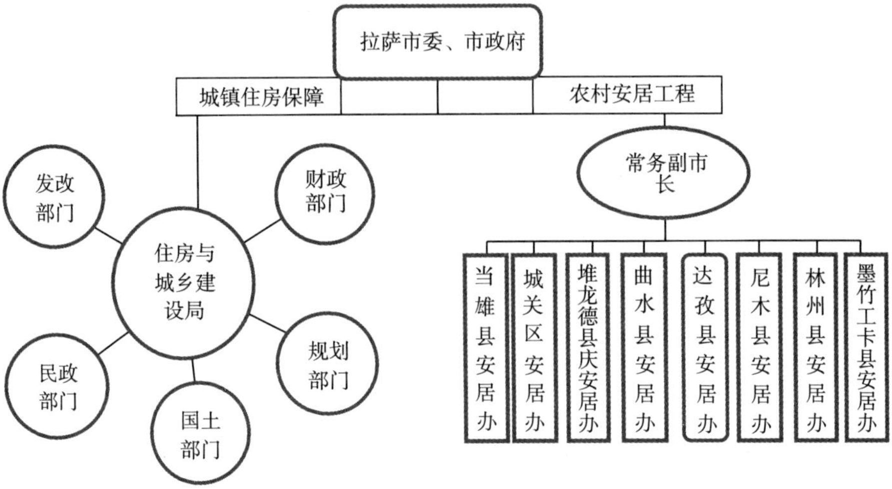

图 8-2　拉萨市城乡住房保障组织领导构架

2. 保障性住房政策体系日臻完善，增强政策执行过程的权威性、规范性

为保证住房保障工作顺利开展，实现“住有所居”，拉萨市政府在编制完成《拉萨市“十二五”住房和城乡建设规划》的基础上，建立了与之配套的住房保障政策体系：《拉萨市廉租住房资金筹措管理实施办法》（暂行）、《拉萨市周转房暂行管理办法》《拉萨市公共租赁住房管理办法》等一系列规范性文件。一方面健全保障住房准入机制，清晰划定保障住房对象和条件。首期廉租住房的事务配租主要针对 3 人和 3 人以上国有企业“双困”家庭和低收入家庭进行。[①] 另一方面严格规范逐级审核、入户调查、公示、抽查等管理程序，逐步完善保障性住房退出机制。要求对保障对象进行跟踪管理，采取个人申报和走访调查相结合的方式，对不再符合保障条件的，取消保障资格，停发租房补贴和责令退出保障房。同时完善监督管理。将骗租行为记入信用档案，5 年内不得申请保

① 杨正林：《拉萨市廉租住房建设让困难群众跷起大拇指》，《西藏日报》2009 年 9 月 17 日。

障住房。确保保障性住房分配的公开、公平和公正。

3. 专项资金划拨、专属用地规划消除政策执行的利益阻梗

筹资是社会政策实施的前提。随着中国1994年开始分税制改革，“财权中心上移、事权责任下放”之间的角力成为抑制地方政府推进公共服务积极性的重要因素。在住房领域，事权和财权分离问题已成为地方政府建设住房保障的关键阻梗，“土地财政”现象频频发生。一方面表现为保障住房投资比例过小。2013年全国住房保障投资与房地产投资之比为9.75∶100。[①] 另一方面保障住房不同于其他公共产品，既需要建设收益比不高保障房舍，还需要让渡土地出让收益，地方政府为从开发商处获取土地出让收益而竭力压缩保障住房用地。

中央强劲的转移支付平衡了拉萨市事权和财权分离产生的矛盾，即拉萨市财政收入不足与事权责任较大的矛盾，有力地支持住房保障体系运作。由于西藏自治区各级政府自身财政收入能力显著低于全国其余各省区，且西藏具有特殊的战略地位和民族因素，每年中央对西藏的转移支付约为自治区财政收入的92%，既平衡了财权和事权关系，也增强了对地方政府的管控力度。截至2013年年底，拉萨市城镇保障住房建设资金中，中央及自治区政府投资额占57.7%，拉萨市本级财政投资额占20.03%，各县及其他渠道配套资金占22.27%，如图8-3所示。2013年拉萨市城镇住房保障投资与房地产投资比为27.95∶100，远高于全国平均水平。此外，拉萨市属于河谷地带，东西长南北宽，土地寸土寸金。为此，政府建设的廉租房、公租房和干部职工周转房以划拨方式供应土地，并开源挖掘，鼓励企业利用自有土地建设保障性住房，竭力解决保障住房用地紧张问题。财政转移支付专项资金拨付和专用土地划拨平衡了有关部门的经济利益，有力地将部门目标统摄到住房保障政策目标上，避免了住房保障政策贯彻落实过程中出现部门淤塞。

拉萨市农村安居工程筹资渠道多元稳定。主要包括：自治区及拉萨市财政拨付、各县配套资金、群众自筹资金、争取银行各类贷款。2006年，自治区、拉萨市财政共拨付拉萨市安居工程建设补助资金4962.5万元，各县区实际到位3041.6万元，群众自筹资金9183.69万元；争取银行贷款4352.39万元。筹资比例分别为23%、14.1%、42.6%、20.2%。其中

① 国家统计局：《中国统计年鉴（2014）》。http：//www.stats.gov.cn/tjsj/ndsj/2014/indexce.htm。

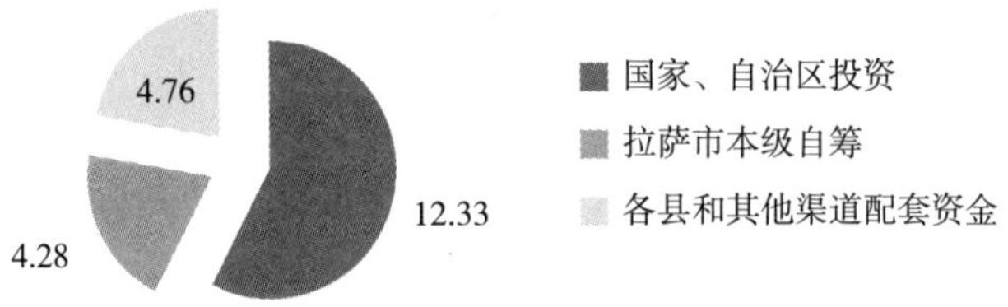

图 8-3　2007—2013 年拉萨市城镇保障住性房资金来源结构

政府筹资是通过财政预算的形式（2010 年增加江苏和北京援藏这一筹资渠道），充实了农村安居工程资金来源。安居工程“三专”资金管理制度保证资金用渡安全。在筹资管理方面，严格执行“专人、专账、专户”资金管理制度。根据年度资金总需求和工程建设的实际推进情况，拉萨市安居办及时与自治区有关部门协调到位上级补助资金，并结合自治区和各县区的实际安排计划，足额下拨到各县区财政专户。“三专”管理制度有助于规避资金筹集、管理、发放过程中的风险，便于监察问责，提高资金管理的安全系数。

（四）政策评估标准和流程清晰

有效的政策评估有赖于明确的政策标准，评估标准是公共政策评估最核心的内容。在评估标准方面，当政策目标被清晰界定时，政策决策者的价值具有更高价值，成功的执行在于忠诚于明确界定的政策目标。① 内地许多市县由于政府政策偏好效率，政策目标不清晰，住房保障部门相对弱势，住房保障政策执行过程多为“变通执行”或“象征执行”，由此导致住房保障政策评估常常流于形式。

拉萨市住房保障政策评估标准和流程清晰，对政策执行形成有力约束，促进政策执行效率提高。自治区政府对拉萨市城乡住房保障项目、资金、规模下达了具体指标，使政策效果评估有了严格的标准。例如 2013 年城镇住房保障政策结果为：当年完成 4878 套（户），完成率 69%，当年完成投资约 5.13 亿元。根据 2011 年市政府安排 6000 户农牧民安居工程和市专项补助资金 1.65 亿元的建设目标，年底评估结果为：安居工程已完工 3910 户，在建 2090 户，落实市专项补助资金 1.65 亿元。此外，

① Richard E. Matland, “Synthesizing the Implementation Literature: The Ambiguity - Conflict Model of Policy Implementation,” *Journal of Public Administration Research and Theory*, 1995, 5 (2), pp. 145-160.

住房保障政策体系的完善，为执行评估提供有力依据。拉萨市城乡住房保障“一级抓一级，层层落实”的工作格局，保证了住房保障评估整体性、层次性、时效性和严肃性特征。综合以上评估标准和流程，有效防止住房保障政策执行过程的变通行为，极力缩小政策结果和政策目标偏离程度，保障城乡居民住房保障权益。

（五）健全激励机制

公共政策效果是政策执行路径和激励机制综合作用的结果。缺乏激励机制将导致政策执行偏离预设轨道，出现“替代执行”问题。公共政策领域的激励机制包括正向的政治激励和经济激励，以及负向激励。

1. 政治导向激励

拉萨市规避了内地部分市县在公共财政方面出现的“单程晋升锦标赛”问题。所谓“单程晋升锦标赛”是指以短期 GDP 和财政收入为主要指标的考核制度。① 在此考核制度下，公共财政投入因短期经济效益低下而常被忽视。拉萨市因中央政府对其功能定位偏向和本级财政能力有限等因素，政治激励以“维护稳定”为主要抓手，有效摆脱内地普遍存在公共财政投入障碍。一方面 2010 年胡锦涛同志在第五次西藏工作座谈会上明确提出，“继续推进以安居工程为突破口的社会主义新农村建设”；另一方面 2012 年“民生安市”成为拉萨市五大发展战略之一，定位于“民心工程”的住房保障已成为政府和群众关注的焦点。拉萨市依据目标管理机制严格将以住房保障建设部门为牵头的协作部门的相关工作纳入政绩考核范围之内，既是观察民心安稳、测量群众福祉的重要凭借，也是有关干部职工晋升和淘汰制的重要依据。

2. 经济安全激励

拉萨市住房保障政策执行的经济激励来自稳健而持续的转移支付。由于经济社会发展空间有限及特殊的政治环境，拉萨市并未如同我国其他地区一样，因行政和财政分权而扩大地方政府在经济社会领域的自主权，形成强化经济发展而弱化公共服务的结构偏向。拉萨市住房保障的经济激励主要在于财政的稳健性。如上文所述，拉萨市住房保障支出一半以上来自中央及自治区的转移支付，财政风险负担小。此外，转移支付力度仍在不

① 胡中平：《我国财政分权与政治激励下的农村公共财政》，《吉首大学学报》（社会科学版）2012 年第 3 期。

断增强。2014 年，为进一步对住房保障和有关部门提供资金支持和经济激励，拉萨市城镇保障性住房建设计划投资 2.33 亿元（不含县区配套资金）中，国家和自治区计划投资 1.77 亿元，拉萨市本级财政自筹 0.56 亿元。国家和自治区每平方米增加 300 元，拉萨市本级财政配套每平方米增加配套 100 元，每平方米建设资金由 2100 元增加到 2500 元。在农村安居房方面，政府除安排自治区和市级安居房专项补助资金外，还为农牧民安居房争取银行借贷并提供担保，最大限度扫除安居房建设过程中的资金不足问题，对安居房建设产生强烈的激励效应。

3. 强化制度约束

负向激励是激励机制的有机组成部分，一定危机感有助于工作人员形成良好的职业规范和行为习惯。适当结合负向激励与正向激励有利于发挥激励机制的正效应。根据《拉萨市公共租赁住房管理办法》，住房和城乡建设主管部门和有关部门及其工作人员不依法履行监督管理职责的，侵害公共租赁住房申请人、租赁双方当事人合法权益的，由本级人民政府、上级有关部门或者监察部门依据职权责令改正，通报批评；对主管负责人和其他直接责任人依法给予处分；构成犯罪的，依法追究刑事责任。负向激励为有关部门及工作人员划出职责边界和工作底线，有利于防止相关工作偏离政策目标或越出政策路径。

四 讨论与思考

拉萨市城乡住房保障建设至今，已有效地缓解城乡居民住房困难问题，其中农村安居房建设在 2011 年已完成覆盖 80%农牧民的任务。拉萨市城乡住房保障取得了较高满意度。拉萨市连续 5 年在全国 38 个主要城市的基本公共服务满意度评价中保持排名前 5 位的佳绩。但是，在拉萨市住房保障政策执行过程中仍然存在一定问题，较为突出地表现在城镇住房保障方面。

（一）拉萨市住房保障建设存在的问题

由于特殊的城镇化路径和经济社会文化条件，拉萨市建立了与内地相比独具特色的住房保障体系。一方面拉萨市住房领域保障性住房建设力度远远大于商品房建设；另一方面拉萨市住房保障体系以“租赁”住房为主体。特色住房保障体系的迅速建立，源于拉萨市保障住房政策清晰的执行路径和特有的较完善的激励机制。尽管拉萨市住房保障体系建设已取得卓著成就，但住房保障未来的发展要更加注重体系的可持续性问题。具体表现为。

1. 资金来源可持续性面临挑战

当前拉萨市住房保障筹资结构是以中央和自治区政府财政转移支付为主，市县两级提供配套资金为辅。这种筹资结构有利于短期内快速解决城镇人口剧增造成的住房短缺问题。但从长期来看，不仅会使政府积累沉重的财政负担，影响财政资金的灵活性，而且由于筹资渠道单一，社会资本和民间资本参与不足，住房保障政策效应扩大化、社会化受到压抑。

2. 保障房配套设施不完善

由于拉萨市所处区位的地形限制和保障房建设规划不完善，在建设保障房解决大多数中低收入者居住问题的同时，居民对保障房的进一步需求未得到满足。一方面表现为与保障住房配套的基础设施不完善，住房内的水、电、气设施和住房外的幼儿园、医务室、公交站、农贸市场等公共设施缺乏，增加了保障对象生活成本，与建设住房保障的初衷——居住公平，有所偏离；另一方面，一些保障住房过度集中连片开发，易形成中低收入群体亚文化圈，甚至贫困沉淀固化，尽管消除了城镇化过程中社会成员弥散问题，但也可能造成社会阶层解组，影响社会各阶层融合，由此削弱住房保障政策效果。

3. 住房建设中的环境压力

住房保障作为应对城镇化问题的策略之一得到大力推行，但住房保障建设本身也会产生一定问题。拉萨市是一个潜在问题集中地区，既有经济问题和社会问题，也有生态问题。拉萨市住房保障建设配套设施不完善已对环境产生一定压力，每年有近 1000 万吨生活污水排入拉萨河。因此拉萨市住房保障规划和管理需要进一步拓宽思维，将环境可持续考虑在内。

同时，应对城镇化过程中已开始到来的人口聚集高峰，住房保障管理系统也存在可持续性问题。拉萨市住房保障科工作人员仅有 3 名，各县工作人员更紧张，扩大的住房保障管理工作急需足够的工作人员承担，而拉萨市各部门之间缺乏信息资源共享机制，住房保障管理内部动态管理机制缺位更降低了管理的工作效率，加剧编制人员紧张问题，限制住房保障管理的可持续性。

（二）对策建议

拉萨市住房保障建设面临的可持续性问题归因较多，但根源在于特殊城镇化道路基础上产生的路径依赖，即人口快速聚集过程中政府责任过重，社会参与力量不足。根据世界经验看，只有一些发达国家如英国和荷兰等成功消除人口快速聚集带来的诸多隐患，前者是通过知识产权专利保护提高资源利用效率消化了人口问题；后者则是通过海外贸易增加了资源存量。二者的核心原理都是通过提高生产力增强资源来满足剧增人口的需求。因此拉萨市解决住房保障领域的几个可持续性问题，核心在于优化产业结构，增强生产方式变革在城镇化过程中对农村转移人口的推力、拉力和吸纳能力，变政府主导城镇化为政府引导城镇化，变市场为辅的地位为以市场为基础作用机制。

1. 巩固现有筹资来源，促进住房保障主体多元化，解决资金可持续性问题

一要继续争取中央财政转移支付，保证住房保障资金主要供给渠道稳定和持续性。二要注重援藏资金向住房保障领域的合理分配，优化住房保障资金来源结构。三要积极培育市场、社会组织和民间组织，增加住房保障领域的参与主体，缓解政府的财政压力和管理负担，缩小住房保障投入方差。四要转变经济发展方式，切实提高居民收入，增强居民购房和租房能力。五要建立信息化管理系统。根据居民收入动态变化及时确定调整住房保障“准入”和“退出”群体，增强社会监督，合理降低住房保障投入成本，提高住房保障的保障效益。

2. 完善住房保障顶层规划，重视保障住房配套设施建设，逐步打造嵌入式居住格局，促进社会融合

一方面要全面认识保障住房的意义。保障住房不仅仅是民生问题，还涉及反贫困、社会治安、阶层融合、民族团结问题；另一方面突破保障房和自有住房的观念界限，推进混合居住，促进现有住房资源优化配置。根据有关调查，拉萨市城镇约 2.3%家庭拥有两套或两套以上的住房，因此扩大两套房或三套房居民自有住房向廉租房或公租房转变，既充分利用现有房源，减少保障房建设成本，也有利于实现保障住房群体与其他群体在居住格局融合。同时，统筹规划住房保障建设用地，尤其要注重将保障住房连片建设与分散布局相结合。此外，将保障房室内设备和室外公共设施同步建设纳入保障住房财政预算，确保保障住房实现

综合效益。

3. 大力加强社区建设，促进保障住房建设与环境协调可持续发展

首先，合理分配住房保障资金，完善社区基础设施建设，为处理生活垃圾提供便利，为社区文化建设提供适宜的空间场所。其次，推动社区文化建设。保障住房的受保居民流动性特征，对居民的社区归属和环境保护意识提出严峻挑战。因此培育社区核心文化，增加居民参与社区建设机会和社区融入能力，培养居民环保意识、卫生保护意识，消除“搭便车”心理和行为。最后，构建社区环境治理多元主体治理机制。社区环境不仅是居民生活问题，还是社会治理问题。保障住房社区与环境的和谐相处需要多方参与协同治理，充分发挥政府、社区组织、环保公益组织的管理监督、及时处理、专业服务职能，实现治理主体无缝对接，削减保障住房社区给环境带来的压力。

第九章

社会保障

在中国社会科学院发布的2013年《公共服务蓝皮书》报告中，拉萨市基本公共服务满意度位列全国38个主要城市之首。作为基本公共服务的重要组成部分，社会保障发展情况与地区经济发展水平具有很强的相关关系。在2015年8月中央第六次西藏工作座谈会上，李克强总理指出，要筑牢社会保障“安全网”。本章在总结拉萨市推进社会保障发展取得的阶段性成就和经验基础上，讨论拉萨市开展社会保障工作过程中存在的问题，并提出有关对策和建议。

一　社会保障的重要意义

社会保障是预防经济剧烈波动的蓄水池，是维护社会稳定的缓冲器。对拉萨市而言，社会保障具有特殊的针对性意义。主要表现为缩小城乡居民收入差距，以防止贫富两极分化；分散社会风险，维护社会稳定。

（一）缩小城乡贫富差距，促进经济可持续发展

1986—1996年，拉萨城乡居民收入差距由2.5扩大到峰值6.1，如图9-1所示。有关研究认为，国际上发展中国家的城乡收入差距超过1∶3，就意味着结构失衡。[①] 在二元经济体制下，城乡资源占有不均等是其收入差距扩大的根本原因。[②] 即收入差距源于城市占据过多资源得以飞速发展，而农村发展速度相对滞后。

社会保障具有调节收入分配的功能。调节城乡收入差距的宏观政策

---

① 中国社会科学院当代城乡发展规划院：《城乡一体化蓝皮书》，社会科学文献出版社2011年版，第20—35页。

② 张秀生：《农村公共产品供给与农民收入增长》，中国农业出版社2005年版，第36—44页。

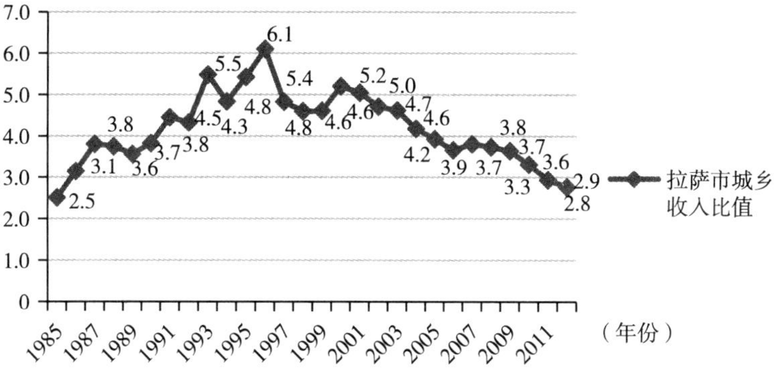

图 9-1　拉萨市城乡收入差距比值

资料来源：《拉萨市统计年鉴》。

主要有两个思路：一是完善促进农村经济发展的经济政策，如 2014 年中央一号文件提出增加农民收入等政策倾斜。二是制定推进城乡基本公共服务均等化的社会政策。拉萨市城镇职工自 1986 年就开始享受城镇职工基本养老保险，缴费结构为“职工缴费+企业缴费”。2009 年前农村居民享受的老农保险完全是个人缴费；2009 年后，在农村居民缴费的同时，政府予以一定补贴，由此缓解城乡老年人收入来源结构过于不均衡境况。从储备人力资本方面看，新农合的广覆盖将农村贫困人口和边缘人口纳入到制度保障范围内，帮助患者尽快脱离病痛，增强身体素质，对弱势群体“赋能”，增加其重新进入社会生活和参与劳动的机会，增强家庭收入能力。

（二）应对社会风险，维护社会稳定

当前拉萨市正面临经济社会转型带来的社会风险。随着单位制、人民公社的解体和市场化的推进，家庭失去集体的保障，社会风险日益增多。例如“未富先老”的人口老龄化问题。2012 年西藏农村人均收入为 5719 元，低于全国平均水平 7917 元。而 2012 年西藏 65 岁以上的居民占 54.15%，[①] 已经接近 1956 年联合国在《人口老龄化积极社会经济后果》报告中划分地区人口老龄化标准的 7%。受高寒、缺氧、饮食结构等因素影响，西藏人均寿命低于全国平均水平 6.66 岁，[②] 如果将人口老龄化衡

① 国家统计局：《中国统计年鉴（2013）》，http：//www.stats.gov.cn/tjsj/ndsj/2013/indexch.htm.

② 国家统计局：《中国统计年鉴（2013）》，http：//www.stats.gov.cn/tjsj/ndsj/2013/indexch.htm.

量标准下移6.6年，那么西藏很可能已经进入老龄化社会，老龄化对传统家庭养老和医疗负担提出严峻的挑战。近年来疾病谱拓展、医疗器械费用增加、人民对医疗的需求提高等综合因素导致医疗费用上涨，也增加了家庭需要抵御的风险。在西藏稳定压倒一切，作为西藏的政治、经济、文化、宗教中心，拉萨的稳定更起着举足轻重的作用，因此必须大力推进拉萨社会保障建设。

二　拉萨市社会保障主要成就

拉萨市社会保障在党中央和自治区的关怀和支持下，已初步建立起相对完整的社会保障体系，社会保障工作运行良好，并发挥着重要的社会影响。

（一）社会保险主要成就

在短期内已取得社会保险发展上的重大成就。主要表现为社会保险实现制度全覆盖、居民社会保险待遇不断改善、获得较高的社会保险满意度三个方面。

1. 社会保险实现制度全覆盖

（1）制度全面覆盖是拉萨社会保险发展历程上的重要跨越

20世纪末拉萨市城乡收入差距过大，一方面是城乡战略发展不平衡，另一方面是城乡收入分配不合理。改革开放后城镇单位制解体，但1986年拉萨市就建立了城镇职工基本养老保险，作为收入保障和收入再分配的重要支撑。而随着农村人民公社解体，原有合作医疗制度和养老保险制度失去集体这一主要筹资渠道，农村主要依靠家庭独立承担社会风险，由此加剧城乡收入差距飙升的趋势。21世纪以来，城乡各社会保险子项目有序建立。2001年拉萨市启动城镇职工医疗保险；2007年发展城镇居民医疗保险；2009年开始试点新型农村养老保险，并于2010年正式推广；2011年实施城镇居民养老保险；2012年将寺庙僧尼纳入社会保险范围。新型农村合作医疗保险始于2009年。拉萨市在短短十年间各社会保险项目参保人数增长迅猛，见表9-1，基本实现了社会保险制度的全覆盖，城乡居民和僧尼群体在制度容纳上受到公平对待，从真正意义上开始了城乡基本公共服务进程。

表 9-1 **拉萨市社会保险参保规模** 单位：万人

	2011 年	2012 年	2013 年
城镇职工养老保险	1.83	1.96	2.47
新型农村养老保险	12.83	17.23	17.70
城镇居民养老保险	1.27	1.90	1.91
寺庙僧尼养老保险	—	0.44	0.45
城镇职工医疗保险	3.16	3.73	4.41
城镇居民医疗保险（包含僧尼）	4.63	5.46	5.79
社会保险总人数	27.58	36.60	39.49

资料来源：拉萨市人力资源和社会保障局：《政府工作总结 2011—2013》。

（2）创立寺庙僧尼社会保险

寺庙僧尼社会保险始于 2012 年，到 2013 年全市 182 个寺庙全部纳入全区现行城镇居民社会养老保险覆盖范围，僧尼参保率已达 99%。将寺庙僧尼纳入社会保险，除有“让人人享有公平的社会保障”之义外，还有针对性意义。

一是维护西藏全局社会稳定。经过多年维稳工作经验总结发现：西藏稳定的关键在拉萨，拉萨稳定的核心在寺庙。收入分配问题对社会和谐稳定的影响甚大，解决好人民群众最直接的现实利益问题是实现社会和谐稳定的关键。[①] 民主改革前是三大领主统治时期，寺院都有供养区，主要靠农牧民供养。民主改革至僧尼参保以前，寺庙经济收入主要有两个来源：朝佛人的布施；寺院经营收入，如土地、牧场、商品、旅游产品。民主改革前后寺庙的经济地位有根本性转变，经济收入也产生较大不确定性，形成社会稳定的不安因素。将寺庙僧尼纳入社会保险范围内，为其提供基本的生活保障，有利于维护社会稳定。

二是为提高其他社会保险项目参保率提供示范。由于僧尼是佛教“三宝”之一，在群众中有较高的权威和较强的精神引导作用，拉萨市信仰佛教的群众基础良好，让僧尼参保有利于扩大保险覆盖面和提高缴费率。

---

① 李培林：《中国社会和谐稳定报告》，社会科学文献出版社 2008 年版，第 344、351 页。

2. 社会保险待遇不断提高

社会养老保险待遇调整与经济增长幅度相适应。城镇职工养老保险待遇增幅高于居民消费价格指数（CPI）增长速度。离退休人员待遇不断增长。2011年人社厅发文调整企业退休人员基本养老金规定，为全市3640名符合增资条件的退休职工完成增资，人均月增资231元。增资后全市退休职工月平均养老金达到2283元，增资幅度为11.3%。2011年较前一年居民消费价格指数增幅为5.0%。[①] 城镇职工养老金增资的速度，跑赢西藏CPI增速。2013年拉萨市城乡居民养老保险待遇发放中，基础养老金部分由起始55元/月增加到了120元/月，增幅也大于同期CPI增长速度。说明拉萨市社会养老保险待遇的提高使退休人员分享到了经济社会发展的成果，也切实地改善了老年人生活条件。

医疗保险报销标准追平全国平均水平。拉萨市自建立城镇职工医疗保险、城镇居民医疗保险和新农合后，通过下调起伏线、提高支付限额和提升报销比例的方式，扩大了医疗保险待遇支付空间和支付比例。2013年城镇职工医疗统筹基金支付起付线从启动时三级、二级、一级医院的1500元、1275元、1050元下调到现在的400元、300元、200元。居民从800元、500元、300元下调到300元、200元、100元。保险待遇逐步提高，缓解了城乡居民特别是困难群众看病难、看病贵的问题。同时，居民医保统筹基金最高支付限额，从2万元上调到6万元。职工医保统筹基金支付比例从启动时的60%提高到现在的80%。把特殊门诊病纳入统筹基金支付范围。职工医疗保险建立了公务员医疗补助并参加大额医疗费用商业补充保险，职工、居民医疗保险平均报销率达90%、70%以上，大大提高了医保待遇。2013年区外持卡结算定点医疗机构扩充至5家，极大地方便了参保群众异地看病就医，充分体现出人文关怀。有关研究表明，截至2014年，西藏自治区的医疗保险指数略高于全国平均水平。[②]

3. 社会保险满意度较高，缩小群体差距，增强社会凝聚力

拉萨市社会保险均衡发展，获得当地居民较高评价。2014年居民对

---

① 国家统计局：《中国统计年鉴2012》，http://www.stats.gov.cn/tjsj/ndsj/2012/indexch.htm。

② 曹丽娜、胡赛龙：《当前中国民族地区社会保障状况实证研究》，《北京航空航天大学学报》（社会科学版）2014年第4期。

各社会保险项目评分均在2.4—2.9分。具体来看，居民对新型农村合作医疗评分最高，为2.9分；对城镇居民养老保险的满意度相对较低，评分为2.4分，总体都接近“满意”。

表9-2　　居民对社会保险的满意度

	城镇职工基本医疗保险	城镇居民基本医疗保险制度	城镇居民养老保险制度	新型农村合作医疗制度	新型农村养老保险制度
评分（分）	2.6	2.8	2.4	2.9	2.7

资料来源：中国社会科学院民族学与人类学研究所于2014年开展实施的中国社会科学院创新工程重大专项“21世纪初中国少数民族地区经济社会发展综合调查”数据库。

注：对“社会保险满意度”的评价标准进行量化的方法是：满意3分、一般0分、不满意-3分，分值越高，满意度越高。

社会保险覆盖面扩大、待遇提高有利于化解各类社会矛盾。在拉萨市经济社会转型过程中，利益格局的改变和家庭结构的变化催生了城乡矛盾、干群矛盾和家庭不和谐。拉萨市社会保险综合发展对调解城乡利益格局、实现收入再分配具有针对性作用。城乡矛盾的一个重要因素是附着在城乡户籍上的福利待遇的有无和差距。拉萨市城乡社会保险快速均衡发展，既结束了过去农村社会保险缺位问题，也逐渐缩小了城乡社会保险待遇的差距，切实促进了拉萨市城乡一体化。羊达乡农民扎西平措表示：“感谢党的好政策，以前我们只知道城市的工人要交养老保险，现在我们和城里人一样了。”物质待遇差距的缩小，促进了观念上的亲和。同时，社会保险工作的开展缩小了干群距离，团结了干群关系，增强了制度信任，溢出效应较强。有些农牧民说：“我们怎么也没有想到，到60岁还能像干部一样每月可以领到养老金。不仅看病有农村合作医疗，生活上还有养老金，感谢党的好政策！”此外，社会保险有利于维护老人尊严，促进家庭和谐。尼木县群众代表说：“以前没有养老金，只能给儿子要点零花钱，儿子经济紧张的时候，我也没钱花，儿子高兴的时候才给点零花钱。不高兴的时候还不敢要。领到基础养老金，我再不用给儿子要钱了，活得有尊严了。”家庭是社会的细胞，社会有机体风险保障和良性运行，为家庭和睦创造了良好的社会氛围。拉萨市社会保险，已经通过支持老年人收入来源，维护了老年人物质保障和精神地位，促进了家庭整体和谐，增强了家庭抵御日益增加的社会风险的能力。

(二) 社会救助取得的成就

拉萨市社会救助历来受到市委、市政府的重点关注，当前社会救助工作已建立起包括最低生活保障、五保户、医疗救助、教育救助、住房救助等多个子项目，较为突出的成就是拉萨市城乡低保救助水平差异较小，且社会评价较高。

拉萨市低保救助效果良好，城乡差异不大

国内外关于低保救助效果有多种测度方法。本书主要选取城乡低保救助力度系数对拉萨市城乡低保救助效果加以测度。根据近几年拉萨市城乡低保标准和城乡居民人均收入情况计算可知（见表9-3），拉萨市城乡低保救助力度系数均大于0.15，且城乡低保救助力度系数差异不大。说明拉萨市政府对低保对象救助力度大，且城乡救助水平均衡化程度较高。此外，根据有限所得数据，2010—2012年拉萨市农村生活救助系数均高于1.28，城镇生活救助系数也都高于0.72，均大于临界值0.53，说明低保救助对拉萨市城乡贫困人口的基本食品支出有较高保障，且农村低保生活救助力度并未落后城镇，有效缓解了20世纪末城乡居民收入差距扩大问题，提高了城乡低保救助均衡化程度。

就跨区域比较来看，拉萨市低保救助效果优于全国绝大多数省份。以农村低保为例，2008年全国31省份农村低保救助力度系数和生活救助系数大于临界值的省份只有海南、天津和重庆。[①] 拉萨市农村低保效果至少在2010年以前就接近或超越了临界值。

表9-3　　拉萨市城乡最低生活保障救助力度系数测度

		2009年	2010年	2011年	2012年	2013年	2014年
农村	低保线（元/年）	—	1300	1450	1600	1750	1950
	年人均收入（元）	4149	5003	6017	7082	8263	9750
	农村居民人均食品支出（元/人、年）	1016.5	1018	1092	1107	—	—
	低保救助力度系数	—	0.31	0.29	0.27	0.25	0.24
	生活救助系数	—	1.28	1.33	1.45	—	—

① 王增文：《农村最低生活保障制度的济贫效果实证分析——基于中国31个省市自治区的农村低保状况比较的研究》，《贵州社会科学》2009年第12期。

续表

		2009 年	2010 年	2011 年	2012 年	2013 年	2014 年
城镇	低保线（元/年）	—	3960	4320	4800	5280	5880
	年人均收入（元）	15114	16567	17656	19545	21422	23350
	城镇居民人均食品支出（元/人、年）	5300	5496	5796	6213	—	—
	低保救助力度系数		0.26	0.26	0.27	0.27	0.27
	生活救助系数	—	0.72	0.75	0.77	—	—

注：①低保救助力度系数=t 年名义低保标准/t-1 年人均收入。低保救助力度系数的临界值为0.15，低于临界值说明该地区政府的救助力度不足，高于临界值说明该地区政府对低保对象的救助力度越大。

②农村生活救助系数=t 年农村名义低保标准/农村居民家庭人均食品消费支出。生活救助系数临界值为0.53，越大说明救助对象的食品支出基本可以得到解决。

③城乡居民对最低生活保障制度评价良好。

最低生活保障制度最终要落实于服务对象，低保制度的效用分析必须结合低保户对低保制度的主观评价。有关近年来拉萨城乡低保户对最低生活保障制度的主观评价，可以根据中国社会科学院民族学与人类学研究所于 2014 年开展实施的中国社会科学院创新工程重大专项“21 世纪初中国少数民族地区经济社会发展综合调查”在拉萨城乡的家庭问卷抽样调查中居民的主观评价加以分析，见表 9-4 所示。

表 9-4　居民对低保作用的看法　单位：%

	能够满足最低需求	能够帮助提高生活水平	能够帮助解决家庭特殊困难	不能够满足最低需求	合计	样本量（个）
汉族	32.7	40.8	24.5	2.0	100.0	49
回族	9.1	72.7	18.2	0.0	100.0	11
藏族	29.2	24.9	43.9	2.0	100.0	301
其他民族	0.0	42.9	57.1	0.0	100.0	7
农村	30.5	27.0	42.6	0.0	100.0	141
城镇	27.3	30.0	39.6	3.1	100.0	227
合计	28.5	28.8	40.8	1.9	100.0	368

拉萨市居民更看重最低生活保障制度的积极作用。认为低保能帮助解决家庭特殊困难的居民占 40.8%，28.8%居民认为低保有助于提高生活水

平，认为能够满足困难群众最低生活需求的居民占28.5%。对低保作用持否定态度的居民较少，仅占1.9%。从民族维度看，汉族和回族居民更看重低保对生活水平的改善，藏族和人口比例较少民族重视低保对家庭特殊困难的扶助作用。从城乡维度看，城乡居民最注重的均是低保的济困作用。值得注意的是，3.1%城镇居民认为低保不能满足最低需要，说明小部分城镇居民认为目前低保水平过低。

三 拉萨市社会保障的发展经验

社会问题产生的根源在于利益格局的调整并由此产生的不合时宜。法律是调节社会利益的重要手段；社会政策是解决社会问题的主要方法。由于转型期拉萨市社会问题具有应急性和突发性特征，且与法律的刚性和稳定性存在较大张力，加上我国公共管理经验缺乏，法律建设基础薄弱，法治社会建设滞后等原因，法律在调节社会利益方面是缺位的。因此，必须不断完善社会政策的贯彻实施。社会保障是社会政策的再收入分配层次，对于解决社会问题，调整利益格局的作用是深远的。筹资是社会保障政策实施的前提；组织管理建设是社会保障政策实施和服务传递的载体；宣传工作是沟通政策参与者的桥梁；研究培训是服务质量的保证。下文将从以上四个方面讨论拉萨市发展社会保险的重要措施。

（一）政府集中管理模式

组织管理体系是支撑政策执行、制度运行的骨架，从根本上影响服务传递效率和质量。目前国际上的社会组织管理主要包括政府集中管理和多元自治管理两种模式，主要依据各国政权组织形式、市场和社会发育程度、公民社会建设情况不同而有所差异。拉萨市社会保障组织管理模式是政府主导的集中管理模式。

政府确定社会保障政策目标，构建相对完善社会保障组织管理体系。2010年1月中央第五次西藏工作座谈会明确提出，到2012年前基本实现新农保在西藏的全覆盖。随后，拉萨市市、县、乡三级政府迅速建立一把手亲自抓、分管领导具体抓的工作机制。以县级为例，各县以县人民政府县长为组长，分管人力资源和社会保障工作的副县长和县人力资源和社会保障局、财政局局长为副组长，县直发改、农牧、宣传、公安、民政、各乡镇主要负责人为成员组成新农保工作领导小组，构建出系统的社会保险组织网络。同时，在人力资源和社会保障局的牵头下，各县乡签订目标责任书，将新农保工作作为政府为民办实事的首件大事，并纳入政府对各乡镇的年度综合目标考核体系，乡镇政府和村委以红头文件的形式存档备案。此外，拉萨市政府内人力资源和社会保障局、财政部门、审计部门均对拉萨市社会保险基金管理情况进行监督。

拉萨市社会保险组织管理模式既参照我国整体社会保险的组织管理模式，也是依据拉萨市实际条件的必然选择。一方面，拉萨市社会保险是应对经济社会转型问题的利益再分配。除了政府外，多元自治模式的其余参与主体，如非营利组织、企业、公民社会等自身尚未成型。拉萨市市场发育不足，居民人均收入偏低，购买力有限，有效需求不足。农村地广人稀，无良好的市场规模，企业规模和数量有限。在社会组织建设方面，截至 2014 年年初，拉萨市仅有拉萨市计划生育协会和拉萨市老年人工作协会与社会保险具有一定相关性，但独立性较弱。另一方面，拉萨市城乡收入差距远高于全国平均水平的事实与 2020 年全面建成小康社会的目标存在巨大张力，短期之内市场和社会无法化解。效率是国家行政管理的生命所在，在物资极端匮乏的情况下，政府集中管理有助于渡过难关、实现有限资源相对平等的配给。① 筹资是任何一项社会政策得以开展的前提。拉萨市本级财政能力有限，根据表 9-5 可知，2010 年拉萨市本级财政收入仅占总收入的 29%。离开中央政府和自治区政府的支持，社会保险政策贯彻落实就成了无源之水，因此拉萨市社会保险的政府集中模式，是客观现实的必然选择。

表 9-5　　2010 年拉萨市财政收入结构　　单位：万元

	总收入	上级财政补助	地方财政收入	各项税收	工商税收	其他收入
收入额	518561	360327	150159	127835	54057	22322
占总收入比例	100.0%	69.5%	29.0%	24.7%	10.4%	4.3%

资料来源：《拉萨市统计年鉴（2011）》。

在低保救助方面，2007 年根据《国务院关于在全国建立农村最低生活保障制度的通知》指导，拉萨市全面开展农村低保工作。拉萨市城乡低保在标准、对象、管理、资金、领导等制度设计方面基本实现公平，促进城乡低保救助水平均衡：2007 年拉萨城市低保救助力度系数为 0.3，农

① 李绥州：《略论政府集权与公共服务效率》，《南京社会科学》1998 年第 3 期。

村低保救助力度系数为 0.28，初步实现城乡底线公平。在此基础上，2010 年拉萨市开始城乡低保审核工作，结合自治区分配的扩面指标，及时核定低保对象。2012 年自治区分配给拉萨市扩面指标 5642 个，拉萨市经低保核查，新增低保人口 5678 人，城镇 3579 人，农村 2099 人。在价格补贴方面，《关于建立拉萨市基本生活副食品（牛羊肉、酥油）价格临时补贴实施意见的通知》要求，根据物价涨幅，将补贴标准精细化为相应的 5 个标准。以上政策文本综合考虑城乡低保救助制度设计和动态调整均衡，为实现城乡低保救助均衡奠定了坚实基础。

（二）筹资管理体系逐渐完善

筹资管理主要分为两个部分：一是谁来为政策实施出资；二是筹资途径。

1. 中央政府为社会保险实施出资，维护政策可持续性

根据公共财政理论“Tiebout 模型”，中央补助基金制度的实施主要考虑三个变量：溢出效应的存在；横向公正的推进；地方税率提高的抑制。[①] 拉萨是西藏的首府城市，其社会保险的顺利推进对其他地区具有重要带动作用，同时有利于西藏的稳定和发展，加速小康社会建设进程，促进“中国梦”的实现，因此具有较强的正外部性和溢出效应；“横向公正”是指无论公民居住在何处，都有权获得同等水平的基本公共服务，基于这一点，中央财政予以拉萨财政补贴是不言自明的；受特殊条件限制，拉萨市财政能力显著落后于内地。如果没有来自中央的补助，为维持政府工作和经济社会建设的正常运转，就只能提高地方税率。如此必然增加人民负担，这与政府职能和政策初衷相违背。综上可知，中央财政转移支付，对拉萨市社会保险的发展具有现实的必要性。

2. 社会保险筹资途径以经办机构征缴为主

筹资途径主要包括以下几种：税收和收费；借贷；彩票；强制储蓄；动员民间融资。[②] 其中借贷、彩票和民间融资属市场行为和社会行为，依赖于成熟的市场环境和较高发育程度的社会，显然拉萨地区尤其是农村地区不具备这样的条件。税收和收费、强制储蓄则属于政府行为，不同之处在于筹资部门类别及部门所代表权力的大小和社会影响广远程度差异，但

---

① Tiebout，Charles，1956，A Pure Theory of Local Expenditure，*Journal of Political Economy*，Vol. 64，pp. 416-424.

② 顾昕、李海燕：《“为公之道”与社会经济的协调发展》，《浙江学刊》2005 年第 6 期。

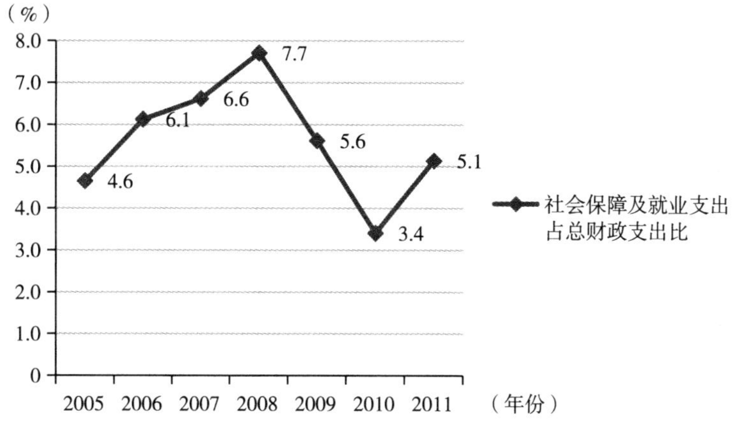

图 9-2　社会保障及就业支出占总财政支出比

都具有一定强制性。我国各地区既有通过税务部门以税收形式筹集社会保险基金，也有通过社会保险经办机构收费的形式筹集基金。目前拉萨市主要采用社会保险经办机构征缴，依托银行代缴的方式筹集社会保险基金。筹资途径如图 9-3 所示。

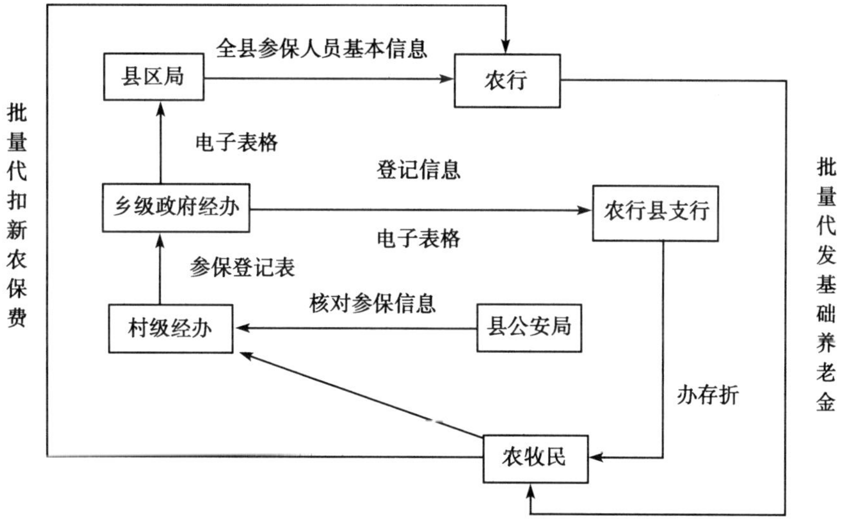

图 9-3　拉萨市新农村养老保险基金征缴与支付结构

3. 基础管理工作扎实推进

扎实的摸底调研成果是财政补贴缴费不足的重要依据。以城镇居民养老保险为例，根据文件精神，2011 年拉萨市人力资源和社会保障局对各县（区）和市直各单位进行调查摸底，划定城乡居民养老保险覆盖边界，经统计，全市应参加城镇居民社会养老保险25351万人，其中60周岁及以上城镇人口3030人，16—59周岁城镇人口22321人，为城镇居民养老保险的顺利实施奠定了基础。根据养老保险规模和财政能力，合理确定财政补贴标准，既稳固社会保险制度运行，还适度增加了社会保险的经济福利性。

表9-6　拉萨市社会保险缴费标准和待遇发放标准

	个人	单位	财政补贴
城镇职工基本养老保险（月缴费%）	8	20	—
城乡居民养老保险待遇发放（元/年）	100—1200	—	30—85
城镇职工医疗保险（月缴费%）	2	8	—
城镇居民医疗保险待遇发放（元/年）	60	—	340

注：以上缴费基数均以上年社会平均工资的60%—300%为基数。

4. 城乡低保救助财政预算均衡

城乡救助经费来源渠道结构和各渠道稳定性直接决定着城乡救助总供给平衡程度。从全国来看，2001年80%以上的县实现农村低保制度覆盖后，接下来两年发生大规模低保人口缩水问题，而城市低保则逐步完成低保对象全覆盖。2002年全国城乡低保发展两级态势主要是由于经费渠道构成不同造成的。城镇低保经费一直由各级财政承担，农村低保经费最初则是由财政、集体经济、社会捐助共同构成。集体经济、社会捐赠两方面经费稳定系数不高，2000年以来农村集体经济相对弱化，且社会捐赠不具有普遍性和周期性，致使部分地方政府借三方负担名义减少农村低保财政预算，导致农村低保制度发展有名无实，人为地扩大了城乡低保救助差距。而拉萨市城乡低保救助经费结构具有高度统一性和稳定性。

拉萨市自2007年全面推广农村低保以来，农村低保覆盖人口逐年大幅上升，低保待遇也与城市低保接近，呈现出城乡维生型社会救助高度均衡化态势。拉萨市城镇居民最低生活保障资金来源结构为中央、市、县（区）三级财政：自治区财政（包括中央补助资金）承担80%，各地市自行承担20%，农村最低生活保障由自治区财政（包括中央补助资金）承担80%，地、市承担10%，县（区）承担10%，纳入各级财政预算。[①] 尽管各县财政收入存在差异，但10%的财政份额对城乡低保救助均衡的影响权重非常小。在低保救助资金方面，政府财政预算倾向性地向农村低保倾斜，在政策目标明确、制度规范和预期稳定、有关部门职责清晰的保证下，低保救助资金传递损耗小，最终实现城乡低保救助效果均衡。

（三）宣传工作契合居民认知能力，为社保扩面扫除思想障碍

政策宣传是沟通政策参与者的桥梁。加强政策宣传既能够提高政策执行者对政策的认同，也能提高政策对象的政策认同，还为政策执行构建社会监督系统。[②] 优质的政策宣传能够统一社会政策认识，消除参与者的意识阻梗，为政策运行拓宽社会空间。拉萨市在社会保险政策宣传过程中有机整合了影响政策宣传效率的重要因素。

一是解剖政策案例，增强说服力。2010年2月3日上午，全区首批新农保基础养老金发放仪式在拉萨市城关区蔡公堂乡举行，标志着自治区新农保制度全面正式启动。在新农保政策启动仪式上，蔡公堂乡50名年过60周岁的老人在仪式现场领到270元的基础养老金。这种通过典型实践案例，以事实和道理服人，政策宣传与政策落实保持一致，增强了群众对政策的信任度。

二是坚持便利少数民族理解原则。拉萨市城乡居民受教育程度普遍不高，77%的居民文化程度为初中学历及以下，能准确流利使用普通话的占54.2%。[③] 针对这一民族地区特色，拉萨市普遍采取藏汉两种文字材料进行宣传，专门制作藏语新农保政策问答、解读光盘。

三是坚持多元化宣传渠道原则。拉萨市对新农保政策的宣传一方面借助中央第五次西藏工作座谈会精神宣讲活动契机，把新农保政策融入宣讲活动中；另一方面在人群集中区发放宣传资料；各县（区）局在中学、小学进行宣传，再由学生向家长进行宣传，宣传触及每个农牧民家庭。横向广覆盖和纵向抓突破相结合的立体化宣传方式，为拉萨市社会保险工作

① 曹芬：《拉萨市社会救助体系现状分析及完善对策研究》，硕士学位论文，西藏大学，2011年。

② 金太军、钱再见：《公共政策执行梗阻与消解》，广东人民出版社2005年版。

③ 数据来源：中国社会科学院民族学与人类学研究所于2014年开展实施的中国社会科学院创新工程重大专项“21世纪初中国少数民族地区经济社会发展综合调查”数据库。

的开展奠定了思想准备和舆论基础。

（四）社保经办人员业务素质不断提高

社会保险政策的贯彻落实，最终依靠服务在一线的社会保险机构经办人员。社会保险经办力量是社会保险政策的贯彻者，是社会保险业务的最终承担方，也是政府形象的鲜明代表者。打造一支“业务精湛、认真负责”的社保经办队伍，对于提高经办效率、维护政府权威、促进制度信任具有重要意义。在西方发达国家，社会保险经办力量具有专业化和职业化特征，经办人员经过高学历教育、专业学习、业务实践和上岗认证才能进入经办机构，进行专业化服务。日本有专门针对社会保险的职业资格考试——社会保险劳务士项目。我国人力资源和社会保障部根据劳动和社会保障实际工作需要，开设《劳动与社会保障岗位资格书》（CLSSEP）考试。拉萨市新农保培训工作坚持“培训、服务、研究”三位一体原则。

在社会保险专业培训方面，采取业务讲解和实践参观相结合的方式。一是统一的业务扫盲。2011 年 6 月 23 日，新农保中心举办全市新农保经办业务培训会，为各县乡镇具体新农保经办人员讲解新农保政策和具体经办程序，讲解如何通过银行代征和代发的管理模式征收农保费，发放新农保养老金，极大地提高了各乡镇村经办人员的业务水平。二是典型案例解剖。市人社局组织现场观摩城关区蔡公堂乡次角林村委会的经办程序，使新农保经办人员从实务中学习参保条件、缴费标准、经办流程、待遇发放、会计制度、财务管理及信息服务等知识和技能。此外，定期开展工作总结讨论会。市召集各县区局长和新农保经办人员，听取前一阶段新农保服务开展情况的汇报，各县区分别介绍新农保工作好的经验、做法，同时找出问题，提出对策。

四　拉萨市社会保障的问题与建议

拉萨市社会保障发展在党中央和自治区的大力支持和拉萨市各级干部群众的不懈努力下，初步形成适应民族地区基础条件和群众需要的发展路径，取得了巨大成就。但受制度起步晚、发展历程短，民族地区主客观环境复杂等因素制约，拉萨市社会保障发展过程中不可避免地存在一定问题。

（一）社会保险发展的问题

1. 农村经济发展水平低，城镇参保存在一定的“逆向选择”

学界普遍认为，人均 GDP 在 2000 美元以上，农业人口占总人口 50% 以下，农村建设社会保险制度的经济条件相对充分。[①] 然而，截至 2012 年拉萨农村居民人均收入不足 1200 美元，农业人口占 54%，农业产值仅占 GDP 的 4.1%。[②] 可见无论是拉萨农村地方财政，还是当地居民收入水平，都没有能力支撑起社会保险制度，农村居民整体缴费能力有限。新农保参保方面，部分农牧民甚至完全不缴纳养老保险费，对此乡村政府只能在发放其他物资或福利时，以农牧民缴纳基本费用为前提条件促使农牧民参保。

城镇居民在社会保险参保方面“逆向选择”问题较为突出。“逆向选择”是指低风险群体不愿意参保，高风险群体参保能力不足。2011 年拉萨市政府有关城关区问卷调查显示，75%被访者认为养老保险待遇水平偏低，不愿参保。城镇居民养老保险参保上，绝大多数居民选择最低缴费档次缴费 100 元/年。家庭经济条件好的居民，认为社会保险收益率低，直接影响参保率。部分效益好的企业和职工看重商业保险收益率高，为兼顾企业成本，企业、职工参加社会保险积极性不高；一些企业季节性和周期性明显，职工流动率高，效益没有持续保障，即使有《社会保险法》的约束，也难以为职工缴纳社会保险费。

2. 居民文化水平不高，对社会风险认知有限，产生参保方面的短视效应

尽管 21 世纪以来拉萨城乡居民受教育程度有大幅度提升，但受教育水平依然落后于全国，文化素质依然不足，对社会保险制度建设的影响主要表现为两方面。

一是弱化对需求的感知。拉萨城乡居民普遍信仰藏传佛教，藏传佛教有关“生老病死”现象的解释，在生产力极其低下的封建农奴时期，为广大农奴提供一定心理慰藉。时至今日，藏传佛教对缓和现代化过程中产生的矛盾发挥着一定正功能。藏传佛教信众普遍接受“生老病死”皆由个人前世的业缘所定这一观念，西藏的医患矛盾远没有内地社会严重。然

① 王元月、马驰骋：《非贫困农村中社会保障需求与供给因素的对比分析》，《中国海洋大学学报》（社会科学版）2004 年第 5 期。

② 拉萨市政府网：《拉萨市 2012 年国民经济和社会发展统计公报》，2013 年 5 月 2 日。

而辩证地看，生死轮回的因果说一定程度上弱化了个体应对“疾病”和“老年”问题的积极主动性，使一部分人并不关心自身未来养老问题，更注重眼前利益，认为有钱不如现在花。

二是缺乏对政策的理解。部分居民对政策内容理解不透彻，仅仅以目前老年人领取养老金为参照，误以为年满60岁后参保可以不缴费直接领取每月55元养老金，晚参保可以少缴费，参保不积极。一些青年认为自己还年轻，没有必要对养老问题考虑那么早。这些都对基金征收带来一定影响。部分居民对城镇居民（僧尼）养老保险观念意识淡薄，心存侥幸心理，现在政策好，即使不参加养老保险，以后政府也会对自己负责的思想。长久以来中央和全国对拉萨的大力支持，以及拉萨城乡居民自助能力相对不足，形成较严重的“等、靠、要”思想，使制度运行的社会成本居高不下。

3. 社会保险制度设计和管理不完善

（1）各社会保险项目分割严重，统筹层次低，互济性不足。

拉萨市有城镇职工养老保险、城镇居民养老保险、新农村养老保险、城镇职工医疗保险、城镇居民医疗保险、新农村合作医疗保险。各社会保险项目统筹层次不一，城镇职工养老保险属于省级统筹，城乡居民养老保险实行县（区）级统筹。一方面造成政策真空带，农牧民工社会保险转移接续问题；另一方面导致缺少应有的互济性。由于城乡、职业差别，居民收入具有较大差异，城镇职工养老保险、城镇居民养老保险、新农保对应性覆盖并没有实现群体间的收入再分配，而城乡居民养老保险由于缴费结构为“个人账户+财政补贴”，项目内部也没有实现社会互济。统筹层次低和项目分割问题导致各社会保险基金蓄水量小，削弱后续基金保值增值的可能。

（2）社会保险缴费缺乏强制性。

自德国创立社会保险之初，强制性便成为其制度的重要特征。社会保险能够克服逆向选择的重要原因就在于它的强制性。[①] 拉萨市城乡居民养老保险遵循“自愿性”原则，职工医疗保险也遵循“当月缴费，次月享受”原则，从行政上削弱了社会保险的强制性。同时由于拉萨城乡居民法治意识淡薄，《社会保险法》的触及程度也非常有限。制度运行初期“不规范、不严肃”的现象将对居民参保造成不利影响。

---

① 张欢：《中国社会保险逆向选择问题的理论分析和实证研究》，《管理世界》2006年第2期。

（3）缴费与激励脱钩，基金保值增值能力弱，待遇发放忽略人口特征。

缺乏法律保障，社会保险征缴未形成合力。国务院 1999 年颁布的《社会保险费征缴条例》明确规定劳动和社会保障、税务、财政、省际及行政监察机关对社会保险费征缴、管理和监督的职责。但拉萨市社会保险征缴工作主要靠人力资源和社会保障部门；审计部门只对社保经办机构在基金的财务管理方面实施审计。财政部门仅对基金实行收支两线管理。行政检察机关很少对欠缴或拒缴社会保险费的单位领导进行责任追究。缺少法律对各部门的统一约束，短期行政命令和各部门长期利益之间存在不适应，社会保险政策目标分派到各部门变成组织目标，降低了社会保险费征缴效率。

城乡居民社会保险待遇激励性不高。尽管城乡居民养老保险缴费档次越高，财政补贴越多，但受缴费封顶线限制，即使按最高档次缴费 15 年，需交费 45000 元，养老金也只有每月 450 元左右。而城乡居民缴费大都处于最低档次，缴费满 15 年，每月养老金也只有 130 多元，不及城镇职工养老金的十分之一。医疗保险缴费与待遇享受的关联更弱，属于“缴费持续，待遇享受不定”型，有可能住院才缴费符合日常经济逻辑。

社会保险基金保值增值能力不强。城乡居民养老保险的缴费结构为“个人缴费+财政补贴”，与个人账户相对应的基金运营模式是完全积累制，养老保险金缴费时间长达 15 年，涉及保值增值的问题。拉萨市城乡居民养老保险统筹层次为县（区）级统筹，县级没有使用社会保险基金投资运营的资格，个人账户基金存在缩水的隐患。以现有路径运营，未来养老金的购买力将处于持续下降状态，收益率不高，导致参保和缴费积极性不足。

养老保险基金发放忽略了地区人口特征。2015 年人力资源和社会保障部开始酝酿延迟退休年龄方案，民族地区是否应跟随国家改革趋势，延长退休年龄，是一个值得特别关注的问题。有学者认为，退休年龄的确定需要考察就业和养老保障两个因素。①实质上是对人口老龄化及人均预期寿命情况的综合考察。尽管西藏人口特征已接近人口老龄化，但由于西藏

① 林宝：《延迟退休年龄对养老资金平衡的影响》，《财经问题研究》2014 年第 12 期。

计划生育政策相对宽松，根据西藏2010年人口年龄结构来看，没有进一步老龄化的特征。西藏属高海拔地区，人均寿命与全国平均水平有一定差距，不适宜推迟退休年龄。而当前领取待遇年龄与全国一样为60周岁也不尽合理，城乡居民特别是农牧民普遍反映领取年龄过高，真正能享受领取养老金的年限太短，甚至担心自己能否活到60周岁。综合15年缴费年限考虑，居民参保热情受到极大抑制。

表9-7　　西藏人口自然增长率与人均预期寿命

地　区	出生率（‰）	死亡率（‰）	自然增长率（‰）	2010年预期寿命（岁）		
				总	男	女
全　国	12.1	7.2	5.0	74.8	72.4	77.4
西　藏	15.5	5.2	10.3	68.2	66.3	70.1

资料来源：《中国统计年鉴（2013）》。

（4）社会保险经办力量薄弱，与社会保险服务需求高形成巨大张力

社会保险经办机构不独立，人事制度不健全。由于社会保险经办机构的法律地位界定不准确，社保经办机构与政府机关的界限不清，未形成独立的组织机构应有的边界，缺少职称等级评定、编制和绩效考核，造成经办人员流动率高，影响经办力量职业化和专业化。

社会保险经办人员数量缺乏。2000年实施职工养老保险政策时，拉萨市直养老保险经办机构工作人员只有8名，到2012年，拉萨市养老保险各险种已基本实现制度上的全覆盖，但市局经办机构工作人员仍只有8名。按照全国社保经办机构设置经办人员的通行办法，按照参保人次与经办人员比例以市按5000∶1的比例配置经办人员的标准，拉萨市远未达标，经办人员出现严重缺口。

社会保险经办人员专业素质不足。拉萨市社会保险制度建立之初，就面临受保人政策理解能力不强、户籍信息不准、信息化管理不完善等特殊问题，这对经办人员素质提出很高的要求。然而当前社保经办人员缺少高等教育层次的专业化教育，尤其缺少财会人员，部分乡村经办人员是在原有其他工作岗位之外做的兼职，影响社保经办效率和专业、职业形象。经办人员素质不高形成经办人员数量上的隐形缺口，加剧经办力量和服务要求之间的矛盾，即“小马拉大车”，导致扩面工作难以进一步开展。

社会保险采用“单险种”经办机构行政体制。单险种经办具有专业化优势，但存在浪费人力、财力、物力等问题，分散经营不利于不同部门的管理，不能集中运营，不仅不便于监管，使基金运营形不成规模效应。由于拉萨市经办人员业务素质正处于提升阶段，专业化程度不高，如此既没有突出单险种经办体制的优势，还保留着单险种经办体制存在的劣势。在经办人员总量不足的情况下，没有实现人力资源优化配置，加剧了经办供给和需求矛盾。

（二）社会救助制度的主要问题

1. 社会救助供给与需求的巨大矛盾

一方面，拉萨市七县一区均属连片贫困地区，贫困率高，贫困强度大，对社会救助提出迫切的要求。连片贫困的客观态势使居民整体生活水平较低，如改善贫困无望，居民极易陷入集体抑郁而不觉，从而滞于现状。另一方面，拉萨市本级财政能力不足，财政支出中约80%来自中央财政转移支付和自治区财政支持。强劲的中央财政支持解决了居民即时的生活困难，在当下具有不可或缺性，但从长远看，单向权利义务关系易产生福利依赖，形成个体、集体和单位的“等、靠、要”思想。

2. 社会救助的运行机制不完善

一是社会救助法制建设落后。我国社会救助法制建设起步晚，到2014年5月1日，我国首部《社会救助暂行办法》才得以诞生。受历史基础、地理条件和区位因素的影响，拉萨市有关行政部门未形成高效的科层系统，行政与法制未形成有效对接。法制实为对广大民众的规范和约束，尽管近年来拉萨市居民受教育程度得到大幅提升，但受教育质量不高，部分居民不能接触、理解有关法律条文要义，甚至未形成法律的权威意识。在拉萨市社会救助领域，实现科学立法、严格执法、公正司法和全民守法的法治目标还任重道远。

二是救助政策制定缺乏系统性和协调性。尽管低保在社会救助体系中占有极为重要的地位，但社会救助不等于低保，将一些救助措施与低保制度挂钩，享受其他社会救助项目须以低保资格为前提条件，使边缘群体难以得到适当救助，在社会急剧变迁并面临社会和自然双重风险的拉萨市，易产生反贫效果脆弱性或因特殊原因致贫的多发性。

三是信息化建设严重滞后。一方面，拉萨市缺乏本地培养的专业人才技术，且难以吸引、留住内地专业信息人才；另一方面，拉萨市在国内外反分裂斗争中地位特殊，有关部门对电子信息系统的建设大都报以谨慎的态度，造成政府的信息资源共享平台建设存在一定不足。信息采集、整理、转换和利用程度较低，相关救助政策衔接不到位，增加了社会救助运行成本。

四是缺少评价低保标准的统一准绳。从学界较认可的低保救助力度系数看，拉萨市城乡居民低保救助水平能够较好地满足低保对象最基本的生活需求。但有关部门也反映，现行的救助水平偏低，与拉萨市经济发展水平不相适应，难以满足当前社会救助对象的迫切需求。这其中缺少对拉萨与内地主要城市的物价成本差异、居民消费结构差异、对低保救助的态度差异等各方面因素的综合考量，因此各界尚未达成评价拉萨市低保标准的共识。

五是低保瞄准机制难以确立。确立低保对象瞄准机制对于精准扶贫、减少社会救助支出、改善社会救助效果具有不可或缺的作用。2014 年中国社会科学院民族学与人类学研究所对拉萨市城关区城乡居民的抽样调查数据显示，被访者对于家庭收入和支出情况表示不清楚的比例高达 70%以上。一方面可能是由于隐形收入不易计算；另一方面，在商品经济不发达的拉萨地区，居民的货币财产观念不强。如若居民不清楚自己的收入，其他经济状况核查手段和方式均为估算，这对拉萨市负责家计调查的工作人员数量和素质都是极大的挑战。

3. 社会救助基层服务力量不足

拉萨市社会救助基层服务力量不足主要表现在两个方面。一是服务人员数量不足。除拉萨市民政局各部门外，村居定位不准，福利机构性质不明，不能够有效地吸引人才。一些福利机构尚未完成事业单位登记，运行经费、工作经费未纳入财政预算。资金来源没有保障直接影响服务人员工资待遇水平，导致既有服务人员流动率较高。二是服务人员专业素质不高。基层服务人员存在受教育程度不高、专业技能不强的问题，难以满足全面做好集中供养、集中收养工作的新要求。

（三）完善社会保障制度的对策建议

1. 加大中央财政转移支付，推进基础教育发展，促进就业

当前拉萨城乡社会保险制度是在中央和自治区政府的大力支持下建立起来的，为保证制度建设初期的稳健性和贯彻力，需要保证中央财政转移支付对拉萨社会保险制度的资金支持。同时必须进一步普及基础教育，紧

抓职业教育和高等教育。转变居民对传统家庭抵御社会风险能力的认知，加深对社会保险政策制度、功能的理解和信任。

将教育与经济社会发展需求相结合，加快农村剩余劳动力转移，减少城乡劳动力市场之间的障碍，增强城乡居民个人和家庭收入的能力，提高居民参保能力。充分利用拉萨市地域特色和人文优势，进一步调整产业结构，坚持农业本土化、产业化、科技化、市场化相结合，重点建设工业发展园区，发展净土健康产业，进一步推进旅游业发展，并向乡村旅游延伸。为地区人民开拓就业岗位，提高居民自助能力，帮助贫困居民培养反贫困积极性，根本上改变连片贫困局面，降低社会保障反贫困成本。

2. 提高社会保险统筹层次，完善经办机构建设，培养社会保障专业服务人才

持续完善城乡社会保险制度建设，一要紧跟全国步伐，逐步实现社会保险各险种并轨。进一步完善顶层制度设计，提高社会统筹层次，变零钱为整钱，提高地区、城乡之间的互济能力。二要不断提高居民整体的现代文化，培养居民权利义务意识，深刻认识到法律的强制性、稳定性、持续性，在此基础上增强社会保险征缴的强制性。三要充实社会经办力量。“巧妇难为无米之炊”，首先保证市县乡村各级社会保险经办机构的相对独立性，明确专业职能部门属性。其次配备专业、足量的社会保险经办人员，发挥其资源整合的作用，疏通制度的神经末梢。此外，为充分利用有限的经办人员，建议逐渐整合各社会保险部门，变革“单险种”经办管理制度为“多险种”经办管理，减少制度成本，优化人力资源配置。

3. 充分发挥基层社会组织的服务功能，提高城乡居民社会保险参保率和缴费率

拉萨城乡社会保险制度在基层的扎根能力不足，居民参保意愿不强，很大程度上在于没有充分利用好村（居）委会这一服务传递途径。一些村（居）委会工作人员汉语不熟悉，即便熟悉但对于社会保险制度的理解也不够透彻甚至存在疑虑。因此，要充分利用现有城镇网格化、驻村工作组、双联户等有良好群众基础的基层组织，重点对基层组织人员进行制度讲解，使之深刻认识到制度的功能和作用，并成为保险制度高频率、细致化宣传的驿站，解决因地广人稀和文化障碍导致的宣传难以覆盖和深入的问题。

此外，要提高社会保险参保的强制性。居民对政策的认知有一个过程，但将社会保险参保作为进一步落实优惠政策或发放补贴、福利的前提条件，用变通的强制手段帮助居民参保，一定政策实践周期后，居民对社会保险政策形成准确的认知，参保才能进入正常的运作路径。

4. 进一步完善社会救助制度

加强社会救助法制化建设。加快《社会救助暂行办法》的贯彻落实，使之成为社会救助各环节的工作依据和准则，在提高居民受教育程度的同时，培养居民法律知识和法律权威感，形成全民懂法和全民守法的规范态势。

营造政府与非营利组织合作的氛围。由于原有拉萨社会经济发展水平低，拉萨市从事非营利的社会组织较少，并未形成有力的社会救助力量。当前拉萨正处于跨越式发展阶段，一方面孕育了一定的社会力量，另一方面居民的生活需求也在逐渐多样化。单一的以政府为完全主体的救助服务已不能满足居民多元化的生活需求，因此需要积极与非营利组织合作，慎重思量政府购买服务模式、政府与非营利组织协作模式、非营利组织独立运行模式，选择最适宜满足当地居民生活所需和地区安全要求的合作模式。

确定相对统一的社会救助标准。社会救助不同于福利国家的福利制度，目标并非保障从摇篮到坟墓的生活需求。因此要防止救助过高导致劳动人口减少，抑制经济增长。社会救助也有维护底线公平的责任，要避免救助水平过高引发失健效应。对此既要依据居民平均生活水平和物价水平稳步调整社会救助标准，又要将生活救助和特殊救助对象严格区分，还要社会救助发放依据以通俗易懂的方式广泛宣传，获得各群体共识。

5. 重视“发展型”社会救助，着重提高教育救助质量

逐渐加大“发展型”社会救助在社会救助体系中的比重，提供配套的医疗救助，要完善医疗救助制度建设和资金供给，提高居民使用医疗救助服务的能力和效率，防止医疗救助供需出现断层。一要提高教育质量，注重“实用知识”和“人文知识”的综合培养，课程设置侧重培养适龄儿童“读、写、算”能力，为居民理解和利用政策资源提供基本的认知工具。二要提供基础教育的经验环境。学校教学过程中要注重课外实践活动；学校之外要为毕业生提供相应的实践环境，将教育救助整合在转型的社会结构中，巩固教育救助成果。

6. 大力培养社会工作专业人才

首先要调整人才培养观念。有关人才问题，西藏各界普遍认为西藏最缺乏的是理工科专业技术人才，这里无意突出了当下西藏发展过程中培养技术上攻坚克难人才的紧迫性。但是从长远来看，人文社科人才也是不可或缺的。早在民国时期，著名的边疆社会学研究者李安宅认为边疆民族发展最重要的是建设社会工作机构，培养社会工作人才。而当前拉萨市社会救助基层服务人员最缺乏的也是专业的社会工作人才。

要培养大量的社会工作人才。没有量的积累就没有质的提升，因此必须在自治区内高等院校的专业设置上关注社会工作人才培养，在自治区外注重社工专业人才引进工作。开展福利机构社会工作和学校社会工作，为弱势群体提供针对性的支持系统。

社会工作人才培训原有社会救助基层服务人员，以提高服务效率、改善服务效果的方式缓解基层救助服务人员的供需矛盾。

同时要加强社会工作人才和基层服务人员的持续培训。传统社会的文化场域中，传统习俗和认知规范影响深远，会对专业的社会救助服务产生拖曳，服务提供者可能形成一些传统场域中的不良惯习，因此需要通过定期培训及时矫正，并提升专业服务能力。总体来看，专业社会工作人才队伍建设虽不能解决近渴，但却以滴水穿石之效收百世功、立千秋业。

参考文献

（一）著作

阿旺罗丹、次多、普次主编：《西藏藏式建筑总览》，西藏拉萨古艺建筑美术研究所编著，四川美术出版社2007年版。

北京大学社会学人类学研究所、中国藏学研究中心合编：《西藏社会发展研究》，中国藏学出版社1997年版。

才让太：《佛教在汉藏民族关系中的贡献——兼谈藏区寺院管理中存在的问题》，宋敏主编《边疆发展中国论坛文集（2012）·创新治理卷》，中央民族大学出版社2014年版。

车明怀主编：《拉萨法治发展报告（2013）——探索边疆民族地区稳定和谐发展的法治之路》，社会科学文献出版社2013年版。

陈敬朴：《基础教育概论》，苏州大学出版社2000年版。

次仁德吉：《推动新管理模式，创新社会管理机制》，车明怀主编《拉萨法制报告（2013）：探索边疆民族地区稳定和谐发展的法制之路》，社会科学文献出版社2013年版。

金太军、钱再见：《公共政策执行梗阻与消解》，广东人民出版社2005年版。

《（拉萨市）城关区地方志》编纂委员会办公室编著：《拉萨城关年鉴（2012）》，拉萨城关区统计局2012年版。

拉萨市地方志编委会：《拉萨市志》（上、下），中国藏学出版社2007年版。

拉萨市统计局、国家统计局拉萨调查队编：《拉萨市统计年鉴（2013）》，方志出版社2013年版。

拉萨市文化局编：《拉萨古籍目录》，罗桑编译，西藏藏文古籍出版社 2014 年版。

拉萨市文化局编：《拉萨珍贵古籍图录》，罗桑编译，西藏藏文古籍出版社 2014 年版。

赖惠能、马新明主编：《中国全面小康发展报告：拉萨样本》，红旗出版社 2016 年版。

李建平等：《中国省域竞争力蓝皮书：中国省域经济综合竞争力发展报告（2013—2014)》，社会科学文献出版社 2015 年版。

李培林：《中国社会和谐稳定报告》，社会科学文献出版社 2008 年版。

王宏哲：《住房权研究》，中国法制出版社 2008 年版。

西藏自治区统计局、国家统计局西藏调查总队编：《西藏统计年鉴(2013)》，中国统计出版社 2013 年版。

［美］西奥多·W. 舒尔茨：《论人力资本投资》，北京经济学院出版社 1990 年版。

扎西拉姆·多多：《班扎古鲁白玛的沉默》，出自其 2007 年创作的作品集《疑似风月》。

张焕庭：《西方资产阶级教育论著选》，人民教育出版社 1964 年版。

张秀生：《农村公共产品供给与农民收入增长》，中国农业出版社 2005 年版。

中国社会科学院当代城乡发展规划院：《城乡一体化蓝皮书》，社会科学文献出版社 2011 年版。

中华人民共和国国务院新闻办公室：《西藏发展道路的历史选择》，人民出版社 2015 年版。

周长城等：《中国生活质量：现状与评价》，社会科学文献出版社 2003 年版。

周鸿雁：《2013 年中国公共文化服务发展报告》，载《中国文化发展报告》(2014)，社会科学文献出版社 2015 年版。

（二）期刊

巴合提娜孜·比克什：《游牧民定居是实现草原畜牧业现代化的保障》，《商品与质量》2011 年第 4 期。

本刊记者：《中国藏学出版社〈先哲遗书〉丛书荣获第二届“中国出

版政府奖”图书奖》，《中国藏学》2011 年第 S2 期。

曹芬：《拉萨市社会救助体系现状分析及完善对策研究》，硕士学位论文，西藏大学，2011 年。

曹丽娜、胡赛龙：《当前中国民族地区社会保障状况实证研究》，《北京航空航天大学学报》（社会科学版）2014 年第 4 期。

陈井安、何建兴：《推进藏区社会治理体系创新路径探析》，“加强新型智库建设推进藏区四个全面发展”学术研讨会交流材料，青海，2015 年 8 月。

次仁央宗：《问卷解读拉萨市居民家庭状态》，《中国藏学》2011 年第 3 期。

达瓦：《记录历史传之后代——甲日巴·洛桑朗杰先生访谈记》，《西藏大学学报》（汉文版）2005 年第 3 期。

丁玲辉：《发挥核心价值观的引领功能》，《西藏日报》2014 年 4 月 12 日。

丁志刚：《特色城镇化道路的研究和探索——以拉萨为例》，《城市规划和科学发展——2009 中国城市规划年会论文集》，2009 年。

冯骥：《十年，写下精彩答卷——我区非遗保护工作综述》，《西藏日报》2015 年 6 月 12 日。

尕玛多吉：《西藏 158 函古籍入选国家〈珍贵古籍名录〉》，《光明日报》2014 年 2 月 21 日。

顾昕、李海燕：《“为公之道”与社会经济的协调发展》，《浙江学刊》2005 年第 6 期。

韩小雨、庞丽娟、谢云丽：《中小学教师编制标准和编制管理制度研究——基于全国及部分省区现行相关政策的分析》，《教育发展研究》2010 年第 8 期。

何秋平：《一个农民收藏家的建馆梦》，《西藏日报》2013 年 4 月 15 日。

胡洁：《拉萨市新型城镇化过程中人口管理的新思考》，《西藏大学学报》（社会科学版）2014 年第 4 期。

胡中平：《我国财政分权与政治激励下的农村公共财政》，《吉首大学学报》（社会科学版）2012 年第 3 期。

贾康：《我国住房保障模式选择与政策优化：政府如何权衡“倒 U 曲

线”演变中的机会公平与结果公平?》，《财政研究》2012 年第 7 期。

《拉萨河纪行》采访组记者：《俄杰塘有个“阿佳之家”》，《西藏日报》2013 年 7 月 17 日。

黎华玲、索朗德吉：《西藏抢救修复一批见证汉藏团结的历史遗迹》，《拉萨晚报》2015 年 3 月 24 日。

李海霞：《“8·9”非法猎杀藏野驴案犯罪嫌疑人被逮捕》，《西藏商报》2014 年 9 月 12 日。

李绥州：《略论政府集权与公共服务效率》，《南京社会科学》1998 年第 3 期。

廖桂荣：《弹性城镇化：中国转型期农民工反贫困的现实路径》，《人口与经济》2009 年第 2 期。

廖卫华、王杰学：《西藏虐杀藏野驴案一审开庭》，《法制日报》2014 年 11 月 29 日。

林宝：《延迟退休年龄对养老资金平衡的影响》，《财经问题研究》2014 年第 12 期。

刘洪明、许万虎：《西藏 6 家单位开启重点古籍收藏普查——以藏文文本为主体的普查对保护西藏文化和科研等具有重要意义》，《拉萨晚报》2014 年 12 月 5 日。

齐扎拉：《在拉萨共享式发展学术研讨会上的主旨演讲》，拉萨共享式发展学术研讨会秘书处《拉萨共享式发展学术研讨会成果汇编》，2016 年 1 月。

沈卫荣：《玛吉阿米：一个被捏造出来的情人》，《东方早报》2014 年 4 月 27 日。

史卫静、李影：《拉萨古城申遗工作启动》，《西藏商报》2014 年 12 月 15 日。

《世界文化遗产罗布林卡开始维修》，《中国文物报》2003 年 4 月 2 日。

王珊：《拉萨市“非遗”保护工作重实效》，《西藏日报》2015 年 4 月 7 日。

王珊：《铺筑民生路　打开致富门》，《西藏日报》2010 年 11 月 5 日。

王善迈、杜育红、刘远新：《我国教育发展不平衡的实证分析》，《教育研究》1998 年第 6 期。

王晓莉：《拉萨市2015年经济社会发展综述》，《西藏日报》2016年1月27日。

王延中：《西藏社会稳定新机制建设探索》，《民族研究》2013年第6期。

王元月、马驰骋：《非贫困农村中社会保障需求与供给因素的对比分析》，《中国海洋大学学报》（社会科学版）2004年第5期。

王增文：《农村最低生活保障制度的济贫效果实证分析——基于中国31个省市自治区的农村低保状况比较的研究》，《贵州社会科学》2009年第12期。

威廉·米施勒：《何为政治信任的来源——以后共产主义国家为背景考察制度理论和文化理论》，《国外理论动态》2012年第9期。

魏山：《西藏拉萨出台环境保护考核办法》，《西藏日报》2014年12月17日。

魏圣曜、索朗德吉：《西藏唐卡进入最好传承时期》，《人民日报》（海外版）2015年4月6日。

西热桑布：《藏文“元版”考》，《中国藏学》2009年第1期。

熊文彬：《元代皇室成员施刊的藏文佛经》，《中国藏学》2009年第3期。

许万虎：《拉萨古建大院成西藏旅游“新名片”》，《拉萨晚报》2014年5月30日。

薛二勇：《论教育公平发展的三个基本问题》，《教育研究》2010年第10期。

杨正林：《拉萨市廉租住房建设让困难群众跷起大拇指》，《西藏日报》2009年9月17日。

杨正林、王杰学：《拉萨市农牧民安居工程建设稳步推进》，《西藏日报》2006年7月15日。

扎西：《西藏文物建数字档案计划十年实现全覆盖》，《人民日报》（海外版）2013年7月15日。

张欢：《中国社会保险逆向选择问题的理论分析和实证研究》，《管理世界》2006年第2期。

张会莉、史卫静：《当当发布〈2015全民阅读趋势报告〉——西藏买书人拉萨占一多半》，《西藏商报》2015年4月24日。

张林波：《拉萨非物质文化遗产旅游开发研究文献综述》，《商》2013年第18期。

赵丽娟：《雪域高原上的雪小学》，《中国德育》2013年第19期；《热烈庆祝拉萨市城关区雪小学“少儿扎西雪巴”建队20周年》，《西藏日报》2013年5月27日。

中山文化教育馆：《中山文化教育馆成立二周年暨新馆落成纪念刊》，1935年。

周范才：《唐卡产业化：热潮不止搅动拉萨》，《瞭望东方周刊》2014年第47期。

朱铁臻：《城市现代化发展的几个理论问题》，《中国经济时报》2002年12月21日。

（三）调研资料

城关区：《城关区加强和创新社会服务管理工作总结》（城关区加强和创新社会管理领导小组办公室），2014年8月。

城关区扶贫（农发）办公室：《城关区2013年扶贫开发项目实施情况简介》，2014年5月。

达孜县扶贫开发领导小组办公室：《达孜县2013年扶贫开发项目实施情况简介》，2014年6月5日。

拉萨市城关区：《城关区经济社会发展情况汇报》，2014年8月。

拉萨市城关区：《城关区经济社会发展情况汇报》，2014年8月。

拉萨市城关区委：《关于在村（社区）开展“联户平安联户小康”工作的实施意见》（中共拉萨市城关区委员会），2014年8月。

拉萨市：《国务院关于拉萨市城市总体规划的批复》，2014年8月。

拉萨市环境保护局编：《信息》2011年第37期。

拉萨市环境保护局编：《信息》2014年第17期。

拉萨市：《拉萨市近年来社会治理工作情况报告》（中共拉萨市委政法委员会，拉萨市社会管理综合治理委员会办公室），2014年8月。

拉萨市：《全市法院2010—2013年工作总结》（拉萨市中级人民法院），2014年8月。

拉萨市提供的调研资料：《加强行政执法监督切实推进依法行政》（拉萨市人民政府法制办公室），2014年8月。

拉萨市提供的调研资料：《拉萨市环保局“十一五”规划任务执行情

况及十二五规划总体思路》，2014 年 8 月。

拉萨市提供的调研资料《拉萨市环保局“十二五”规划执行情况和“十三五”规划总体思路》，2014 年 8 月。

拉萨市提供的调研资料：《拉萨市环保局“十一五”“十二五”规划任务执行情况汇报》，2014 年 8 月。

拉萨市提供的调研资料：《拉萨市环境保护“十一五”规划》，2014 年 8 月。

拉萨市提供的调研资料：《拉萨市近年来政法维稳及社会治理工作情况汇报》（中共拉萨市委政法委员会），2014 年 8 月。

拉萨市提供的调研资料：《拉萨市人大常委会 2013 年工作总结》，2014 年 8 月。

拉萨市提供的调研资料：《拉萨市人民政府法制办公室 2013 年工作总结暨 2014 年工作计划》，2014 年 8 月。

尼木县扶贫开发办公室：《西藏拉萨市尼木县 2012 年度扶贫开发项目实施情况简介》，2013 年 5 月。

（四）互联网数据库

国际在线专稿：《就业援藏助 2800 余名西藏籍高校毕业生实现区外就业》，2014 年 8 月 20 日。

国家统计局：《中国统计年鉴（2014）》，http：//wwwstatsgovcn/tjsj/ndsj/2014/indexcehtm。

《拉萨市公益性岗位从业人员达 6000 余名》，http：//www.xizang.gov. cn/xxs/85266. jhtml。

拉萨市人民政府网站：《拉萨广播电视台藏语综合频道计划 5 月 1 日上星试播》，2015 年 5 月 4 日。

拉萨市人民政府网站：《拉萨市 2005 年国民经济和社会发展统计公报》，http：//www. lasa. gov. cn/Item/12821. aspx。

拉萨市人民政府网站：《拉萨市 2006 年国民经济和社会发展统计公报》，http：//www. lasa. gov. cn/Item/12823. aspx。

拉萨市人民政府网站：《拉萨市 2007 年国民经济和社会发展统计公报》，http：//www. lasa. gov. cn/Item/12825. aspx。

拉萨市人民政府网站：《拉萨市 2008 年国民经济和社会发展统计公报》，http：//www. lasa. gov. cn/Item/12826. aspx。

拉萨市人民政府网站:《拉萨市 2009 年国民经济和社会发展统计公报》, http: //www. lasa. gov. cn/Item/12831. aspx。

拉萨市人民政府网站:《拉萨市 2010 年国民经济和社会发展统计公报》, 2011 年 4 月 19 日。

拉萨市人民政府网站:《拉萨市 2011 年国民经济和社会发展统计公报》, 2012 年 4 月 6 日。

拉萨市人民政府网站:《拉萨市 2012 年国民经济和社会发展统计公报》, 2013 年 5 月 25 日。

拉萨市人民政府网站:《拉萨市南山绿化项目已完成 40% 左右》, 2013 年 3 月 20 日。

拉萨市人民政府网站:《拉萨市信息惠民试点城市自评报告摘要》, 2015 年 5 月 15 日。

拉萨市人民政府网站:《拉萨市信息惠民试点城市自评报告摘要》, 2015 年 5 月 15 日。

联合国教科文组织:《2009 全民教育全球监测报告》, 2010 年 7 月 20 日。

网易网:《西藏行: 拉萨河 "河变湖" 》, 2015 年 3 月 26 日。

西藏新闻网:《拉萨成为首个无 "零就业家庭" 省会城市》, 2007 年 11 月 29 日。

西藏在线:《平安是西藏最大的政治》, 2014 年 2 月 14 日。

《习近平: 就业是民生之本》,《法制晚报》2013 年 5 月 16 日。

新华网:《千年古城换新貌:〈拉萨市城市总体规划 (2009—2020)〉一览》, 2009 年 4 月 20 日。

新华网:《西藏连续三年实现西藏籍应届高校毕业生基本全就业》, 2014 年 3 月 23 日。

新华网:《习近平: 就业是永恒课题》, 2013 年 8 月 30 日。

新华网:《中共中央国务院召开第五次西藏工作座谈会》, 2010 年 1 月 25 日。

新华网:《中央第六次西藏工作座谈会》, 2015 年 8 月 27 日。

原杰、德庆白珍:《西藏首个非物质文化遗产完整展示区传承文化普惠百姓》, 2013 年 8 月 3 日。

中国共产党新闻网:《陈全国书记在 "全区第三届和谐寺庙暨爱国守

法先进僧尼表彰大会”上的讲话》，2013 年 12 月 28 日。

中国西藏新闻网：《今年上半年拉萨市实现新增就业 7600 人》，2015 年 7 月 29 日。

中国西藏新闻网：《拉萨今年将实现新增城镇就业人数 15000 人》，2015 年 3 月 28 日。

中国西藏新闻网：《“十一五”拉萨城市建设迅猛发展　城市功能显著》，2012 年 8 月 15 日。

中国西藏新闻网：《西藏城乡建设呈现四大变化　城镇化率 25%》，2011 年 8 月 17 日。

中国西藏新闻网：《西藏首个危险废物处置中心明年 4 月投用》，2013 年 11 月 22 日。

中国新闻网：《2014 年西藏拉萨旅游收入实现 111.67 亿元人民币》，2015 年 1 月 6 日。

中国新闻网：《西藏拉萨市集中轮训“第一书记”》，2014 年 2 月 14 日。

中华人民共和国国务院新闻办公室：《〈西藏的发展与进步〉白皮书》，2013 年 10 月 22 日。

中乐在线：《文化部关于命名第三批国家文化产业示范基地的决定》，2011 年 4 月 25 日。

http：//www. lasa. gov. cn/Item/47627. aspx.

http：//www. zytzb. gov. cn/tzb2010/tujie/201508/4afc5aaa0179454c8cd1550a49da0127.shtml.

关键词索引

后　记

感谢西藏党委办公厅、宣传部，拉萨市委、市政府，城关区委、区政府各相关部门和部门对调研组提供的各种支持帮助，感谢课题组成员艰苦细致的调研工作。本书由课题负责人王延中主编，王剑峰负责协调，各章执笔人如下：第一章：王延中；第二章、第三章：王剑峰；第四章：贺新元；第五章：王坚；第六章、第七章、第八章、第九章：黄万庭。黄万庭整理了关键词索引，王剑峰研究员对初稿进行了审读，王延中设计全局框架，通读并审定全书内容。

王延中

2021 年 12 月